建筑施工企业

会计处理
与税务风险防范

王新杰　郑　伟◎编著

中国铁道出版社有限公司

CHINA RAILWAY PUBLISHING HOUSE CO., LTD.

图书在版编目（CIP）数据

建筑施工企业会计处理与税务风险防范 / 王新杰，郑伟编著. -- 北京 ：中国铁道出版社有限公司，2025.6. -- ISBN 978-7-113-32299-1

Ⅰ. F426.967.2；F812.423

中国国家版本馆 CIP 数据核字第 2025CB9576 号

书　　名：建筑施工企业会计处理与税务风险防范
JIANZHU SHIGONG QIYE KUAIJI CHULI YU SHUIWU FENGXIAN FANGFAN

作　　者：王新杰　郑　伟

责任编辑：王淑艳　　　　编辑部电话：（010）51873022　　　　电子邮箱：554890432@qq.com
封面设计：赵　北
责任校对：安海燕
责任印制：赵星辰

出版发行：中国铁道出版社有限公司（100054，北京市西城区右安门西街 8 号）
网　　址：https://www.tdpress.com
印　　刷：河北宝昌佳彩印刷有限公司
版　　次：2025 年 6 月第 1 版　2025 年 6 月第 1 次印刷
开　　本：710 mm×1 000 mm 1/16　印张：17　字数：274 千
书　　号：ISBN 978-7-113-32299-1
定　　价：88.00 元

前　言

　　建筑施工企业作为国民经济的支柱性产业，其业务范围覆盖基础设施建设、工程承包等领域，具有项目周期长、资金流动频繁、业务模式复杂等显著特征。建筑施工企业的会计核算应紧密围绕其业务特点展开，本书依据《企业会计准则》及相关法律法规编写，以案例与图表的形式厘清账务处理与税务处理要点。

　　在本书中，除详细介绍资金核算、往来账项核算、内部资产核算、收入与成本确认、利润结转等一般性经济业务，更结合建筑施工企业的业务特点，重点介绍建筑工程成本与费用的核算、税务合规处理及风险控制等核心内容。

　　全书共 8 章，第 1 章建筑施工企业行业经营特色和会计核算特点，重点介绍施工资质标准、招标与投标及会计核算特点；第 2 章建筑施工企业资金的核算，主要介绍库存现金、银行存款、其他货币资金等会计科目的设置与运用；第 3 章建筑施工企业应收及预付款项的核算，主要介绍应收账款、应收票据、合同资产、其他应收款、内部往来等会计科目的设置与运用；第 4章建筑施工企业内部资产的核算，主要介绍固定资产、临时设施、无形资产等会计科目的设置与运用；第 5 章建筑施工企业应付款项的核算，主要介绍应付账款、应付票据、合同负债、其他应付款等会计科目的设置与运用；第 6 章建筑施工企业建筑安装工程费用的核算，主要介绍工程成本、工程结算、分包成本的核算；第 7 章建筑施工企业税费合规管理与税务风险防范，主要介绍增值税及附加税、房产税、耕地占用税、车辆购置税、企业所得税、个人所得税（代扣代缴）、印花税、契税及涉税风险点。其中，增值税的"以票控税"机制、企业所得税的跨期收入确认、个人所得税代扣等均为税务风险高发领域；第 8 章期间费用与利润结转，主要介绍管理费用、财务费用、本年利润、利润分配等会计科目的设置与运用。

　　建筑施工企业须密切关注税收政策动态，充分利用税收优惠政策，降低企业税务成本。对于潜在的税务风险点，应提前进行识别和评估，并采取相应的防控措施，避免税务风险的发生。随着"金税四期"的全面推行及建筑行业数字化转型的加速，企业财务从业人员要以更加专业、谨慎的态度应对挑战，助力行业高质量发展。

本书适合会计工作者，特别是初涉职场的会计新人、财税培训机构和财税专业学生阅读。

由于时间有限，编写过程中难免存在不足与遗憾，希望广大读者批评指正。电子邮箱：wcj19761010@126.com，欢迎交流与探讨。

编　者

目　录

第 3 章　建筑施工企业应收及预付款项的核算

第4章 建筑施工企业内部资产的核算

第5章 建筑施工企业应付款项的核算

第8章　期间费用与利润结转

第 1 章　建筑施工企业行业经营特色和会计核算特点

　　建筑施工企业生产具有施工周期长、投资额高、业务复杂多样、工程项目整体难分且不易移动，以及用工流动性大等特点，这决定了建筑施工企业会计核算的特殊性。

1.1　建筑施工企业概述

建筑施工企业是指依法自主经营、自负盈亏、独立核算，从事建筑产品生产和经营，具有法人资格的经济实体。具体地讲，从事铁路、公路、隧道、桥梁、堤坝、电站、码头、机场、运动场、房屋等土木工程建筑活动，从事电力、通信线路、石油、燃气、给排水、供热等管道系统和各类机械设备、装置的安装活动，从事对建筑物内外装修和装饰的设计、施工和安装活动的企业，简称为建筑施工企业。

1.1.1　建筑施工企业的类型

根据企业的经营范围、专业分工程度、组织规模大小、所处地位和作用不同，可从不同角度进行分类。但建筑施工企业综合性强，因而建筑施工企业往往同时具有几种分类，如图 1-1 所示。

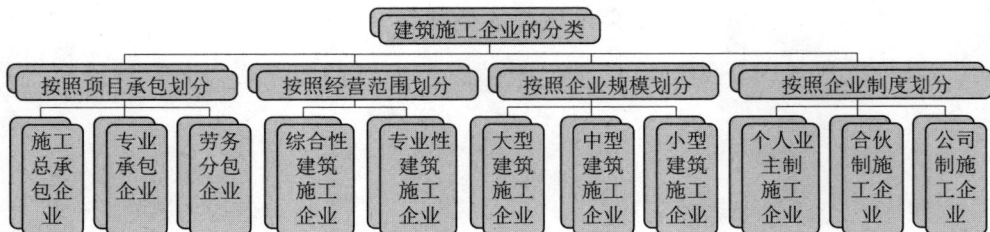

图 1-1　建筑施工企业的分类

1.1.2　建筑施工企业应具备的施工资质标准

施工资质标准分为综合资质、施工总承包资质、专业承包资质和专业作业资质。《建设工程企业资质管理制度改革方案》第二条第一项第 3 目规定："3. 施工资质。将 10 类施工总承包企业特级资质调整为施工综合资质，可承担各行业、各等级施工总承包业务；保留 12 类施工总承包资质，将民航工程的专业承包资质整合为施工总承包资质；将 36 类专业承包资质整合为 18 类；将施工劳务企业资质改为专业作业资质，由审批制改为备案制。综合资质和专业作业资质不分等级；施工总承包资质、专业承包资质等级原则上压减为甲、乙两级（部分专业承包资质不分等级），其中，施工总承包甲级资质在本行业内承揽业务规模不受限制。"企业资质全国通用，严禁各行业、各地区设置限制性措施，严厉查处变相设置市场准入壁垒，违规限制企业跨地区、跨行业承揽业务等行为，维护统一规范的建筑市场。

施工资质标准改革前后对比见表 1-1。

表 1-1　施工资质标准改革前后对比

资质类别	序号	施工资质类型	级　别
施工总承包资质	1	施工总承包企业特级资质	综合资质，不分行业，不分等级
	2	建筑工程施工总承包	保留，设甲、乙两级
	3	公路工程施工总承包	保留，设甲、乙两级
	4	铁路工程施工总承包	保留，设甲、乙两级
	5	港口与航道工程施工总承包	保留，设甲、乙两级
	6	水利水电工程施工总承包	保留，设甲、乙两级
	7	市政公用工程施工总承包	保留，设甲、乙两级
	8	电力工程施工总承包	保留，设甲、乙两级
	9	矿山工程施工总承包	保留，设甲、乙两级
	10	冶金工程施工总承包	保留，设甲、乙两级
	11	石油化工工程施工总承包	保留，设甲、乙两级
	12	通信工程施工总承包	保留，设甲、乙两级
	13	机电工程施工总承包	保留，设甲、乙两级
专业承包资质	1	地基基础工程专业承包	保留，设甲、乙两级
	2	起重设备安装工程专业承包	保留，设甲、乙两级
	3	预拌混凝土专业承包	保留，不分等级
	4	模板脚手架专业承包	保留，不分等级
	5	桥梁工程专业承包	保留，设甲、乙两级
	6	隧道工程专业承包	保留，设甲、乙两级
	7	钢结构工程专业承包	并入建筑工程施工总承包

资质类别	序号	施工资质类型	级　别
专业承包资质	8	环保工程专业承包	合并为通用专业承包，不分等级
	9	特种专业工程专业承包	
	10	建筑装修装饰工程专业承包	合并为建筑装修装饰工程专业承包，设甲、乙两级
	11	建筑幕墙工程专业承包	
	12	防水防腐保温工程专业承包	保留，设甲、乙两级
	13	电子与智能化工程专业承包	合并为建筑机电工程专业承包，设甲、乙两级
	14	建筑机电安装工程专业承包	
	15	城市及道路照明工程专业承包	
	16	消防设施工程专业承包	保留，设甲、乙两级
	17	古建筑工程专业承包	保留，设甲、乙两级
	18	公路路面工程专业承包	合并为公路工程类专业承包或公路工程施工总承包，设甲、乙两级
	19	公路路基工程专业承包	
	20	公路交通工程专业承包	
	21	铁路铺轨架梁工程专业承包	并入铁路工程施工总承包
	22	铁路电务工程专业承包	合并为铁路电务电气化工程专业承包，设甲、乙两级
	23	铁路电气化工程专业承包	
	24	机场场道工程专业承包	合并为民航工程施工总承包，设甲、乙两级
	25	民航空管工程及机场弱电系统工程专业承包	
	26	机场目视助航工程专业承包	
	27	港口与海岸工程专业承包	合并为港口与航道工程类专业承包，设甲、乙两级
	28	航道工程专业承包	
	29	通航建筑物工程专业承包	
	30	港航设备安装及水上交管工程专业承包	
	31	水工金属结构制作与安装工程专业承包	合并为水利水电工程类专业承包，设甲、乙两级
	32	水利水电机电安装工程专业承包	
	33	河湖整治工程专业承包	并入水利水电工程施工总承包
	34	输变电工程专业承包	保留，设甲、乙两级
	35	核工程专业承包	保留，设甲、乙两级
	36	海洋石油工程专业承包	并入石油化工工程施工总承包
施工劳务企业资质	1	不分等级	调整为专业作业资质，由审批制改为备案制，不分等级

建筑工程开工前，建筑施工企业应当按照国家有关规定向工程所在地县

级以上人民政府建设行政主管部门申请领取施工许可证；但是，国务院建设行政主管部门确定的限额以下的小型工程除外。

办理施工许可证条件如下：

（1）已经办理该建筑工程用地批准手续；

（2）依法应当办理建设工程规划许可证的，已经取得建设工程规划许可证；

（3）需要拆迁的，其拆迁进度符合施工要求；

（4）已经确定建筑施工企业；

（5）有满足施工需要的资金安排、施工图纸及技术资料；

（6）有保证工程质量和安全的具体措施；建设行政主管部门应当自收到申请之日起7日内，对符合条件的申请颁发施工许可证。

按照国务院规定的权限和程序批准开工报告的建筑工程，不再领取施工许可证。

需要强调的是，不少人往往将建筑施工与房地产开发混为一谈。事实上，建筑施工与房地产开发属于两个不同的行业。建筑施工完全是物质生产部门，属于第二产业；房地产开发则兼有生产（开发）、经营、管理和服务等多种性质，属于第三产业。房地产开发主要进行房地产的前期开发（规划、设计、项目可行性研究和水文、地质勘查、测绘等）及销售，而建筑施工是提供建造建筑物的劳务，通常不销售房地产，也不负责房地产的前期开发。一般情况下，房地产开发企业不建造房子，往往将房屋建造业务发包给建筑施工企业。

1.1.3 建筑施工企业的行业特点

一般而言，建筑施工企业的特点主要由其建筑产品的特点决定。其实，相较于其他工业产品，建筑产品具有体积庞大、复杂多样、整体难分、不易移动等特点，从而使建筑施工企业除了一般工业生产的基本特性外，还具备以下特点。

▶▶ **1. 施工生产的流动性和分散性**

由于建筑产品固定在土地上，不同工种的工人要在同一建筑的不同部位进行流动分散施工，也要在同一工地不同单位工程之间进行流动分散施工。另外，建筑施工企业还要在不同工地、不同地区承包工程，进行迁移分散施工等。

▶ 2. 施工生产的单件性和配套性

施工生产的单件性和配套性主要表现在不同的项目具有不同的建设要点，水文、地质、气象等条件的不同也会使施工条件发生变化，相同图纸的施工效果及过程也会不同。因此施工生产需要针对具体工程，因地制宜、因时制宜地单独编制施工组织设计，单独组织施工。通常一个建设项目往往由若干个单项工程组成，而各个单项工程之间必须相互配合、配套施工，方能够发挥效用。

▶ 3. 施工生产的长期性

建筑产品形体规模大、产品造价高、完工时间长；施工地点固定，约束条件多，施工生产周期经常跨越数个年度，占用和消耗的人力、物力、财力多。

▶ 4. 施工生产的露天性

建筑产品的生产多是在露天进行的，直接承受气候温差等条件的制约，并且伴有风霜雨雪、酷暑严寒。再加上经常性的高空、地下、涵洞、水下等条件作业，因此，建筑施工企业需要认真履行合约，保质保量地如期竣工交付使用。

▶ 5. 产品销售的特殊性

建筑产品一般在施工前已有确定的雇主和用户，产品的交易结算，不表现为产品销售的实物形态转移，而是由竣工验收办理工程价款结算进行劳务形成的价值补偿。

1.1.4　建筑施工企业的经营模式

由于建筑施工企业经营模式的复杂性，也决定会计核算的复杂性。建筑施工企业要根据各自的建筑工程总承包资质，承接各类建设项目。一般业务运营模式主要包括自营模式、承包经营模式、联合体模式、专业分包与劳务外包模式。

▶ 1. 自营模式

自营模式，是指由建筑施工企业直接经营管理的模式。在这种模式下，建筑施工企业与建设单位（业主）签订建设工程施工合同后，组建项目部，并对项目涉及的生产要素（包括人工、材料、机械、资金等）进行统一配置，对施工项目生产过程（包括进度、质量、安全与文明施工等）进行全方位监督管理。项目所有权和控制权集中统一于公司，确保项目处于受控状态。

（1）自营模式按承包方式不同可分为施工总承包自营、专业承包自营。

施工总承包自营是指建筑施工企业作为总承包商，直接承担整个工程项目的施工任务，并对工程项目的质量、进度、安全负责；专业承包自营是指建筑施工企业作为专业承包商，承担工程项目中的某一专业领域的施工任务。

（2）自营模式按项目规模不同可分为大型项目自营、中小型项目自营。大型项目自营是指对于规模较大、技术难度较高的工程项目，建筑施工企业通常会选择自营模式进行运营管理；中小型项目自营是指对于规模较小、技术难度较低的工程项目，建筑施工企业也可以采用自营模式进行运营管理。

自营模式通常适用于大型或重要的工程项目、需要严格控制成本和质量的工程项目。但要求建筑施工企业具备一定的资金周转能力、管理水平和专业人才队伍。

▶ 2. 承包经营模式

承包经营模式是指建筑施工企业在建筑市场中，通过向建设单位（业主）承包工程项目，提供建筑商品和服务的方式。建筑施工企业按照合同约定，完成工程项目的设计、施工、安装、调试等工作，并交付建设单位使用。承包经营模式是建筑施工企业的主要经营方式。

承包经营模式适用于各类工程项目，包括房屋建筑工程、市政公用工程、钢结构工程、环保工程等。

承包经营模式可以根据不同的标准进行分类。

（1）按承包方式可分为施工总承包、工程总承包等。施工总承包是指承包商承担建筑工程的设计、施工、安装、调试等全过程工作；工程总承包是指承包商负责建筑工程的设计、施工、安装、调试等全过程，并承担项目的设计、施工、监理等责任，又称设计采购、施工一体化模式。

（2）按承包的费用可分为工程造价总承包。工程造价总承包是指建筑施工企业在施工承包中，按工程预算造价包干的经营方式。

（3）按建立承发包关系的方法分可分为招投标承包、协商承包等。招投标承包是指建设单位通过招标与建筑施工企业建立承发包关系的经营方式；协商承包是指建筑施工企业通过与建设单位协商建立承发包关系的经营方式。

承包经营模式适用于各类工程项目，包括房屋建筑工程、市政公用工程、钢结构工程、环保工程等。这些工程项目可能由不同的建设单位发起，并需要建筑施工企业提供专业的建筑商品和服务。承包经营模式能够满足建设单位对工程项目的各种需求，包括质量、进度、成本等方面的要求。

公司将工程项目以承包的方式交给项目经理或项目部负责。

承包方式可以是内部承包，也可以是外部承包，具体取决于公司的战略和管理需求。

▶▶ **3. 联合体模式**

联合体模式是指两个或两个以上的法人或其他组织组成一个临时性的组织，用以获取工程承包项目。若成功获得项目，则联合体成员将共同实施该项目。在联合体内部，各方会签署联合体协议，明确各自的权利和义务，并共同与建设单位签订施工合同。

联合体模式主要适用于大型或复杂的工程项目、需要多专业协同的工程项目、市场竞争激烈的工程项目等。

《中华人民共和国建筑法》第二十七条第一款规定："大型建筑工程或者结构复杂的建筑工程，可以由两个以上的承包单位联合共同承包。共同承包的各方对承包合同的履行承担连带责任。"联合体如果中标，各成员将会共同与招标人签订合同，就中标项目向招标人承担连带责任。

▶▶ **4. 专业分包与劳务外包模式**

（1）专业分包，又称专业工程分包，是指施工总承包人将其所承包工程中的专业工程发包给具有相应资质的其他建筑施工企业完成的活动。专业分包的内容是分步分项工程，即工程中的某个专业部分，如地基基础、起重设备安装、电子智能化、防水防腐保温、桥梁、消防、钢结构、环保、特种工程等。专业分包企业通常拥有完整的施工队伍、管理体系和技术力量，能够独立完成所承包的专业工程。

根据工程项目的不同，专业分包可包括土木工程分包（如土方开挖、回填、地基处理等）、结构工程分包（如混凝土结构、钢结构施工等）、建筑装饰工程分包、电气工程分包、暖通工程分包等。

专业分包适用于工程项目中需要专业技术和经验的施工内容，能够有效利用专业分包企业的专业技术和经验，提高工程质量，缩短工期。但专业分包企业需要承担更大的风险和责任，可能会导致工程造价较高。

（2）劳务外包是指企业将部分或全部的劳务工作委托给专业的劳务外包公司来完成的一种用工形式。在建筑工程领域，劳务分包则指将工程项目中某一工种的劳务，如砌筑、抹灰、钢筋绑扎等，委托给劳务公司或个人进行施工。

劳务分包适用于工程项目中不需要复杂技术和管理的施工内容，能够有效利用劳动力资源。但劳务分包企业缺乏独立的施工资质和管理能力，可能会影响工程质量和进度。

1.2　招标与投标

建筑工程发包与承包的招标、投标活动，应当遵循公开、公正、平等竞争的原则，择优选择承包单位。

1.2.1　招标

招标是指招标人（买方）事先发出招标通告或招标单，列明品种、数量、技术要求和有关的交易条件并提出在规定的时间、地点，邀请投标人（卖方）参加投标的行为。

在中华人民共和国境内进行下列工程建设项目包括项目的勘察、设计、施工、监理，以及与工程建设有关的重要设备、材料等的采购，必须进行招标：①大型基础设施、公用事业等关系社会公共利益、公众安全的项目；②全部或者部分使用国有资金投资或者国家融资的项目；③使用国际组织或者外国政府贷款、援助资金的项目。

招标分为公开招标和邀请招标两种方式。

▶ 1. 公开招标

公开招标又称无限竞争性竞争招标，是指招标人以招标公告的方式邀请不特定的法人或者其他组织投标。

建筑工程实行公开招标的，发包单位应当依照法定程序和方式，发布招标公告，提供载有招标工程的主要技术要求、主要的合同条款、评标的标准和方法，以及开标、评标、定标的程序等内容的招标文件。

▶ 2. 邀请招标

邀请招标是指招标人以投标邀请书的方式邀请特定的法人或其他组织投标。由招标人根据供应商或承包商的业绩，选择一定数目的法人或其他组织（不能少于三家），向其发出投标邀标书，邀请他们参加投标竞争。

非国有资金（含民营、外商投资）投资或非国有资金投资占控股或占主导地位且关系社会公共利益、公众安全的建设项目可以邀请招标，但招标人要求公开招标的可以公开招标。

实行招标的工程应具备的条件：①招标人已经依法成立；②初步设计及概算应当履行审批手续的，已经批准；③招标范围、招标方式和招标组织形式等应当履行核准手续的，已经核准；④有相应资金或资金来源已经落实；⑤有招标所需的设计图纸及技术资料。

必须进行招标的项目而不招标的，将必须进行招标的项目化整为零或者以其他任何方式规避招标的，责令限期改正，可以处项目合同金额 5‰ 以上 10‰ 以下的罚款；对全部或者部分使用国有资金的项目，可以暂停项目执行或者暂停资金拨付；对单位直接负责的主管人员和其他直接责任人员依法给予处分。

1.2.2　投标

投标是指经资格审查合格的投标人，按招标文件的规定编制投标文件，在招标限定的时间内送达招标人。

▶ 1. 投标人资格规定

投标人应当具备国家对投标人的资格条件规定和招标文件对投标人资格条件的规定：

（1）招标人收到投标文件后，应当签收保存，不得开启。

（2）在招标文件规定的截止时间后送达的投标文件，招标人应当拒收。

（3）投标人少于三个的，招标人应当重新招标。

投标人根据招标文件载明的项目实际情况，拟在中标后将中标项目的部分非主体、非关键性工作进行分包的，应当在投标文件中载明。

▶ 2. 联合体投标

两个以上法人或者其他组织可以组成一个联合体，以一个投标人的身份共同投标。联合体是一个临时性的组织，不具有法人资格。联合体各方应当签订共同投标协议，明确约定各方拟承担的工作和责任，并将共同投标协议连同投标文件一并提交招标人。联合体投标指的是某承包单位为了承揽不适于自己单独承包的工程项目而与其他单位联合，以一个投标人的身份去投标的行为。联合体中标的，联合体各方应当共同与招标人签订合同，就中标项目向招标人承担连带责任。

对投标联合体资质条件的要求：

（1）联合体各方均应具有承担招标项目必备的条件如相应的人力、物力、财力，等等。

（2）国家或招标文件对投标人资格条件有特殊要求的，联合体各个成员都应当具备规定的相应资格条件。

（3）同一专业的单位组成的联合体，应当按照资质等级较低的单位确定联合体的资质等级。如在三个投标人组成的联合体中，有两个是甲级资质等级，有一个是乙级，则这个联合体只能定为乙级。

1.3　开标、评标和中标

建筑工程在招标、投标之后，进入开标、评标和中标阶段。

1.3.1　开标

开标是指投标人提交投标截止时间后，招标人依据招标文件规定的时间和地点，开启投标人提交的投标文件，公开宣布投标人的名称、投标价格及投标文件中的其他主要内容。开标应当在招标文件确定的提交投标文件截止时间的同一时间公开进行；开标地点应当为招标文件中预先确定的地点。

开标由招标人主持，邀请所有投标人参加。

开标时，由投标人或者其推选的代表检查投标文件的密封情况，也可以由招标人委托的公证机构检查并公证；经确认无误后，由工作人员当众拆封，宣读投标人名称、投标价格和投标文件的其他主要内容。

招标人在招标文件要求提交投标文件的截止时间前收到的所有投标文件，在开标时都应当当众予以拆封、宣读。开标过程应当记录，并存档备查。

1.3.2　评标

在开标以后，由招标人或招标代理机构根据招标文件的要求，对有效投标书进行的商务、技术等方面的审查分析、比较评价。评标的目的是为决定中标人提供科学、客观、可靠的依据。评标由招标人依法组建的评标委员会负责。

依法必须进行招标的项目，其评标委员会由招标人的代表和有关技术、经济等方面的专家组成，成员人数为 5 人以上单数，其中技术、经济等方面的专家不得少于成员总数的三分之二。其中，专家应当从事相关领域工作满8年并具有高级职称或者具有同等专业水平，由招标人从国务院有关部门或者省、自治区、直辖市人民政府有关部门提供的专家名册或者招标代理机构的专家库内的相关专业的专家名单中确定；一般招标项目可以采取随机抽取方式，特殊招标项目可以由招标人直接确定。

与投标人有利害关系的人不得进入相关项目的评标委员会；已经进入的应当更换。

评标委员会成员的名单在中标结果确定前应当保密。

1.3.3　中标

中标是指招标人向经评选的投标人发出中标通知书，并在规定的时间内与之签订书面合同的行为。

中标人的投标应当符合下列条件之一：

（1）能够最大限度地满足招标文件中规定的各项综合评价标准。

（2）能够满足招标文件的实质性要求，并且经评审的投标价格最低；但是投标价格低于成本的除外。

中标人确定后，招标人应当向中标人发出中标通知书，并同时将中标结果通知所有未中标的投标人。

中标通知书对招标人和中标人具有法律效力。中标通知书发出后，招标人改变中标结果的，或者中标人放弃中标项目的，应当依法承担法律责任。

招标人和中标人应当自中标通知书发出之日起 30 日内，按照招标文件和中标人的投标文件订立书面合同。招标人和中标人不得再行订立背离合同实质性内容的其他协议。

招标文件要求中标人提交履约保证金的，中标人应当提交。

1.4　建筑施工企业会计核算特点

建筑施工企业和其他企业一样，都是通过经营活动来获取经济效益，实现资本增值。但与其他企业不同的是，它主要是通过承包工程，提供建筑产品、安装服务等获取收入，实现利润。

1.4.1 建筑施工企业会计的特征

建筑施工企业主要是指从事建筑安装工程和其他专门工程施工的企业，与其他行业相比，其生产的产品、施工生产过程及其经营管理都具有许多显著的特点，而这些特点又决定了建筑施工企业会计具有与其他行业的企业会计不同的特点。

▶▶ 1. 由于建筑产品的固定性、建筑生产的流动性，需要分级核算，分级管理

由于建筑施工企业生产的流动性，决定了企业施工经营的人员管理、机器设备、材料物资，以及后勤服务等组织机构，都要随工程地点的转移而流动。因此建筑施工企业在组织会计核算时，要适应施工分散、迁移流动的特点，采取分级管理、分组核算。

（1）两级核算体制如图 1-2 所示。

总公司 ▶ 施工队（或工程处）

图 1-2 两级核算体制

（2）三级核算体制如图 1-3 所示。

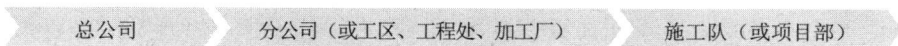

总公司 ▶ 分公司（或工区、工程处、加工厂） ▶ 施工队（或项目部）

图 1-3 三级核算体制

▶▶ 2. 重视内部结算往来的核算管理

大中型建筑施工企业所属内部单位较多，而拨付资金、采购材料、提供劳务或分包工程等交易或事项，使得企业所属各层级管理单位经常发生内部款项的结算往来。

▶▶ 3. 由于产品的多样性和施工生产的单件性，需以单位工程为对象进行成本核算

建筑产品一般体积庞大、耗资巨大、位置固定，其设计与生产具有单件性的特点，就使得不同建筑产品之间的实际成本不具有可比性。为了反映各项工程的资金耗费，必须以每一工程项目作为成本核算单位。而且，建筑施工企业在进行成本考核时，不能按同类工程的实物计量单位（如建筑面积等）进行分析对比，只能将每一工程的实际成本与其预算成本相对比进行分析考核。

➡ 4．工程成本核算与工程价款结算的分段性

由于建筑安装工程的施工周期比较长，如果等到工程全部完工后才进行价款结算，建筑施工企业就要垫支大量资金，造成资金周转困难，不利于正确反映企业的经营成果。因此，建筑施工企业要按照"已完工程"分期计算预算成本和实际成本，并与建设单位进行工程价款的结算。

1.4.2 建筑施工企业会计科目的设置

由于建筑施工企业经营的特殊性，会计科目设置也具有鲜明的特征，如"临时设施""临时设施摊销""临时设施清理""机械作业"科目等。

《企业会计准则第 14 号——收入》（财会〔2017〕22 号）（以下简称新收入准则）取代了《企业会计准则第 15 号——建筑合同》，具体规定建筑合同中的收入确认和成本处理，对建筑施工企业的会计核算产生重要而深刻的影响。新收入准则增加的会计科目见表 1-2。

表 1-2 会计科目

新科目	旧科目	含　义
合同履约成本	工程施工	记录工程建造过程中发生的原材料、职工薪酬费等。实际确认成本时，转入主营业务成本。为方便核算，建筑施工企业可在后者下设"合同履约成本——工程施工"明细科目
合同结算——价款结算	工程结算	记录当期客户实际结算的价款，一般情况下对于跨期合同，客户会多结算一部分价款，反映在贷方，贷方发生额表示已经完成且被发包方认可的工程量
合同结算——收入结算		记录按实际履约进度应确认的主营业务收入，一般是借方金额
合同履约成本减值准备	存货跌价准备	合同履约成本和合同取得成本的账面价值高于下列两项的差额的，超出部分应当计提减值准备，并确认为资产减值损失。与合同资产的减值不同，合同履约成本的减值与信用减值损失无关。因此，按照《企业会计准则第 8 号——资产减值》的相关规定测试资产的减值情况，并相应地计提减值准备
合同负债	预收账款	发包方支付的预付款项，不再通过"预收账款"科目核算，应记入"合同负债"科目

需要注意的是，根据履约进度确认收入和成本时，分别自"合同结算——

收入结转"科目借方和"合同履约成本"科目贷方结转。这一点与《企业会计准则——建造合同》中"工程施工"和"工程结算"科目项目完工前一直不结转是完全不同的。

建筑施工企业会计科目表，见表1-3。

表 1-3　建筑施工企业会计科目表

序号	科目名称	序号	科目名称
一、资产类		1531	长期应收款
1001	库存现金	1532	未实现融资收益
1002	银行存款	1601	固定资产
1012	其他货币资金	1602	累计折旧
1101	交易性金融资产	1603	固定资产减值准备
1121	应收票据	1604	在建工程
1122	应收账款	1605	工程物资
1123	预付账款	1606	固定资产清理
***	合同资产	1607	在建工程减值准备
1131	应收股利	1608	工程物资减值准备
1132	应收利息	1616	临时设施
1221	其他应收款	1617	临时设施摊销
1231	坏账准备	1618	临时设施清理
1401	材料采购	1619	临时设施减值准备
1402	在途物资	***	使用权资产
1403	原材料	***	使用权资产累计折旧
1404	材料成本差异	***	使用权资产减值准备
1405	库存商品	***	融资租赁资产
1411	周转材料	1701	无形资产
1501	债权投资	1702	累计摊销
1502	债权投资减值准备	1703	无形资产减值准备
1503	其他权益工具投资	1711	商誉
1511	长期股权投资	1712	商誉减值准备
1512	长期股权投资减值准备	1801	长期待摊费用
1521	投资性房地产	1811	递延所得税资产
1522	投资性房地产累计折旧	1901	待处理财产损溢
1523	投资性房地产累计摊销	二、负债类	
1524	投资性房地产减值准备	2001	短期借款

序号	科目名称	序号	科目名称
2101	交易性金融负债	5201	劳务成本
2201	应付票据	5301	研发支出
2202	应付账款	***	合同履约成本
2203	预收账款	***	合同结算
***	合同负债	5403	机械作业
2211	应付职工薪酬	五、损益类	
2221	应交税费	6001	主营业务收入
2231	应付利息	6051	其他业务收入
2232	应付股利	6101	公允价值变动损益
2241	其他应付款	6111	投资收益
2801	预计负债	6115	资产处置损益
2401	递延收益	6301	营业外收入
2501	长期借款	6401	主营业务成本
2502	应付债券	6402	其他业务成本
2701	长期应付款	6403	税金及附加
2702	未确认融资费用	6601	销售费用
2901	递延所得税负债	6602	管理费用
***	租赁负债	6603	财务费用
三、所有者权益类		6701	资产减值损失
4001	实收资本	6702	信用减值损失
4002	资本公积	6711	营业外支出
4101	盈余公积	6801	所得税费用
4103	本年利润	6901	以前年度损益调整
4104	利润分配		
四、成本类			
5101	施工间接费用		

注：***因《企业会计准则第14号——收入》（财会〔2017〕22号）未公布科目代码，企业可根据实际需要自行设置。

1.4.3 建筑施工企业会计账户

会计账户是根据会计科目设置的，具有一定格式和结构，具体包括账户名称、记录经济业务的日期、所依据记账凭证的编号、经济业务摘要、增减金额和余额等，见表1-4。

表 1-4　库存现金账户　　　　　　　　　　　　　单位：元

| 2022年 | | 凭证号 | 摘　要 | 借方 | 贷方 | 借或贷 | 余额 |
月	日						
—	—	—	期初余额	—	—	借	4 500
1	3	收款001	从银行提取现金	17 000	—	借	21 500
1	5	付款002	支付差旅费	—	3 000	借	18 500
1	9	付款002	购买办公用品	—	1 200	借	17 300
1	11	收款009	销售收入	9 900	—	借	27 200
1	31	—	本月合计	26 900	4 200	借	27 200

▶▶ **1. 账户结构**

所有经济业务的发生所引起的企业资产、负债、所有者权益的变动，从数量上看，不外乎"增加"和"减少"两种情况。因此，每个账户起码要划分出两个方位，左方（记账符号为"借"），右方（记账符号为"贷"）两个方向，一方登记增加，另一方登记减少。资产、成本、费用类账户借方登记增加额，贷方登记减少额；负债、所有者权益、收入类账户借方登记减少额，贷方登记增加额。为了便于说明问题，可简化为左右两方，即"T字形"账户结构如图1-4所示。

库 存 现 金

借方		贷方	
期初余额	4 500		
	17 000	3 000	
	9 900	1 200	
本期发生额	26 900	4 200	
期末余额	27 200		

图 1-4　"T字形"账户结构

▶▶ **2. 账户借贷关系**

账户中登记本期增加的金额，称为本期增加发生额；登记本期减少的金额，称为本期减少发生额；增减相抵后的差额，称为余额，余额按照时间不同，分为期初余额和期末余额。其基本关系如下。

期末余额＝期初余额＋本期增加发生额－本期减少发生额

本期借方发生额＝在本会计期间某会计账户借方发生额的合计数

本期贷方发生额＝在本会计期间某会计账户贷方发生额的合计数

本期期初余额＝上期期末余额

上式中的四个部分也称为账户的四个金额要素，对于不同经济内容账户反映也不同。

账户一般结构的核心信息：期初余额、本期增加发生额、本期减少发生额、期末余额。

第2章　建筑施工企业资金的核算

资金是指建筑施工企业生产经营过程中处于货币形态的流动资产。它可以充当价值尺度、交换媒介和支付手段，用于购买物资、支付各项费用和清偿债务。

资金按其分布与管理方式，主要包括库存现金、银行存款和其他货币资金等。

2.1 库存现金

库存现金是指存放于企业财务部由出纳人员保管的货币，包括人民币和外币。企业应当设置现金日记账，根据收付款凭证，按照业务发生顺序逐笔登记。每日终了，应当计算当日的现金收入合计额、现金支出合计额和结余额，将结余额与实际库存额核对，做到账款相符。

2.1.1 建筑施工企业现金管理制度

▶ 1. 现金使用范围

根据规定，开户企业的现金使用范围主要包括以下几个方面：

(1) 职工工资、津贴。

(2) 个人劳务报酬。

(3) 根据国家规定颁发给个人的科学技术、文化艺术、体育等各种奖金。

(4) 各种劳保、福利费用，以及国家规定的对个人的其他支出。

(5) 向个人收购农副产品和其他物资的价款。

(6) 出差人员必须随身携带的差旅费。

(7) 结算起点以下的零星支出。

(8) 中国人民银行确定需要支付现金的其他支出（如抢险救灾）。

以上各项结算起点定为 1 000 元。结算起点的调整，由中国人民银行确定，报国务院备案。

公司账户可以取现金，但必须在开户银行办理，并且取现金额受到一定限制。企业若需取现金，一般应提前预约，尤其是超过 5 万元时。取现金时应使用现金支票，并填写相关信息，如收款人（通常为本单位）、用途（如备用金、工资等），并加盖银行预留印鉴。此外，经办人需提供身份证供银行核实，并在支票背面填写身份证号码。当企业取现金额超过一定限额时，需要提前向银行预约，并接受银行的审核和监管。

▶▶ 2. 现金的限额

现金的限额一般按照企业 3 至 5 天日常零星开支所需确定。

▶▶ 3. 现金收支

（1）现金收入应于当日送存银行，如当日送存银行确有困难，由银行确定送存时间。

（2）企业可以在现金适用范围内支付现金或从银行提取现金。

（3）企业从银行提取现金时，应当注明具体用途，并由财务部门负责人签字盖章后，交开户银行审核后方可支取。

（4）企业不得坐支现金。

2.1.2　日常库存现金的账务处理

企业应设置"库存现金"科目，主要核算企业经营业务收取或支出的零星款项，以及员工借款、出差、报销等支出的核算。库存现金的科目编码为1001，如果企业有外币业务，可设置二级明细科目，二级科目代码长度一般分两级、三级、四级直到十级，每一级都增设两位数字即可。企业可根据实际需要，设计级数。库存现金会计科目编码设置见表 2-1。

表 2-1　库存现金会计科目编码设置

科目代码	总分类科目（一级科目）	明细分类科目	
		二级明细科目	三级明细科目
1001	库存现金	—	—
100101	库存现金	人民币	—
100102	库存现金	外币	—
10010201	库存现金	外币	美元
10010202	库存现金	外币	日元

库存现金的账务处理，如图 2-1 所示。

| 从银行提取现金 | 借：库存现金 |
| | 贷：银行存款 |

| 将现金存入银行 | 借：银行存款 |
| | 贷：库存现金 |

| 支付与经营无关的其他支出 | 借：管理费用/财务费用等 |
| | 贷：库存现金 |

| 支付职工借款 | 借：其他应收款 |
| | 贷：库存现金 |

| 支付员工报销款项 | 借：其他应付款 |
| | 贷：库存现金 |

| 支付的零星采购款 | 借：原材料 |
| | 贷：库存现金 |

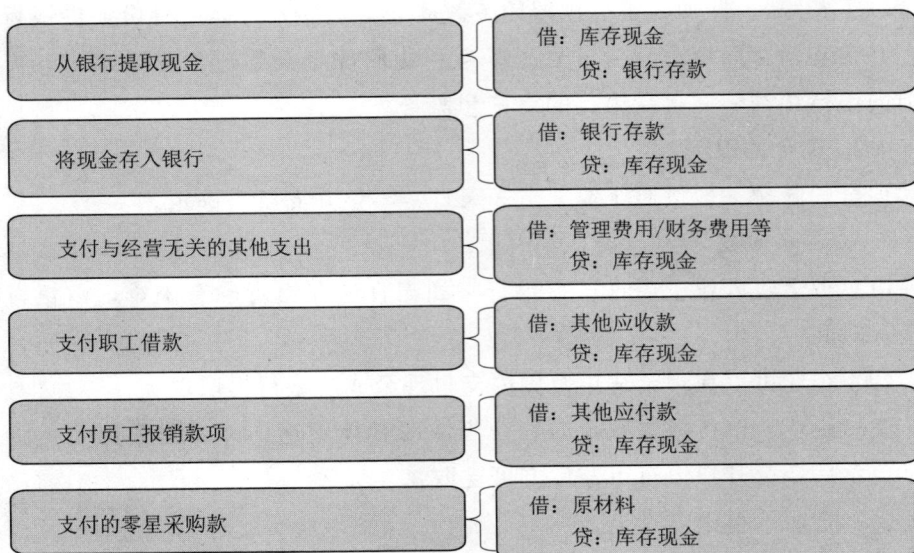

图 2-1　库存现金的账务处理

▶▶ 1. 企业日常提取现金账务处理实例

【例 2-1】2025 年 1 月 5 日，吉城建筑工程公司签发支票，从银行提取现金 140 000 元，原始单据如图 2-2 所示，编制会计分录如下。

借：库存现金　　　　　　　　　　　　　　　　140 000
　　贷：银行存款　　　　　　　　　　　　　　　　　140 000

中国工商银行
现金支票存根
IV V000045

科　　　目：＿＿＿＿＿＿＿＿＿＿

对方科目：＿＿＿＿＿＿＿＿＿＿

出票日期：2025 年 1 月 5 日

| 收款人：本公司 |
| 金　额：￥140 000 元 |
| 用　途：工资 |

单位主管　兰洁　　会计　孙非

图 2-2　现金支票存根

1月7日，用现金138 000元支付工资，编制会计分录如下。

借：应付职工薪酬   138 000

    贷：库存现金   138 000

▶▶ 2. 库存现金收入的账务处理实例

【例2-2】2025年1月10日，吉城建筑工程公司收到乙公司零售货款1 450元，送存银行。企业编制会计分录如下。

借：库存现金   1 450

    贷：应收账款——乙公司   1 450

借：银行存款   1 450

    贷：库存现金   1 450

▶▶ 3. 现金支出账务处理实例

现金支出是指企业在其生产经营和非生产经营业务中向外支付的库存现金。库存现金支出的核算以库存现金支出原始凭证为依据，分为外来原始凭证和自制原始凭证两部分。常见的库存现金支出原始凭证包括借据、工资结算单、报销单、差旅费报销单、领款收据等。

【例2-3】2025年1月，吉城建筑工程公司现金支出情况如下。

（1）1月10日，职工李元出差预借差旅费3 000元，以现金支付。借款单如图2-3所示。编制会计分录如下。

借：其他应收款——李元   3 000

    贷：库存现金   3 000

借 款 单

资金性质：现金		2025年1月10日
借款单位：李元		
借款理由：出差		
借款数额：人民币（大写）叁仟元整		￥3 000.00
本单位领导人意见：同意 张德		
主管领导意见：同意 陈明	会计主管人员核批：同意 兰洁	付款记录：

图2-3　借款单

（2）1月20日，以现金支付职工培训费1 000元，编制会计分录如下。

借：管理费用　　　　　　　　　　　　　　　　　　1 000

　　贷：库存现金　　　　　　　　　　　　　　　　　　1 000

（3）1月25日，用库存现金1 000元购买办公用品，编制会计分录如下。

借：管理费用　　　　　　　　　　　　　　　　　　1 000

　　贷：库存现金　　　　　　　　　　　　　　　　　　1 000

（4）1月31日，收取职工张亮因过失造成的损失赔偿金850元，编制会计分录如下。

借：库存现金　　　　　　　　　　　　　　　　　　850

　　贷：其他应收款——张亮　　　　　　　　　　　　850

▶▶ 4. 期末，登记现金日记账

期末，登记现金日记账如图2-4所示。

现 金 日 记 账

2025年 月 日	凭证科目代码	摘要	对方科目	借方	贷方	余额
1　1		期初余额				3 0 0 0 0 0
1　5	略	提现支♯0348	银行存款	1 4 0 0 0 0 0 0		1 4 3 0 0 0 0 0
1　7	略	支付职工工资	应付职工薪酬		1 3 8 0 0 0 0 0	5 0 0 0 0 0
1　10	略	收到销售款	应收账款	1 4 5 0 0 0		6 4 5 0 0 0
1　10	略	李元预借差旅费	其他应收款		3 0 0 0 0 0	3 4 5 0 0 0
1　10	略	销售款存入银行	银行存款		1 4 5 0 0 0	2 0 0 0 0 0
1　20	略	以现金支付职工培训费	管理费用		1 0 0 0 0 0	1 0 0 0 0 0
1　25	略	购买办公用品	管理费用		1 0 0 0 0 0	0
1　31	略	收取张亮的赔偿款	其他应收款	8 5 0 0 0		8 5 0 0 0
		本月合计		1 4 2 3 0 0 0 0	1 4 4 4 5 0 0 0	8 5 0 0 0

图2-4　现金日记账

2.1.3 期末库存现金盘点的账务处理

企业在对库存现金进行盘点时，如发现账实不符，应及时进行账务处理。库存现金盘点短缺的账务处理，如图 2-5 所示。

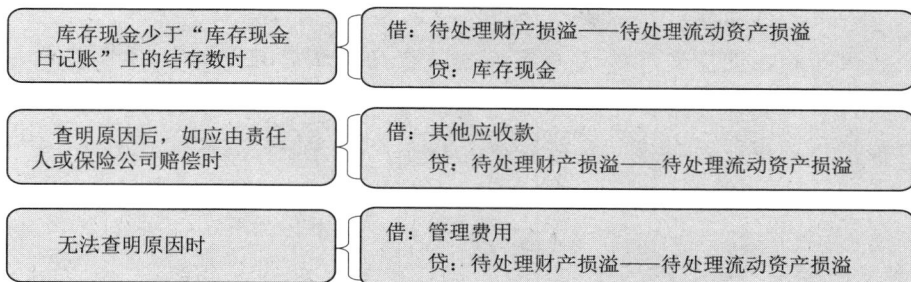

库存现金少于"库存现金日记账"上的结存数时	借：待处理财产损溢——待处理流动资产损溢 　　贷：库存现金
查明原因后，如应由责任人或保险公司赔偿时	借：其他应收款 　　贷：待处理财产损溢——待处理流动资产损溢
无法查明原因时	借：管理费用 　　贷：待处理财产损溢——待处理流动资产损溢

图 2-5　库存现金盘点短缺的账务处理

【例 2-4】吉城建筑工程公司 2025 年 1 月 31 日对库存现金盘点时，现金日记账账面余额为 2 700 元，实地盘点的库存现金金额为 2 600 元，造成库存现金短缺的原因有待进一步查明。

借：待处理财产损溢——待处理流动资产损溢　　　　　　100

　　贷：库存现金　　　　　　　　　　　　　　　　　　　　100

如经查明，库存现金短缺的原因是由于出纳员的工作不认真造成的，出纳员江英当即赔偿了短缺款。

借：其他应收款　　　　　　　　　　　　　　　　　　100

　　贷：待处理财产损溢——待处理流动资产损溢　　　　　　100

借：库存现金　　　　　　　　　　　　　　　　　　　100

　　贷：其他应收款　　　　　　　　　　　　　　　　　　　100

库存现金盘点溢余的账务处理，如图 2-6 所示。

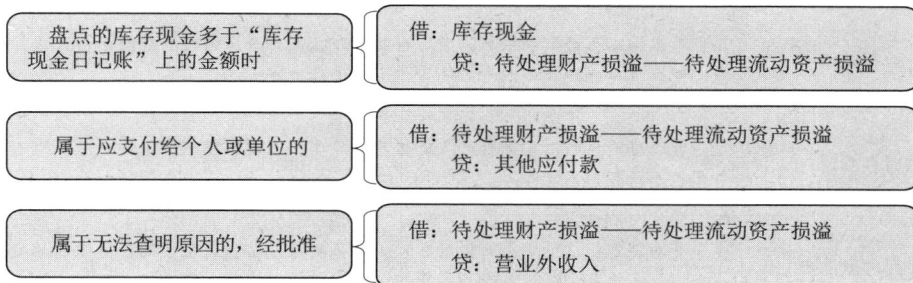

盘点的库存现金多于"库存现金日记账"上的金额时	借：库存现金 　　贷：待处理财产损溢——待处理流动资产损溢
属于应支付给个人或单位的	借：待处理财产损溢——待处理流动资产损溢 　　贷：其他应付款
属于无法查明原因的，经批准	借：待处理财产损溢——待处理流动资产损溢 　　贷：营业外收入

图 2-6　库存现金盘点溢余的账务处理

【例 2-5】吉城建筑工程公司 2025 年 1 月 31 日对库存现金盘点时，现金日记账账面余额为 2 800 元，实地盘点的库存现金金额为 2 900 元，造成库存现金比账上多出 100 元的原因有待进一步查明。编制会计分录如下。

    借：库存现金   100

        贷：待处理财产损溢——待处理流动资产损溢   100

经核查后，没有发现造成库存现金溢余的原因，经批准，作为营业外收入处理。编制会计分录如下。

    借：待处理财产损溢——待处理流动资产损溢   100

        贷：营业外收入   100

2.2 银行存款

银行存款是指企业存放在银行和其他金融机构的货币资金。按照国家现金管理和结算制度的规定，每个企业都要在银行开立账户，称为结算户存款，用来办理存款、取款和转账结算。

2.2.1 银行存款账户

银行存款账户分为基本存款账户、一般存款账户、临时存款账户和专用存款账户，见表 2-2。

表 2-2 银行存款账户分类

账户类别	规 定
基本存款账户	一个企业只能开立一个基本存款账户，是存款人办理日常转账结算和现金收付的账户。另外，企业的工资、奖金等现金的支取，只能通过基本存款账户办理
一般存款账户	是存款人因借款或其他结算需要，在基本存款账户开户银行以外的银行营业机构开立的银行结算账户。一般存款账户不得办理现金支取
临时存款账户	是企业因临时经营活动需要开立的账户，该账户按规定在一定条件下可以支取现金，最长不得超过两年
专用存款账户	是企业对特定用途的资金开设的账户，如基本建设基金、企业的社会保障基金账户、住房公积金账户、证券交易结算资金账户都属于该类账户

2.2.2 银行存款账户的具体运用

➡ 1. 银行存款账户的设置

为了反映和监督企业银行存款的收入、支出和结存情况，企业应当设置"银行存款"科目，借方登记企业银行存款的增加，贷方登记企业银行存款的减少，期末借方余额反映企业实际持有的银行存款的金额。企业可根据实际业务的需要设置明细科目，见表 2-3。

表 2-3　银行存款会计科目编码的设置

科目代码	总分类科目（一级科目）	明细分类科目	
		二级明细科目	三级明细科目
1002	银行存款	—	—
100201	银行存款	人民币	—
10020101	银行存款	人民币	××银行
100202	银行存款	外币	—
10020201	银行存款	美元	××银行
10020202	银行存款	日元	××银行

企业应当设置银行存款总账和银行存款日记账，分别进行银行存款的总分类核算和明细分类核算。

➡ 2. 支付的原则与要求

（1）主要支付工具。我国目前使用的人民币非现金支付工具主要包括"三票一卡"和结算方式。"三票"是指：汇票、本票和支票；一卡是指"银行卡"。

（2）办理支付结算的原则。①恪守信用，履约付款原则。②谁的钱进谁的账、由谁支配原则。银行在办理结算时，必须按照存款人的委托，将款项支付给其指定的收款人；对存款人的资金，除国家法律另有规定外，必须由其自由支配。③银行不垫款原则。银行在办理结算过程中，只负责办理结算当事人之间的款项划拨，不承担垫付任何款项的责任。

3. 银行存款的序时核算

企业根据收款凭证、付款凭证，按照业务发生顺序逐笔登记银行存款日记账。每日终了，应当计算当日的银行存款收入合计额、支出合计额和结余额。月份终了，银行存款日记账的余额必须与银行存款总账的余额核对相符。

4. 银行存款的清查

月份终了，除了银行存款日记账的余额必须与银行存款总账的余额核对相符外，还必须将单位银行存款日记账与银行对账单核对，确定账实是否相符。

5. 银行存款的核对

银行存款日记账应与开户行的银行对账单进行逐笔明细核对和余额核对，每月至少核对一次。企业银行存款账面余额与银行对账单余额之间如有差异，企业应通过编制银行存款余额调节表调节相符。如没有记账错误，调节后的双方余额应相等。

银行存款余额调节表只是为了核对账目，不能作为调整银行存款账面余额的记账依据。

企业银行存款账面余额与银行对账单余额之间如果有差异，企业会计人员应当核对产生差异的具体原因，双方余额调平后方可结账。双方余额之间不一致的原因，是因为存在未达事项造成的。

发生未达事项的原因有以下四种：

（1）企业已收款入账，银行尚未收款入账；即企业已收，银行未收。（企业银行存款日记账大于银行对账单余额。）

（2）企业已付款入账，银行尚未付款入账；即企业已付，银行未付。（企业银行存款日记账小于银行对账单余额。）

（3）银行已收款入账，企业尚未收款入账；即银行已收，企业未收。（企业银行存款日记账小于银行对账单余额。）

（4）银行已付款入账，企业尚未付款入账；即银行已付，企业未付。（企业银行存款日记账大于银行对账单余额。）

【例2-6】2025年1月31日，吉城建筑工程公司银行存款日记账余额1 840 000元，银行对账单余额1 827 900元，经核对，发现以下未达账项：

（1）银行代企业支付本月电费7 500元，银行已记账，但企业因未收到银行付款通知而未记账。

（2）企业委托银行代收货款 35 000 元，银行已收到并登记入账，但企业因未收到银行通知收款通知而未记账。

（3）企业开出转账支票支付修理费 5 400 元，并已记账，但持票人尚未到银行办理转账手续，银行未记账。

（4）企业收到一张转账支票，货款 45 000 元，并已记账，但银行尚未入账。

计算结果见表 2-4。

表 2-4　银行存款余额调节表

2025 年 1 月 31 日　　　　　　　　　　　　　　　　　　　单位：元

企业银行存款日记账	金额	银行对账单	金额
银行存款日记账余额	1 840 000	银行对账单余额	1 827 900
加：银行已收，企业未收	35 000	加：企业已收，银行未收	45 000
减：银行已付，企业未付	7 500	减：企业已付，银行未付	5 400
调节后的存款余额	1 867 500	调节后的存款余额	1 867 500

2.2.3　银行存款收入的账务处理

收款企业收到支票时，应填制进账单，去银行办理存款手续。财务人员以银行签章退回的进账单回单联及其他相关凭证，编制收款凭证，借记"银行存款"账户，贷记有关账户。

【例 2-7】吉城建筑工程公司为增值税一般纳税人。2025 年 4 月 9 日，该公司销售一批钢材给卡拉公司，并开具增值税专用发票，注明的售价为 30 000 元，增值税额为 3 900 元。当日收到卡拉公司转账支票，财务人员已填制进账单，办妥有关收款手续，增值税专用发票如图 2-7 所示。编制会计分录如下。

借：银行存款　　　　　　　　　　　　　　　　　　　　　33 900
　　贷：主营业务收入　　　　　　　　　　　　　　　　　　　30 000
　　　　应交税费——应交增值税（销项税额）　　　　　　　　3 900

动态二维码（略）	全国统一发票监制章 电子发票(增值税专用发票) 深圳市税务局				发票号码：24312000000017615291 开票日期：2025年4月9日			
购买方信息	名称：卡拉公司 统一社会信用代码/纳税人识别号：332234134977865145				销售方信息	名称：吉城建筑工程有限公司 统一社会信用代码/纳税人识别号：21310140035434563		
项目名称	规格型号	单位	数量	单价	金额	税率/征收率	税额	
钢材		吨	10	3 000	30 000	13%	3 900	
合　　计					¥30 000		¥3 900	
价款合计（大写）	⊗叁万叁仟玖佰元整				（小写）¥33 900.00			
备注	（略）							

图 2-7　增值税专用发票

2.2.4　银行存款支出的账务处理

付款企业开出支票时，根据支票存根和有关原始凭证（如收款人开出的收据或发票等），及时编制付款凭证，应借记有关账户，贷记"银行存款"账户。

【例 2-8】吉城建筑工程公司为增值税一般纳税人，存货采用实际成本计价。2025 年 4 月 30 日，该公司从天正公司购入一批原材料，增值税专用发票上注明的售价为 50 000 元，增值税额为 6 500 元，款项已用转账支票付讫，购入原材料已验收入库（付款凭证如图 2-8 所示）。编制会计分录如下。

借：原材料　　　　　　　　　　　　　　　　　　　50 000

　　应交税费——应交增值税（进项税额）　　　　　6 500

　　贷：银行存款　　　　　　　　　　　　　　　　　　56 500

中国工商银行

网上银行转账凭证（付款通知）

记账日期：2025 年 4 月 30 日　　检索号：25789

付款人户名：吉诚建筑工程公司　　　　　付款人账号：110051744371015368
收款人户名：天正公司　　　　　　　　　收款人账号：137465464464454612
金额：56500 元

付款行行名：深圳工商银行龙华支行
收款行行名：天津工商银行丽水支行
用途：货款

金融自助卡号：****　　　　　　　　　打印时间：***
银行验证码：***　　　　　　　　　　　打印方式：***
地区号：****　　　　网点号：***　　　柜员号：***

图 2-8　付款凭证

期末，登记银行存款日记账如图 2-9 所示。

银行存款日记账

2025年		凭证科目代码	摘要	对方科目	借方									√	贷方									√	余额								
月	日				千	百	十	万	千	百	十	元	角	分		千	百	十	万	千	百	十	元	角	分		千	百	十	万	千	百	十	元	角	分
4	1		期初余额																									1	2	0	0	0	0	0	0
4	9	银行收01	向卡拉公司销售一批产品				3	3	9	0	0	0	0														1	5	3	9	0	0	0	0
4	30	银付204	购入原材料															5	6	5	0	0	0	0				9	7	4	0	0	0	0
4	30		本月合计				3	3	9	0	0	0	0					5	6	5	0	0	0	0				9	7	4	0	0	0	0

图 2-9　银行存款日记账

2.3　其他货币资金

其他货币资金是指企业除库存现金、银行存款以外的各种货币资金，主要包括银行汇票存款、银行本票存款、信用卡存款、信用证保证金存款、存出投资款、外埠存款。需要注意的是微信和支付宝在会计处理中通常记入"货币资金"科目。

2.3.1　其他货币资金科目的具体应用

企业应按其他货币资金和种类设置明细账户，并按照外埠存款的开户银行，银行汇票或本票的收款单位等设置明细账，进行明细分类核算。其他货币资金会计科目编码的设置见表2-5。

表 2-5　其他货币资金会计科目编码的设置

科目代码	总分类科目（一级科目）	明细分类科目	
		二级明细科目	三级明细科目
1012	其他货币资金	—	—
101201	其他货币资金	外埠存款	××银行
101202	其他货币资金	银行本票	××银行
101203	其他货币资金	银行汇票	××银行
101204	其他货币资金	信用卡存款	××银行
101205	其他货币资金	信用证	××银行
101206	其他货币资金	存出投资款	××银行

2.3.2　其他货币资金的账务处理

为了反映和监督其他货币资金的收支和结存情况，企业应当设置"其他货币资金"科目，借方登记其他货币资金的增加数，贷方登记其他货币资金的减少数，期末余额在借方，反映企业实际持有的其他货币资金。

▶▶ **1. 银行汇票**

银行汇票存款账务处理，如图2-10所示。

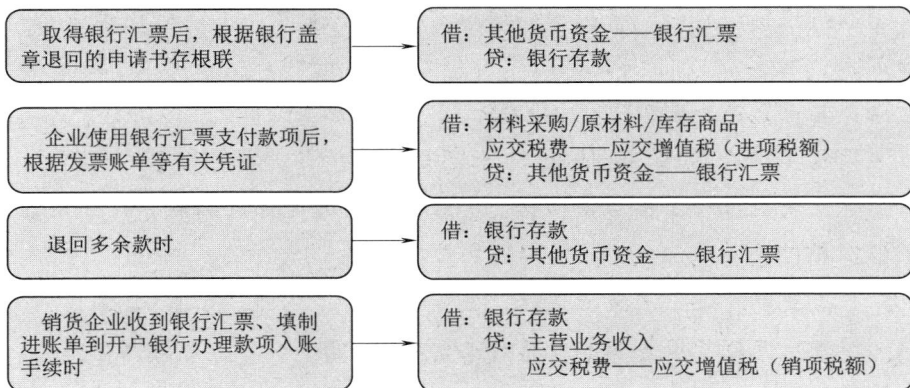

图 2-10　银行汇票的账务处理

【例 2-9】吉城建筑工程公司为取得向乙工厂购货的银行汇票，将款项 9 600 元从银行账户转作银行汇票存款。材料已经验收入库，价款 8 000 元、增值税额 1 040 元，用银行汇票办理结算。银行汇票多余款 560 元由签发银行退交企业。银行汇票申请书如图 2-11 所示。

银行汇票申请书（存根）

申请日期：2025 年 1 月 9 日						NO.00000021										
银行打印																
业务类型	☐电汇　☐信汇　☑汇票申请书 ☐本票申请书　☐其他				汇款方式		☑普通　☐加急										
申请人	全　　称	吉城建筑工程公司			收款人	全　　称	乙工厂										
	账号或地址	110051744371015368				账号或地址	020000190923546789 0										
	开户行名称	深圳工商银行龙华支行				开户行名称	上海汇丰银行南京路支行										
	开户银行	工商银行				开户银行	汇丰银行										
金额（大写）人民币		⊗玖仟陆佰元整					千	百	十	万	千	百	十	元	角	分
											￥	9	6	0	0	0	0
支付密码		＊＊＊＊＊＊			上列款项及相关费用请从我账户内支付												
加急汇款签字																
用途	购货款																
附加信息及用途					申请人签章　　孙非												

图 2-11　银行汇票申请书（存根）

①取得银行汇票后，根据银行盖章退回的申请书存根联时，编制会计分录如下。

借：其他货币资金——银行汇票　　　　　　　　　　9 600
　　贷：银行存款　　　　　　　　　　　　　　　　　　9 600

②企业使用银行汇票后，根据发票账单等有关凭证，编制会计分录如下。

借：原材料　　　　　　　　　　　　　　　　　　　8 000
　　应交税费——应交增值税（进项税额）　　　　　1 040
　　　　贷：其他货币资金——银行汇票　　　　　　　　9 040

③退回多余款时，编制会计分录如下。

借：银行存款　　　　　　　　　　　　　　　　　　560
　　贷：其他货币资金——银行汇票　　　　　　　　　　560

▶▶ 2. 银行本票存款

银行本票分为不定额本票和定额本票两种：不定额本票面额起点为 100 元；定额本票面额为 1 000 元、5 000 元、10 000 元和 50 000 元。

申请人使用银行本票，应向银行填写"银行本票申请书"。申请人或收款人为单位的，不得申请签发现金银行本票。出票银行受理银行本票申请书，收妥款项后签发银行本票，在本票上签章后交给申请人。应根据银行签章退回的"银行本票申请书"存根联编制付款凭证。申请人应将银行本票交付给本票上记明的收款人。

收款人可以将银行本票背书转让给被背书人。银行本票的提示付款期限自出票日起最长不得超过两个月。在有效付款期内，银行见票付款。持票人超过付款期限提示付款的，银行不予受理。账务处理如图 2-12 所示。

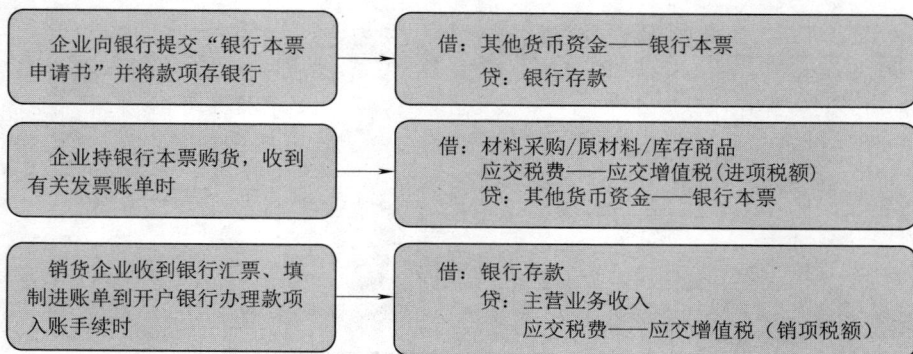

企业向银行提交"银行本票申请书"并将款项存银行	借：其他货币资金——银行本票 　　贷：银行存款
企业持银行本票购货，收到有关发票账单时	借：材料采购/原材料/库存商品 　　应交税费——应交增值税（进项税额） 　　贷：其他货币资金——银行本票
销货企业收到银行汇票、填制进账单到开户银行办理款项入账手续时	借：银行存款 　　贷：主营业务收入 　　　　应交税费——应交增值税（销项税额）

图 2-12　银行本票存款账务处理

▶▶ 3. 信用卡存款

信用卡存款账务处理，如图 2-13 所示。

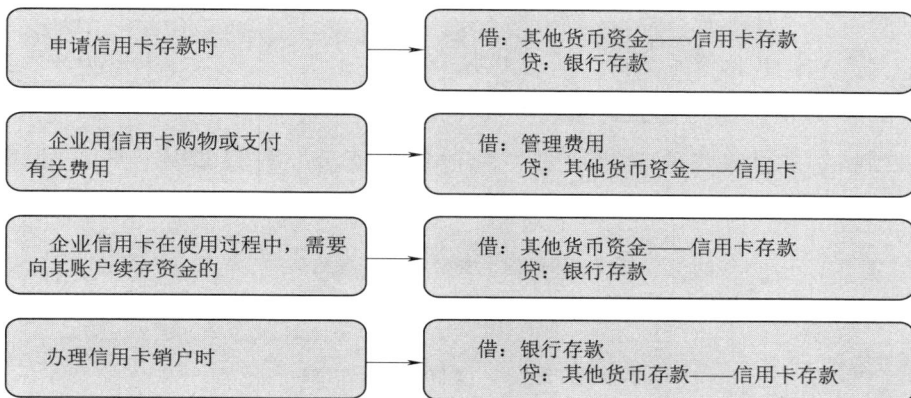

申请信用卡存款时	借：其他货币资金——信用卡存款 贷：银行存款
企业用信用卡购物或支付有关费用	借：管理费用 贷：其他货币资金——信用卡
企业信用卡在使用过程中，需要向其账户续存资金的	借：其他货币资金——信用卡存款 贷：银行存款
办理信用卡销户时	借：银行存款 贷：其他货币存款——信用卡存款

图 2-13　信用卡账务处理

【例 2-10】吉城建筑工程公司向浦发银行申请领用信用卡，按要求于 3 月 5 日向银行交存备用金 40 000 元；3 月 10 日使用信用卡支付 2 月份水电费 8 000 元。编制会计分录如下。

    借：其他货币资金——信用卡存款　　　　　　　40 000
        贷：银行存款　　　　　　　　　　　　　　　　40 000
    借：管理费用　　　　　　　　　　　　　　　　8 000
        贷：其他货币资金——信用卡存款　　　　　　　8 000

存出投资款账务处理，如图 2-14 所示。

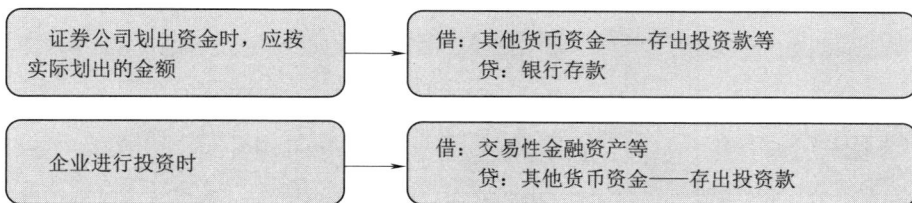

证券公司划出资金时，应按实际划出的金额	借：其他货币资金——存出投资款等 贷：银行存款
企业进行投资时	借：交易性金融资产等 贷：其他货币资金——存出投资款

图 2-14　存出投资款账务处理

【例 2-11】吉城建筑工程公司委托某证券公司从上海证券交易所购入深发展的股票，开立证券资金账户并存入资金 450 000 元。编制会计分录如下。

    借：其他货币资金——存出投资款　　　　　　　450 000
        贷：银行存款　　　　　　　　　　　　　　　　450 000

该证券公司从深圳证券交易所购入深发展股票 80 000 股（假设价值为 350 000 元），并将其划分为交易性金融资产。编制会计分录如下。

借：交易性金融资产——股票　　　　　　　　　　350 000

　　贷：其他货币资金——存出投资款　　　　　　　　　350 000

▶▶ **4. 微信、支付宝业务核算**

微信、支付宝收取款项通过"其他货币资金"科目核算，账务处理见表 2-6。

表 2-6　微信、支付宝的账务处理

业务情形	账务处理
企业从银行存款账户转入微信、支付宝账户资金	借：其他货币资金——微信账户/支付宝账户 　　贷：银行存款
购入商品、取得增值税专用发票并使用企业微信资金支付款项	借：库存商品 　　应交税费——应交增值税（进项税额） 　　（若为增值税小规模纳税人或者其他原因不符合抵扣条件，计入库存商品成本中） 　　贷：其他货币资金——微信账户/支付宝账户
确认销售收入、计提税费并使用企业微信、支付宝账户收款，结转销售成本	①确认收入并计提税费 借：应收账款 　　贷：主营业务收入/其他业务收入 　　　　应交税费——应交增值税（销项税额）（增值税一般纳税人） 　　　　　　　　　——应交增值税（增值税小规模纳税人） ②收到时 借：其他货币资金——微信账户/支付宝账户 　　财务费用——手续费 　　贷：应收账款 借：主营业务成本/其他业务成本 　　贷：库存商品
企业微信、支付宝账户资金提现到企业银行存款账户	借：银行存款 　　贷：其他货币资金——微信账户/支付宝账户
企业给员工发薪酬	①归集成本 借：生产成本/管理费用等 　　贷：应付职工薪酬——职工福利 ②发放薪酬 借：应付职工薪酬——职工福利 　　贷：其他货币资金——支付宝/微信
个人微信账户资金转入企业微信账户	借：其他货币资金——微信账户/支付宝账户 　　贷：其他应收款——某员工

【例 2-12】双城有限公司设立微信账户，专门收取员工应付款项。2025年 1 月 18 日，收到员工通过微信支付的餐费 45 900 元。编制会计分录如下。

借：其他货币资金——微信账户　　　　　　　　　　45 900
　　贷：其他应收款　　　　　　　　　　　　　　　　　45 900

2.4　外币业务

外币业务，是指企业以非记账本位币的其他货币进行款项支付、往来结算和计价的经济业务。

2.4.1　外币业务账户

外币业务的账务处理有外币统账制和外币分账制两种方法。

（1）外币统账制又称为本币记账法，指发生外币业务时，必须及时折算为记账本位币记账，并以此编制会计报表。一般建筑施工企业发生外币业务笔数不多时，可以采用外汇统账制。

（2）外币分账制又称为原币记账法，指对外币业务在日常核算时按照外币原币进行记账，分别不同的外币币种核算其所实现的损益，编制各种货币币种的会计报表。在资产负债表日一次性地将外币会计报表折算为记账本位币表示的会计报表，并与记账本位币业务编制的会计报表汇总，编制整个企业会计报表的制度。

为了进行外币核算，应设置外汇货币性项目的核算账户，见表 2-7。

表 2-7　外币账户的设置

账户种类	具体设置
外汇货币资金账户	库存现金——外币现金、银行存款——外汇存款
外汇结算的债权账户	应收账款——应收外汇账款、应收票据——应收外汇票据、预付账款——预付外汇账款
外汇结算的债务账户	长（短）期借款——长（短）期外汇借款、应付账款——应付外汇账款、应付票据——应付外汇票据、预收账款——预收外汇账款

2.4.2　外币业务核算

▶ 1. 外币兑换交易

（1）购汇支付的条件。企业到银行购汇，应具备两个条件：一是必须拥有按规定可以进行购汇的事项；二是必须提供与支付方式适应的有效商业单据和有效凭证。

（2）购汇程序。①将购汇所需的人民币资金存入企业开设的指定银行账户中。②提供有效凭证，如合同、发票、收据、进出口许可证等文件。③填写"购买外汇申请书"及有关证明文件交给售汇银行。④售汇银行对企业提交的资料审核无误后，办理售汇，并将"购买外汇申请书"中的一联退还企业，购汇即告完成。

【例 2-13】吉城建筑工程公司从银行购入 20 万美元，当日银行卖出价为 1 美元＝7.24 元人民币，编制会计分录如下。

借：银行存款——美元（200 000×7.24）　　　　　1 448 000
　　贷：银行存款——人民币（实际支付金额）　　　　　1 448 000

▶ 2. 外币购销交易

建筑施工企业从国外或境外购进存货、引进设备或者以外币结算购货款，应按照交易日的即期汇率或即期汇率近似的汇率将外币折算为人民币金额，以确定购进物资的入账价值，同时还应按照外币折算为人民币金额登记支付的款项形成的债务等有关外币账户。

建筑施工企业承包国外或境外建安工程项目或者以外币结算合同价款，则应按照交易日的即期汇率或即期汇率近似的汇率将外币合同收入折算为人民币金额登记取得的款项或发生的债权等有关外币账户。

【例 2-14】吉城建筑工程公司从境外购入一台施工设备，设备价款和境外运费共 100 万美元，货款未付；关税及境内运费共 5 万元人民币，已用银行存款支付。当日市场汇率为 1 美元＝7.26 元人民币。编制会计分录如下。

借：固定资产　　　　　　　　　　　　　　　　7 310 000
　　贷：应付账款——美元（原币×当日
　　　　市场汇率）（1 000 000×7.26）　　　　　7 260 000
　　　　银行存款——人民币　　　　　　　　　　　50 000

第 3 章　建筑施工企业应收及预付款项的核算

应收及预付款项是指建筑施工企业在日常生产经营过程中发生的各项债权，包括应收款项和预付款项。应收款项包括应收票据、应收账款和其他应收款等；预付款项则是指企业按照合同规定预付的款项。

3.1 应收账款

应收账款是建筑施工企业承建工程应向发包单位收取的工程价款和列入营业收入的其他款项；销售产品、材料应向购货单位收取的款项；提供劳务、作业应向接受劳务、作业单位收取的款项。

3.1.1 应收账款科目的设置

应收账款科目期末如为借方余额，反映尚未收回的账款；期末如为贷方余额，反映企业预收款项。应收账款会计科目设置见表 3-1。

表 3-1　应收账款会计科目的设置

科目代码	总分类科目（一级科目）	明细分类科目		是否辅助核算	辅助核算类别
		二级明细科目	三级明细科目		
1122	应收账款	—	—	—	—
112201	应收账款	××公司	—	—	—
11220101	应收账款	××公司	应收工程款	是	客户/债务人
11220102	应收账款	××公司	应收销货款	是	客户/债务人
11220103	应收账款	××公司	应收质保金	是	客户/债务人

应收账款通常按实际发生额计价入账。计价时还要考虑商业折扣、现金折扣及债务重组等因素。

3.1.2 应收工程款

在建筑施工企业中，应收工程款是指因承包工程应向发包单位收取的工程价款。应收工程款是建筑施工企业在提供劳务、结算过程中产生的债权。一般来说，应收工程款的产生主要基于三方面原因：一是工程结算需要一定时间；二是存在激烈的市场竞争；三是建设单位拖欠工程款。

一般应收工程账款的账务处理，如图 3-1 所示。

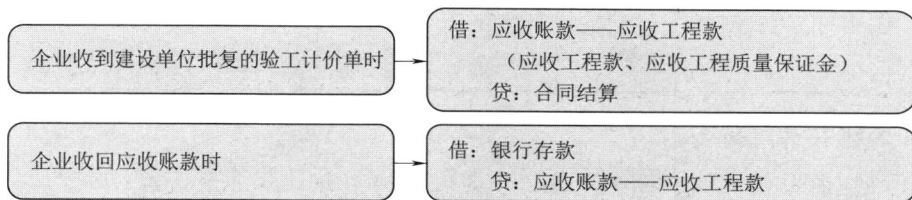

图 3-1 应收工程款账务处理

工程结算时，施工方一般需要提供以下资料：招标文件、投标文件（含投标预算）、中标通知书、施工合同及相关补充协议、开工报告、图纸会审、设计变更资料、现场签证、施工图、地勘报告、施工单位资质证和取证证书（复印件），以及其他与工程造价相关的资料或说明文件。

【例 3-1】2025 年 1 月 25 日，向阳建筑施工公司向发包单位开出"工程价款结算账单"，结算工程价款 800 000 元。按合同规定，应扣还预支工程款 250 000 元、预收备料款 150 000 元，余款发包单位通过银行支付，部分结算资料见表 3-2、表 3-3。

表 3-2 工程竣工结算汇总表

工程名称：随园小区   单位：元

序 号	款 项 名 称	金 额	备 注
1	合同价	800 000	
2	合同调整金额	—	
3	竣工结算工程投入	800 000	
4	已付工程款	250 000	
5	已付备料款	150 000	
6	未付工程款	—	
7	竣工（概）结算余额	400 000	

表 3-3 采购物资合同价款概算费用汇总表

工程名称：随园小区 单位：元

序号	合同名称	合同事项	合同已付款	合同未付款	合同总价	备 注
1	随园小区建设合同	（略）	400 000	400 000	800 000	
2	—	—	—	—	—	
3	—	—	—	—	—	
4	—	—	—	—	—	
—	合 计		400 000	400 000		

其他资料明细表略。

（1）向发包单位办理工程价款结算时，编制会计分录如下。

借：应收账款——应收工程款（发包单位） 800 000

贷：合同结算 800 000

（2）按合同规定从结算工程价款中扣还预支工程款、备料款时，编制会计分录如下。

借：合同负债——预收工程款 250 000

——预收备料款 150 000

贷：应收账款——应收工程款（发包单位） 400 000

（3）收到转账支票，填制银行进账单入账（图 3-2）时，编制会计分录如下。

借：银行存款 400 000

贷：应收账款——应收工程款（发包单位） 400 000

中国工商银行进账单（回单或收账通知）

进账日期：2025 年 1 月 31 日

第 009 号

收款人	全　称	向阳建筑施工公司	付款人	全　称	北京工商银行广渠路支行	此联给收款人的收账通知
	账　号	××××		账　号	××××	
	开户银行	中国工商银行		开户银行	中国工商银行	

人民币元（大写）：⊗肆拾万元整	千 百 十 万 千 百 十 元 角 分
	￥ 4 0 0 0 0 0 0 0

票据种类	转账支票	收款人开户银行盖章（略）
票据张数	1	
主管　　会计　　复核　　记账		

图 3-2 进账单

3.1.3　应收质保金的相关规定

质量保证金，又称建筑工程信誉保证金（以下简称质保金），是指施工单位根据建设单位的要求，在建设工程承包合同签订之前，预先交付给建设单位，用以保证施工质量的资金。

建设工程质量保证金规定如下。

▶ 1. 发包人不得预留建设工程质量保证金的两种情形

（1）在建设工程项目竣工前，已经缴纳履约保证金的，发包人不得同时预留工程质量保证金。

（2）采用建设工程质量保证担保、工程质量保险等其他保证方式的，发包人不得再预留保证金。

▶ 2. 预留金额

建设工程质量保证金预留比例不得高于工程价款结算总额的 3%。合同约定由承包人以银行保函替代预留保证金的，保函金额不得高于工程价款结算总额的 3%。

▶ 3. 缺陷责任期最长两年

建设工程质量保证金是指发包人与承包人在建设工程承包合同中约定，从应付的工程款中预留，用以保证承包人在缺陷责任期内对建设工程出现的缺陷进行维修的资金。缺陷责任期一般为 1 年，最长不超过两年，由发、承包双方在合同中约定。

▶ 4. 采用预留保证金可委托第三方托管

社会投资项目采用预留保证金方式的，发、承包双方可以约定将保证金交由第三方金融机构托管。

▶ 5. 约定事项

发包人应当在招标文件中明确保证金预留、返还等内容，并与承包人在合同条款中对涉及保证金的下列事项进行约定：

（1）保证金预留、返还方式。

（2）保证金预留比例、期限。

（3）保证金是否计付利息，如计付利息，利息的计算方式。

（4）缺陷责任期的期限及计算方式。

（5）保证金预留、返还及工程维修质量、费用等争议的处理程序。

（6）缺陷责任期内出现缺陷的索赔方式。

（7）逾期返还保证金的违约金支付办法及违约责任。

➧ 6. 缺陷责任期的计算根据法律规定确定

缺陷责任期从工程通过竣工验收之日起计算；由于承包人原因工程无法按规定期限进行竣工验收的，缺陷责任期从实际通过竣工验收之日起计；由于发包人原因工程无法按规定期限进行竣工验收的，在承包人提交竣工验收报告 90 天后，工程自动进入缺陷责任期。

3.1.4 应收质保金的账务处理

应收质保金的账务处理，见表 3-4。

表 3-4 应收质保金账务处理

财务情形	账务处理
预留质保金	借：应收账款 　　贷：合同结算 　　　　应交税费——简易计税 　　　　——应交增值税（销项税额）（已开发票） 　　　　——待转销项税额（未开发票）
确认预计负债	借：销售费用 　　贷：预计负债——产品质量保证 缺陷责任期内发生缺陷，发生支出时 借：预计负债 　　贷：银行存款
全额收回质保金	①未发生缺陷时 借：银行存款 　　贷：应收账款——质保金 ②预留质保金未向发包方开具发票的 借：应交税费——待转销项税额 　　贷：应交税费——简易计税——计提 　　　　——应交增值税（销项税额）
维修后全额收回	发生维修支出： 借：预计负债/销售费用 　　应交税费——应交增值税（销项税额） 　　贷：银行存款
未承担维修，被部分扣除质保金	借：预计负债/销售费用等 　　贷：应收账款——质保金 已开具发票的冲红： 借：预计负债/销售费用等 　　贷：应交税费——简易计税——计提 　　应交税费——应交增值税（销项税额）

财务情形	账务处理
未承担维修，被全部扣除质保金	借：预计负债/销售费用等 贷：应交税费——简易计税——计提 ——应交增值税（销项税额）
未承担维修，被全部扣除质保金后又被超额索赔	借：营业外支出 贷：银行存款

企业在签订销售合同时一般要给购货方预留一定比例的质量保证金，以保证合同顺利履行。受检验条件所限，有时因为质量原因造成质量保证金不能收回，证据为购货方发票或企业同意放弃货款的协议。

在具体应用中，对于质保金折现的操作，要注意以下几点：质保金折现应做到每个具体的项目，在业主扣留质保金时进行折现处理，建立完整的质保金折现台账；质保金折现减少的收入在"主营业务收入——建造合同收入"下设明细科目单独反映，在建造合同表单独反映，不作为原工程项目收入减少；质保金折现减少的应收账款应在"应收质保金"科目下单列明细反映，在"应收账款明细表"中单列项目填列，计提坏账准备时按折现后的净额计提；质保金折现的利息收入和支出，在财务费用中单独反映，利润表的利息收入与支出包含质保金折现的利息收入与支出。

具体而言，应收质保金折现的账务处理方式见表 3-5。

表 3-5　应收质保金折现的账务处理方式

业务情形	账务处理
应收质保金折现时	借：主营业务收入 贷：应收账款（未实现的融资收益）
实际收回质保金时	借：应收账款（未实现的融资收益） 贷：财务费用——利息收入
应付质保金折现时	借：应付账款——××分包队 贷：主营业务成本
应付质保金实际支付时	借：财务费用——利息支出 贷：应付账款——××分包队

【例 3-2】兰达公司为一家施工企业，按照合同规定，其承包的工程项目于 2022 年 12 月 31 日完工进入质保期，合同约定质保金为 200 万元，收回时间为完工后三年，应收质保金采用一年期银行存款利率计算，假定一年期银行存款利率 3.25%，该公司各年折现及转回金额计算见表 3-6。

表 3-6　兰达公司各年折现及转回金额　　　单位：万元

日　　　期	2022 年 12 月 31 日	2023 年 12 月 31 日	2024 年 12 月 31 日	2025 年 12 月 31 日
复利现值系数	0.908 5	0.938 0	0.968 5	1.00
200 万元折现金额	181.70	187.60	193.70	200
转回金额	18.30 (200－181.70)	5.90 (187.60－181.70)	6.10 (193.70－187.60)	6.30 (200－193.70)

2022 年 12 月 31 日，工程资金现值＝200×现值系数＝200×0.908 5＝181.7（万元）

工程资金现在的公允价值为 181.70 万元，折现金额为 18.30 万元为业主延期付款须支付的利息收入。

（1）确认应收质保金，编制会计分录如下。

借：应收账款——工程款（质保金）　　　　　　　　2 000 000

　　贷：合同结算　　　　　　　　　　　　　　　　　　2 000 000

（2）2022 年 12 月 31 日，确认应收质保金折现金额时，编制会计分录如下。

借：主营业务收入（2 000 000－1 817 000）　　　　183 000

　　贷：应收账款——工程款（质保金折现）　　　　　　183 000

折现金额在回收期内按照实际利率法逐年转回，编制会计分录如下。

（3）2023 年 12 月 31 日转回时，编制会计分录如下。

借：应收账款——工程款（质保金折现）　　　　　　59 000

　　贷：财务费用——利息收入　　　　　　　　　　　　59 000

（4）2024 年 12 月 31 日转回时，编制会计分录如下。

借：应收账款——工程款（质保金折现）　　　　　　61 000

　　贷：财务费用——利息收入　　　　　　　　　　　　61 000

（5）2025 年 12 月 31 日转回时，编制会计分录如下。

借：应收账款——工程款（质保金折现）　　　　　　63 000

　　贷：财务费用——利息收入　　　　　　　　　　　　63 000

同时，借：银行存款　　　　　　　　　　　　　　　2 000 000

　　　　　贷：应收账款——工程款（质保金）　　　　　　2 000 000

需要指出的是，对于建筑施工企业来说，被甲方扣留或者收取的质量保证金，通常是通过应收账款来进行核算的。因而当发生施工质量问题时，其处理方式也就有两种：一种是如果当初在开具建筑业发票时已经将质量保证金计入，则在实际发生质量损失时，就应当增加相关施工工程成本费用，同时冲减应收账款等；另一种是在开具建筑业发票时并未将质量保证金计入，但甲方应当出具相关的收款凭据，那么在发生相关质量损失时，也应当增加相关的成本费用，同时抵减应收款。企业因售出商品的质量不合格等原因而在售价上给予的减让属于销售折让；企业因售出商品质量、品种不符合要求等原因而发生的退货属于销售退回。企业已经确认销售收入的售出商品发生销售折让和销售退回，应当在发生当期冲减当期销售商品收入。因此，企业收到的质量保证金应按上述规定处理，不属于坏账。

3.2 应收票据

应收票据是企业因销售商品、提供劳务等而收到的商业汇票。商业汇票是一种由出票人签发的，委托付款人在指定日期无条件支付确定金额给收款人或者持票人的票据。商业汇票的付款期限，最长不得超过 6 个月。根据承兑人不同，商业汇票分为商业承兑汇票和银行承兑汇票两种。

3.2.1 应收票据科目的设置

企业应当按照开出、承兑商业汇票的单位进行明细核算，见表 3-7。

表 3-7 应收票据会计科目编码的设置

科目代码	总分类科目（一级科目）	明细分类科目	
		二级明细科目	三级明细科目
1121	应收票据	—	—
112101	应收票据	银行承兑汇票	××公司
112102	应收票据	商业承兑汇票	××公司

3.2.2 应收票据取得的会计处理

为了反映和监督应收票据的取得、票款收回等经济业务，企业应当设置

"应收票据"科目。该账户借方登记应收票据收到时的面值；贷方登记到期应收票据收回的金额，或承兑人到期无力支付而被退回的商业承兑汇票金额，或未到期票据的贴现或转让情况；余额在借方，表示已收尚未到期或未贴现的应收票据的面额总数。

应收票据取得的原因不同，其会计处理亦有所区别。其具体处理见表 3-8。

表 3-8　应收票据的账务处理

业务情形	账务处理
因债务人抵偿前欠货款而取得的应收票据	借：应收票据 　　贷：应收账款
因企业销售商品、提供劳务等而收到的商业汇票	借：应收票据 　　贷：主营业务收入 　　　　应交税费——应交增值税（销项税额）
商业汇票到期收回款项时，按实际收到的金额做账	借：银行存款 　　贷：应收票据

【例 3-3】蓝迪公司 2025 年 5 月 10 日向亚逊公司销售商品一批，开具的增值税专用发票注明价款为 8 120 元，税款为 1 055.60 元。亚逊公司开出为期 3 个月的商业汇票抵付货款。

（1）蓝迪公司收到票据如图 3-3 所示，编制会计分录如下。

银行承兑汇票

签发日期：2025 年 5 月 10 日　　　　　　　　　　　第 0065 号

承兑申请人	全称	亚逊公司		收款人	全称	蓝迪公司													此联签发人存查
	账号	0200001909234289765			账号	0200001909234281231													
	开户银行	工行	行号 12		开户银行	工行丽水路支行		行号				32							
汇票金额	人民币（大写）⊗玖仟壹佰柒拾伍元陆角整			千	百	十	万	千	百	十	元	角	分						
							￥	9	1	7	5	6	0						
汇票到期日	2025 年 8 月 9 日																		
备注：		承兑协议科目代码	**			交易合同号码	**												
		负责：陈静				经办：罗燕													

图 3-3　银行承兑汇票

借：应收票据   9 175.60

  贷：主营业务收入   8 120

    应交税费——应交增值税（销项税额） 1 055.60

（2）票据到期，对方付款时，编制会计分录如下。

借：银行存款   9 175.60

  贷：应收票据   9 175.60

【例 3-4】尚品公司将一张带息的银行承兑汇票于到期日到银行办理收款，票面金额为 50 000 元，年利率为 10%，期限为 90 天。编制会计分录如下。

银行承兑汇票到期值＝50 000×（1＋10%×90÷360）＝51 250（元）

借：银行存款   51 250

  贷：应收票据   50 000

    财务费用   1 250

3.2.3 应收票据贴现的会计处理

"贴现"是指票据持有人将未到期的票据在背书后送交银行，银行受理后从票据到期值中扣除按银行贴现率计算确定的贴现息，然后将余额付给持票人，作为银行对企业的短期贷款。

对于应收票据贴现的核算，首先要计算贴现息和贴现净额（或称贴现所得额），其计算公式为

贴现息＝票据到期价值×贴现率×贴现期

贴现净额＝票据到期价值－贴现息

贴现期是指从票据贴现日到票据到期前一日的时间间隔。应收票据的银行贴现率由银行统一规定，一般用年利率来表示。应收票据的账务处理见表 3-9。

表 3-9 应收票据的账务处理

业务情形	账务处理

企业持未到期的应收票据向银行贴现	借：银行存款（应按扣除贴现息后的净额）
	  财务费用（按贴现息部分）
	  贷：应收票据（按应收票据的票面金额）

如应收票据是带息票据	借：银行存款（按实际收到的款项）
	  贷：应收票据（按票面金额）
	    按其差额部分借记或贷记"财务费用"科目

【例 3-5】吉城建筑工程公司因急需资金，将一张面值为 50 000 元、3 个

月的无息票据提前两个月向银行办理贴现，出票日为 8 月 1 日，到期日为 11 月 1 日。假设银行贴现利率为 8%，计算票据的到期值、贴现息和贴现净额。编制会计分录如下。

票据到期值＝票据面值＝50 000（元）

贴现息＝50 000×8%×2÷12＝666.67（元）

贴现净额＝50 000－666.67＝49 333.33（元）

借：银行存款	49 333.33	
财务费用——票据贴现	666.67	
贷：应收票据		50 000

将带息应收票据向银行贴现时，票据到期的本息之和扣除贴现息的余额，就是贴现净额。

【例 3-6】 吉城建筑工程公司持有亚视建材股份有限公司一张 6 个月期限、面值为 48 000 元的带息银行承兑汇票向银行贴现。该汇票年息为 5%，出票日为 6 月 1 日，到期日为 11 月 30 日。该公司于 8 月 1 日向银行贴现，贴现率为 8%。贴现凭证如图 3-4 所示。

贴现凭证（收账通知）

填写日期：2024 年 8 月 1 日　　　　第××号

<table>
<tr><td rowspan="3">贴现汇票</td><td colspan="2">种类</td><td colspan="4">商业承兑汇票</td><td colspan="2">号码</td><td colspan="2">324</td><td rowspan="3">申请人</td><td colspan="2">全称</td><td colspan="10">亚视建材股份有限公司</td></tr>
<tr><td colspan="2">出票日</td><td colspan="8">2024 年 6 月 1 日</td><td colspan="2">账号</td><td colspan="10">23576785897697780</td></tr>
<tr><td colspan="2">到期日</td><td colspan="8">2024 年 11 月 30 日</td><td colspan="2">开户银行</td><td colspan="10">中国工商银行深圳市南山路分理处</td></tr>
<tr><td colspan="3">汇票承兑人（或银行）</td><td colspan="2">名称</td><td colspan="5">吉城建筑工程公司</td><td>账号</td><td colspan="2">110051744
371015368</td><td colspan="3">开户银行</td><td colspan="8">深圳工商银行龙华支行</td></tr>
<tr><td colspan="3" rowspan="2">汇票金额（即贴现金额）</td><td colspan="11" rowspan="2">人民币
（大写）⊗肆万捌仟元整</td><td>千</td><td>百</td><td>十</td><td>万</td><td>千</td><td>百</td><td>十</td><td>元</td><td>角</td><td>分</td></tr>
<tr><td></td><td></td><td>¥</td><td>4</td><td>8</td><td>0</td><td>0</td><td>0</td><td>0</td><td>0</td></tr>
<tr><td rowspan="2">贴现率</td><td rowspan="2">8%</td><td rowspan="2">贴现利息</td><td>千</td><td>百</td><td>十</td><td>万</td><td>千</td><td>百</td><td>十</td><td>元</td><td>角</td><td>分</td><td rowspan="2">实付贴现金额</td><td>千</td><td>百</td><td>十</td><td>万</td><td>千</td><td>百</td><td>十</td><td>元</td><td>角</td><td>分</td></tr>
<tr><td></td><td></td><td></td><td>¥</td><td>1</td><td>3</td><td>1</td><td>2</td><td>0</td><td>0</td><td></td><td></td><td>¥</td><td>4</td><td>7</td><td>8</td><td>8</td><td>8</td><td>0</td><td>0</td></tr>
<tr><td colspan="13">上述款项已入你单位账户。此致
银行盖章（略）
2024 年 8 月 1 日</td><td colspan="11">备注</td></tr>
</table>

图 3-4　贴现凭证

应收票据到期利息＝48 000×5‰×6÷12＝1 200（元）

应收票据到期本息＝48 000＋1200＝49 200（元）

贴现息＝49 200×8‰×4÷12＝1 312（元）

贴现净额＝49 200－1312＝47 888（元）

编制会计分录如下。

借：银行存款   47 888

   财务费用——票据贴现   1 312

     贷：应收票据   49 200

3.3 合同资产

建筑施工企业应新设合同资产科目，用来核算已履行合同义务但尚未取得无争议确定性的收款权利。

3.3.1 合同资产与应收账款的区别

合同资产，是指企业已向客户转让商品而有权收取对价的权利，且该权利取决于时间流逝之外的其他因素。合同资产通常产生于涉及多个履约步骤或条件的复杂合同中，且收款受到多种条件约束，其确定性相对较低。该权利除了时间流逝之外，还取决于其他条件（例如，履行合同中的其他履约义务）才能收取相应的合同对价。

在实务中，合同资产核算范围常常容易与应收账款核算范围混淆，合同资产与应收账款的区别有以下两点：

（1）权利内涵不同。合同资产是应收账款的前置账户，是尚有条件未成就时的收款权利，而该条件与时间无关；而应收账款或长期应收款则是除了时间之外所有条件都已成就的收款权利。

（2）减值准备计提的原因不同。合同资产计提减值时，适用"资产减值损失"，而应收账款计提减值时，适用"信用减值损失"。前者由于资产本身减值产生，后者则由于交易对方信用低劣产生。

（3）与合同资产和应收款项相关的风险是不同的，应收款项仅承担信用风险，而合同资产除信用风险之外，还可能承担其他风险，如履约风险等。

需要说明的是，合同资产和应收款项都是企业拥有的有权收取对价的合同权利。

3.3.2 合同资产科目的具体运用

合同资产科目核算企业按照合同规定预付的款项。建筑施工企业在建工程预付的工程价款，在本科目核算。本科目可按供货单位或工程项目进行明细核算。合同资产会计科目编码的设置见表3-10。

表 3-10 合同资产会计科目编码的设置

科目代码	总分类科目（一级科目）	明细分类科目		是否辅助核算	辅助核算类别
		二级明细科目	三级明细科目		
1123	合同资产	—	—	—	—
112301	合同资产	预付货款	××项目	是	供应商
112302	合同资产	其他	××项目	是	部门

合同资产的主要账务处理见表3-11。

表 3-11 合同资产的账务处理

业务情形	账务处理
企业已向客户转让商品	借：合同资产/应收账款 　贷：主营业务收入/其他业务收入 　　应交税费——应交增值税（销项税额）
取得无条件收款权时	借：应收账款等 　贷：合同资产

【例3-7】兴和设备有限公司出售两套设备给吉城建筑工程公司，组装成大型自动化混凝土搅拌机，成本分别为1 870万元、2 200万元，售价分别为2 400万元（不含税）、2 500万元（不含税）。双方签订合同后，2024年10月1日，兴和设备有限公司预收货款1 800万元，2024年12月31日，兴和设备有限公司已将第一套设备运抵吉城建筑工程公司，第二套设备于2025年3月5日运抵吉城建筑工程公司，2025年3月31日，吉城建筑工程公司验收合格后支付尾款3 737万元。兴和设备有限公司对上述业务进行会计处理。

①2024年10月1日，编制会计分录如下。

借：银行存款 18 000 000

　　贷：合同负债——预收货款 18 000 000

②2024年12月31日，编制会计分录如下。

借：合同资产　　　　　　　　　　　　　　　　27 120 000

　　贷：主营业务收入　　　　　　　　　　　　24 000 000

　　　　应交税费——待转销项税额　　　　　　3 120 000

同时结转成本，编制会计分录如下。

借：主营业务成本　　　　　　　　　　　　　　18 700 000

　　贷：库存商品　　　　　　　　　　　　　　18 700 000

③2024 年，财务报表中合同资产列示金额为 9 120 000（27 120 000－18 000 000）元。

④2025 年 3 月 31 日，收到货款时，编制会计分录如下。

借：银行存款　　　　　　　　　　　　　　　　37 370 000

　　合同负债　　　　　　　　　　　　　　　　18 000 000

　　应交税费——待转销项税额　　　　　　　　3 120 000

　　贷：合同资产　　　　　　　　　　　　　　27 120 000

　　　　主营业务收入　　　　　　　　　　　　25 000 000

　　　　应交税费——销项税额　　　　　　　　6 370 000

⑤2025 年 3 月 31 日，财务报表合同资产列示金额为 0（27 120 000－18 000 000－9 120 000）元。

3.4　其他应收款

其他应收款是指除应收票据、应收账款和预付账款以外的其他各种应收、暂付款项。

3.4.1　其他应收款的含义

其他应收款主要包括应收的各种赔款、罚款；经营租赁的各种租金；存出的保证金；备用金预付账款转入；其他各种应收、暂付款项，具体内容如下。

（1）应收的各种赔款，如因企业财产等遭受意外损失而应向有关保险公司收取的赔款等。

（2）应收的各种罚款，如因员工失职给企业造成一定损失而应向该员工收取的罚款。

（3）保证金，如中标保证金、履约保证金。

（4）备用金，向企业各职能科室、车间等拨付的备用金。

（5）应向职工收取的各种垫付的款项，如为职工垫付的水电费，应由职工负担的医药费、房租等。

3.4.2 其他应收款科目的具体运用

其他应收款科目应按其他应收款的项目分类，并按不同的债务人设置明细账。其他应收款科目编码的设置见表3-12。

表 3-12 其他应收款科目编码的设置

科目代码	总分类科目（一级科目）	明细分类科目	
		二级明细科目	三级明细科目
1221	其他应收款	—	—
122101	其他应收款	备用金	按借款人设置
122102	其他应收款	应收个人款项	按借款人设置
122103	其他应收款	应收保证金	按单位名称设置
122104	其他应收款	内部往来款项	按单位名称设置
122105	其他应收款	其他款项	按业务内容设置

企业发生其他各种应收、暂付款项时，账务处理见表3-13。

表 3-13 其他应收款账务处理

业务情形	账务处理
企业发生其他各种应收、暂付款项	借：其他应收款 　　贷：银行存款/营业外收入
收回或转销各种款项时	借：库存现金/银行存款等 　　贷：其他应收款

【例3-8】2025年1月，甲公司租入包装物一批，以银行存款向出租方支付押金15 000元。2025年3月，将租入包装物如数退回，甲公司收到出租方退还的押金15 000元，已存入银行。

①2025年1月，支付押金时，编制会计分录如下。

借：其他应收款——押金　　　　　　　　　　　　15 000

　　贷：银行存款　　　　　　　　　　　　　　　　　　15 000

②2025年3月，收回押金时，编制会计分录如下。

借：银行存款　　　　　　　　　　　　　　　　　15 000

　　贷：其他应收款——押金　　　　　　　　　　　　　　15 000

【例3-9】吉城建筑工程公司投标位于天津市宝坻区九园公路附近蔷薇园

小区，支付投标保证金 500 000 元，财务人员根据招标公告、投标保证金银行保函、付款申请单、项目投标审批文件、银行付款单据等进行会计处理，具体信息见投标保证金银行保函。编制会计分录如下。

借：其他应收款——投标保证金   500 000

 贷：银行存款   500 000

招标人为保证投标人不得撤销投标文件，中标后不得无正当理由不与招标人订立合同等，而要求投标人提供银行保函，即投标保函，以保证投标人履行招标文件所规定的义务。投标人向招标人递交投标书时，必须随附由银行出具的书面担保。

投标保证金银行保函（仅供参考）

致：招标代理机构

本保函作为吉城建筑工程公司对招标代理机构关于蔷薇园小区的投标邀请而提供的投标保函。

我们中国工商银行深圳支行无条件地、不可撤销地具结保证本行、其继承人和受让人，一旦在收到贵方提出的就下述任何一种事实的书面通知，立即无追索地向贵方支付金额为人民币 500 000 元的保证金：

（1）在提交投标文件截止时间后投标人撤销其投标文件的；

（2）中标人拒绝按招标文件的规定和投标文件的承诺签订合同的；

（3）中标人未按招标文件规定提交履约保证金的；

（4）在提交投标文件截止时间后主动对投标文件提出实质性修改的；

（5）投标人串通投标或有其他违法行为的。

同时，我行无条件地、不可撤销地具结保证本行、其继承人和受让人，一旦在收到贵方提出的投标人未按照招标文件规定交纳招标代理服务费的书面通知，立即无追索地、按实际应支付的招标代理服务费金额向贵方支付保证金，该保证金最多不超过本保函第二段承诺的金额。

本保函自签发之日起生效，直至投标有效期满后止。如果贵方和投标人一致书面同意延长投标有效期的，则本保函有效期相应延长。

如果投标人中标，本保函将在上述期满后继续生效，直至投标人提供符合合同规定的履约保证金为止。

出函银行名称：中国工商银行深圳支行

负责人签字：岳旭

签发日期：2025 年 3 月 3 日

项目结算后，招标人在退还履约保证金或保函时，应由中标单位提交退还履约保证金或保函的申请；退还履约保证金按汇款审批程序执行；退还保函，则是由项目经办人与中标单位收回保函的人在保函复印件上签名确认保函原件退回后，财务人员将保函原件退还中标单位。

【例 3-10】吉城建筑工程公司中标位于天津市宝坻区九园公路附近蔷薇园小区，招标人退还保证金 500 000 元，保证金及银行保函滋生利息 3 400 元。吉城建筑工程公司财务人员根据银行回单，编制会计分录如下。

借：银行存款　　　　　　　　　　　　　　　　503 400

　　贷：其他应收款——投标保证金　　　　　　　　500 000

　　财务费用——利息收入　　　　　　　　　　　　3 400

3.5　应收款项减值

企业的各种应收款项，可能会因购货人拒付、破产、死亡等原因而无法收回。这类无法收回的应收款项就是坏账。因坏账而遭受的损失为坏账损失。企业应当在资产负债表日对应收款项的账面价值进行检查，有客观证据表明应收款项发生减值的，应当将该应收款项的账面价值减记至预计未来现金流量现值，减记的金额确认减值损失，计提坏账准备。确定应收款项减值有两种方法，即直接转销法和备抵法。

3.5.1　坏账准备科目的具体运用

坏账准备科目是资产类科目中的备抵科目，核算企业应收款项的坏账准备。坏账准备科目可按应收款项的类别进行明细核算。本科目期末贷方余额，反映企业已计提但尚未转销的坏账准备。坏账准备会计科目编码的设置见表 3-14。

表 3-14　坏账准备会计科目编码的设置

科目代码	总分类科目（一级科目）	明细分类科目	
		二级明细科目	三级明细科目
1231	坏账准备	—	—
123101	坏账准备	应收账款坏账准备	××公司
123102	坏账准备	其他应收款坏账准备	××公司

科目代码	总分类科目 （一级科目）	明细分类科目	
		二级明细科目	三级明细科目
123103	坏账准备	应收票据坏账准备	××公司
123104	坏账准备	预付账款坏账准备	××公司
123105	坏账准备	长期应收款坏账准备	××公司
123106	坏账准备	其他坏账准备	××公司

3.5.2 坏账准备的账务处理

坏账准备可按以下公式计算：

当期应计提的坏账准备＝当期按应收款项计算应提坏账准备金额－（或＋）"坏账准备"科目的贷方（或借方）余额。

（1）计提坏账时，账务处理见表3-15。

表 3-15 计提坏账准备账务处理

业务情形	账务处理
补提坏账准备时	借：信用减值损失——计提的坏账准备 　　贷：坏账准备
冲销坏账准备时	借：坏账准备 　　贷：信用减值损失——计提的坏账准备

（2）发生坏账损失时，账务处理见表3-16。

表 3-16 发生坏账损失时账务处理

业务情形	账务处理
发生坏账损失时	借：坏账准备 　　贷：应收账款/其他应收款等
已确认坏账又收回时	借：应收账款/其他应收款等 　　贷：坏账准备 借：银行存款 　　贷：应收账款/其他应收款等

估计坏账损失有四种方法，即余额百分比法、账龄分析法、销货百分比法和个别认定法。

▶▶ 1. 余额百分比法

余额百分比法是根据会计期末应收账款的余额乘以估计的坏账准备率，

即为当期应估计的坏账损失，据此提取坏账准备。估计坏账率可以按照以往的数据资料加以确定，也可以根据规定的百分比确定。在会计期末，企业应计提的坏账准备大于其账面余额的，按其差额计提坏账准备。余额百分比法计算公式：

当期应提取的坏账准备数额＝当期期末应收款项余额×估计坏账率

以后各期提取坏账准备时，可按下列公式计算：

当期应提取的坏账准备数额＝当期期末应收款项余额×估计坏账率－"坏账准备"账户贷方余额（或＋"坏账准备"账户借方余额）

【例3-11】吉城建筑工程公司2022年年末应收账款的余额为1 200 000元，提取坏账准备的比率为5‰；2023年发生坏账损失7 000元，其中A单位2 000元，B单位5 000元，期末应收账款余额为1 500 000元；2024年，已冲销的上年B单位应收账款又收回，期末应收账款余额为1 800 000元。

（1）2022年，提取坏账准备，编制会计分录如下。

借：信用减值损失——计提的坏账准备（1 200 000×5‰）

                                                   6 000

    贷：坏账准备   6 000

（2）2023年，发生坏账时编制会计分录如下。

借：坏账准备   7 000

    贷：应收账款——A单位   2 000

              ——B单位   5 000

（3）2023年末，按应收账款的余额计算提取坏账准备，编制会计分录如下。

"坏账准备"科目余额＝6 000－7 000＝－1 000（元）

当年应提的坏账准备＝1 500 000×5‰＋1 000＝8 500（元）

借：信用减值损失——计提的坏账准备   8 500

    贷：坏账准备   8 500

（4）2024年，收回上年已冲销的B单位账款5 000元，编制会计分录如下。

借：应收账款——B单位   5 000

    贷：坏账准备   5 000

借：银行存款   5 000

    贷：应收账款——B单位   5 000

（5）2024 年末，计算提取坏账准备，编制会计分录如下。

"坏账准备"科目余额 = -1 000+8 500+5 000=12 500（元）

当年应提的坏账准备 = 1 800 000×5‰-12 500=-3 500（元）

借：坏账准备 3 500

贷：信用减值损失——计提的坏账准备 3 500

一般情况下，坏账准备的提取比例为 3‰~5‰。

▶▶ **2. 账龄分析法**

账龄分析法是根据应收账款入账时间的长短来估计坏账损失的方法。虽然应收账款能否收回不一定完全取决于时间的长短。但一般来说，账款拖欠时间越长，发生坏账的可能就越大。

【**例3-12**】吉城建筑工程公司 2024 年 12 月 31 日应收账款账龄及估计坏账损失，见表 3-17。

表 3-17　应收账款账龄及估计坏账损失表

应收账款账龄	应收账款金额（元）	估计损失（%）	估计损失金额（元）
未到期	40 000	0.5	200
过期 3 个月以下	20 000	1	200
过期 3~6 个月	35 000	2	700
过期 6~12 个月	45 000	3	1 350
过期 1 年以上	10 000	5	500
合　　计	15 0000	—	2 950

（1）假设调整前"坏账准备"的账面余额为贷方 600 元，则调整金额 = 2 950-600=2 350（元）。编制会计分录如下。

借：信用减值损失——计提的坏账准备 2 350

贷：坏账准备 2 350

（2）假设调整前"坏账准备"的账面余额为借方 600 元，则调整金额 = 2 950+600=3 550（元）。编制会计分录如下。

借：信用减值损失——计提的坏账准备 3 550

贷：坏账准备 3 550

▶▶ **3. 销货百分比法**

销货百分比法是根据赊销金额的一定比例估计坏账损失的方法。采用销货百分比法时，可能由于企业的经营状况不断地变化而不相适应，因此应当按照企业的实际情况及时地调节百分比。

【例 3-13】假设吉城建筑工程公司 2024 年全年赊销金额为 1 000 000 元，根据以往资料和经验，估计坏账准备损失率为 2%。假设本年末提取坏账准备余额为 0 元。编制会计分录如下。

年末估计坏账损失＝1 000 000×2%＝20 000（元）

借：信用减值损失——计提的坏账准备   20 000

    贷：坏账准备   20 000

▶ 4. 个别认定法

个别认定法是指根据单笔应收款项的可回收金额来估计坏账准备的方法，如果某项应收款项的可回收性和其他各项应收款项有明显差别（如债务单位所处的特定地区等），导致该项应收账款若按照其他应收账款的方法计提坏账准备，将无法准确反映其可回收金额，则可对该项应收款项采用个别认定法计提坏账准备。

3.6　内部往来款项的核算

建筑施工企业由于部分项目跨地区施工，为了经营管理，成立许多分公司（子公司）、项目指挥部等派出机构。

3.6.1　建筑施工企业组织架构的类型

建筑施工企业的组织架构类型主要有五种。

第一种：公司总部——工程项目部。

第二种：总公司——子公司——工程项目部。

第三种：总公司——分公司——工程项目部。

总公司对分公司采用经理负责制，即分公司经理为分公司最高管理者，独立向总部负责，分公司经理对分公司所有成员具有绝对管理权，全权负责分公司各项经营活动。分公司对项目部采用项目经理负责制，分公司将工程项目承包给项目经理，项目经理与分公司签订承包协议，明确双方权利和义务的一种管理模式。

第四种：总公司——项目指挥部，子公司——工程项目部。

第五种：总公司——总承包部——工程项目部。

项目指挥部、工程项目部、总承包部等，没有建筑施工资质，以总公司的名义承揽工程项目、签订承包合同、负责项目施工、工程结算。

实行分级管理、分级核算的内部模式，对企业内部往来广泛采用了非现金的内部结算方式。

3.6.2 内部往来债权、债务的核算

企业的内部往来主要包括：企业与所属内部独立核算单位之间的往来；企业内部各独立核算单位之间的往来。

为了核算内部往来结算形成的内部债权、债务，建筑施工企业和所属各内部独立核算单位应设置"内部往来"账户，该账户属于双重性质的账户。建筑施工企业应设计和使用"内部往来结算单"一式两联，作为业务事项双方进行会计处理的依据。期末还应通过传递内部往来清单，核对双方账目。

（1）企业与所属内部独立核算单位之间的往来核算。

【例 3-14】吉城建筑工程公司向本企业第一工程处支付分包单位履约保证金 250 000 元。

①总公司应编制的会计分录如下。

借：内部往来——第一工程处　　　　　　　　　　　　250 000
　　贷：银行存款　　　　　　　　　　　　　　　　　　　　　250 000

②第一工程处应编制的会计分录如下。

借：其他应收款——某分包单位履约保证金　　　　　　250 000
　　贷：内部往来——总公司　　　　　　　　　　　　　　　　250 000

③待第一工程处承包的工程如期竣工，总公司代第一工程处收回该履约保证时，总公司编制会计分录如下。

借：银行存款　　　　　　　　　　　　　　　　　　　250 000
　　贷：内部往来——第一工程处　　　　　　　　　　　　　　250 000

④第一工程处应编制会计分录如下。

借：内部往来——总公司　　　　　　　　　　　　　　250 000
　　贷：其他应收款——某单位履约保证金　　　　　　　　　　250 000

（2）企业内部各独立核算单位之间的往来核算。

企业内部独立核算单位之间的往来核算，可以通过企业（公司）集中核

算，也可由各内部单位直接结算。

若通过公司集中结算，即各单位之间的往来结算，都要作为各单位与公司之间的结算。通过公司转账，办理结算手续。内部独立核算单位之间不直接结算。

【例 3-15】吉城建筑工程公司的土木工程公司为第三工程处的宜兴大桥提供服务，根据土木工程公司填制的"内部转账通知书"结算费用 180 000 元。

①土木工程公司应编制会计分录如下。

借：内部往来——总公司　　　　　　　　　　　　　　180 000
　　贷：其他业务收入　　　　　　　　　　　　　　　　　180 000

②公司总部应编制会计分录如下。

借：内部往来——第三工程处　　　　　　　　　　　　180 000
　　贷：内部往来——土木工程公司　　　　　　　　　　　180 000

③第三工程处应编制会计分录如下。

借：合同履约成本——工程施工——宜兴大桥　　　　　180 000
　　贷：内部往来——总公司　　　　　　　　　　　　　　180 000

采用集中结算的核算方法，便于企业掌握所属内部单位之间的结算情况，但公司财务部门平时转账业务的工作量比较繁重，并应定期与所属单位核对账目，如发现未达账项或记账差错应及时予以调整或更正。

若通过各单位直接结算，即企业的各内部独立核算单位间发生的往来结算业务，先在各单位间进行直接结算。月末再经由企业（公司）组织各单位对账后，转入企业（公司）往来账项。

【例 3-16】仍以上例，假定土木公司直接与第三工程处办理结算。

①土木公司编制会计分录如下。

借：内部往来——第三工程处　　　　　　　　　　　　180 000
　　贷：其他业务收入　　　　　　　　　　　　　　　　　180 000

②第三工程处编制会计分录如下。

借：合同履约成本——工程施工——合同成本——宜兴大桥

　　　　　　　　　　　　　　　　　　　　　　　　　　180 000

　　贷：内部往来——土木公司　　　　　　　　　　　　　180 000

月末，公司财务部组织内部独立核算单位集中对账，各方将往来结算款项核对无误后，根据各单位的内部往来款项的余额汇总编制"内部转账汇总表"，各方据以转账。月末根据编制的"内部往来转账凭证汇总表"，企业内部各方分别进行账务处理。

③土木公司编制会计分录如下。

借：内部往来——总公司　　　　　　　　　180 000
　　贷：内部往来——第三工程处　　　　　　　　180 000

④第三工程处应编制会计分录如下。

借：内部往来——土木工程公司　　　　　　180 000
　　贷：内部往来——总公司　　　　　　　　　　180 000

⑤公司总部应编制会计分录如下。

借：内部往来——第三工程处　　　　　　　180 000
　　贷：内部往来——土木工程公司　　　　　　　180 000

第 4 章　建筑施工企业内部资产的核算

　　建筑施工企业内部资产主要包括固定资产、临时设施、无形资产。本章介绍内部资产的科目设置及账务处理。

4.1　固定资产

固定资产是企业生产经营过程中的重要生产资料，是具有下列特征的有形资产：

（1）为生产商品、提供劳务、出租或经营管理而持有的。

（2）使用寿命超过一个会计年度。

（3）固定资产为有形资产。

4.1.1　固定资产科目的设置

为了对固定资产进行会计核算，企业一般需要设置"固定资产""累计折旧""工程物资""在建工程""固定资产清理"等科目，核算固定资产取得、计提折旧、处置等情况。该科目借方登记企业增加的固定资产原价，贷方登记企业减少的固定资产原价，期末借方余额，反映企业期末固定资产的账面原价。"固定资产"科目一般分为三级，企业除了应设置"固定资产"总账科目，还应设置"固定资产登记簿"和"固定资产卡片"，按固定资产类别、使用部门和每项固定资产进行明细核算。固定资产会计科目编码的设置见表 4-1。

表 4-1　固定资产会计科目编码的设置

科目代码	总分类科目（一级科目）	明细分类科目		是否辅助核算	辅助核算类别
		二级明细科目	三级明细科目		
1601	固定资产	—	—	—	—
160101	固定资产	房屋及建筑物	项目	是	部门
160102	固定资产	机器设备	项目	是	部门

科目代码	总分类科目 （一级科目）	明细分类科目		是否辅助 核算	辅助核算 类别
		二级明细科目	三级明细科目		
160103	固定资产	运输设备	项目	是	部门
160104	固定资产	办公设备	项目	是	部门
160105	固定资产	电子设备	项目	是	部门
160106	固定资产	融资租入固定 资产	项目	是	部门

▶▶ 1. 外购固定资产的账务处理

固定资产应当按照取得时成本进行初始计量。对于特定行业的特定固定资产（如核工业反应堆），确定其初始入账成本时还应考虑弃置费用。

企业外购固定资产的成本，包括购买价款、相关税费和使固定资产达到预定可使用状态前所发生的可归属于该项资产的运输费、装卸费、安装费和专业人员服务费（不含可抵扣的增值税进项税额）等。

固定资产入账成本＝买价＋装卸费＋运输费＋安装费＋专业人员服务费等

增值税一般纳税人购入固定资产支付的增值税，可以作为进项税抵扣。增值税小规模纳税人购入固定资产支付的增值税不可以抵扣，直接计入固定资产的成本。账务处理见表 4-2。

表 4-2　外购固定资产账务处理

业务情形	账务处理
购进需要安装的固定资产	借：在建工程 　　应交税费——应交增值税（进项税额） 　贷：银行存款
发生安装费用	借：在建工程 　贷：原材料/应付职工薪酬/银行存款等
安装完成，达到预定可使用状态	借：固定资产 　贷：在建工程

【例 4-1】2025 年 1 月 3 日，吉城建筑工程公司从蓝天机械厂购入一台需要安装的设备，设备买价 30 000 元，增值税额 3 900 元，运杂费 1 090 元（运输公司增值税率为 9%）。按合同约定，设备由供货方安装，安装费 2 000 元。全部款项中买价和增值税尚未支付，其余已用银行存款付讫。2025 年 1 月 26

日，供货方已完成设备安装并交付使用，固定资产（设备）验收交付使用交接单如图 4-1 所示。

固定资产（设备）验收交付使用交接单

编　号：NO.00031　　　　　　　　2025 年 1 月 26 日　　　　　　　　单位：元

供货商	蓝天机械厂	合同科目代码	GT098	发票科目代码	略	收货日期	2024 年 5 月 26 日
资金来源	银行存款	用途	工地使用				

序号	固定资产（设备）名称	设备类别	设备科目代码	规格型号	单位	数量	单价	安装费	运费	总计
1	TX34 型塔吊车	—		—	台	1	30 000	2 000	1 000	33 000
2										
3										
4										
5										
合计					—	—	—	—	—	33 000

部　　门	部门负责人	经办人	部　　门	名称	部门负责人	经办人
采购部门	**	**	使用部门	建筑一队	**	**
验收部门	质检部	**	财务部门	**	**	**

图 4-1　交接单

（1）购入设备时，采购成本＝30 000＋1 000＝31 000（元）

运费的进项税额＝1 090÷（1＋9%）×9%＝90（元）

编制会计分录如下。

借：在建工程　　　　　　　　　　　　　　　　　　　　　　31 000

　　应交税费——应交增值税（进项税额）　　　　　　　　　 3 990

　　　贷：应付账款　　　　　　　　　　　　　　　　　　　　　　33 900

　　　　　银行存款　　　　　　　　　　　　　　　　　　　　　　 1 090

（2）支付安装费用时，编制会计分录如下。

借：在建工程　　　　　　　　　　　　　　　　　　　　　　 2 000

　　　贷：银行存款　　　　　　　　　　　　　　　　　　　　　　 2 000

（3）2025 年 1 月 26 日，设备安装完毕并交付使用时，编制会计分录如下。

借：固定资产（31 000＋2 000）　　　　　　　　　　　　　33 000

　　　贷：在建工程　　　　　　　　　　　　　　　　　　　　　　33 000

➤ 2. 自行建造固定资产的账务处理

自行建造固定资产的成本，由建造该项资产达到预定可使用状态前所发生的必要支出构成，包括直接材料、直接人工、直接机械施工费等。在建造时，通过"在建工程"科目进行归集，自行建造固定资产完工时，借记"固定资产"科目，贷记"在建工程"科目。自行建造固定资产分为：自营方式建造固定资产，出包方式建造固定资产。账务处理见表 4-3。

表 4-3 自行建造固定资产

业务情形	账务处理
购进工程物资时	借：工程物资 　　应交税费——应交增值税（进项税额） 　贷：银行存款
领用工程物资时	借：在建工程 　贷：工程物资
支付其他工程费用时	借：在建工程 　贷：银行存款
支付工程人员工资及福利费时	借：在建工程 　贷：应付职工薪酬
领用本企业外购材料时（用于不动产）	借：在建工程 　贷：原材料 　　应交税费——应交增值税（进项税额转出）
领用本企业材料时（用于动产）	借：在建工程 　贷：库存商品
工程完工时	借：固定资产 　贷：在建工程

【例 4-2】甲公司采用自营方式建造厂房一座，发生如下有关业务：以银行存款 361 600 元购入一批工程专用物资，增值税专用发票上注明的买价为 320 000 元，增值税税额为 41 600 元。所购入物资全部投入工程建设。分配工程建设人员的职工薪酬为 50 000 元。以银行存款支付工程管理费用 8 000 元，应由工程成本负担的分期制长期借款利息 12 000 元（假定按合同利率当利息计算）。工程完工，经验收交付使用。

①购入工程物资时，编制会计分录如下。

借：工程物资　　　　　　　　　　　　　　　　　　　320 000
　　应交税费——应交增值税（进项税额）　　　　　　　41 600
　　贷：银行存款　　　　　　　　　　　　　　　　　　　　　361 600

②领用工程物资时，编制会计分录如下。

借：在建工程——厂房 320 000
　　贷：工程物资 320 000

③分配工程建设人员的职工薪酬时，编制会计分录如下。

借：在建工程——厂房 50 000
　　贷：应付职工薪酬 50 000

④支付工程管理费时，编制会计分录如下。

借：在建工程——厂房 8 000
　　贷：银行存款 8 000

⑤计算应由工程成本负担的借款利息时，编制会计分录如下。

借：在建工程——厂房 12 000
　　贷：应付利息 12 000

⑥工程完工使用时，固定资产入账价值＝320 000＋50 000＋8 000＋12 000＝390 000（元），编制会计分录如下。

借：固定资产 390 000
　　贷：在建工程——厂房 390 000

> 自 2019 年 4 月 1 日起，纳税人取得不动产支付的进项税由分两年抵扣改为一次性全额抵扣，增加纳税人当期可抵扣进项税。
>
> 《国家税务总局关于深化增值税改革有关事项的公告》（国家税务总局公告 2019 年第 14 号）第六条规定：已抵扣进项税额的不动产，发生非正常损失，或者改变用途，专用于简易计税方法计税项目、免征增值税项目、集体福利或者个人消费的，按照下列公式计算不得抵扣的进项税额，并从当期进项税额中扣减：
>
> 不得抵扣的进项税额＝已抵扣进项税额×不动产净值率
>
> 不动产净值率＝（不动产净值÷不动产原值）×100％
>
> 第七条规定：按照规定不得抵扣进项税额的不动产，发生用途改变，用于允许抵扣进项税额项目的，按照下列公式在改变用途的次月计算可抵扣进项税额。
>
> 可抵扣进项税额＝增值税扣税凭证注明或计算的进项税额×不动产净值率

▶▶ **3. 出包方式建造固定资产的核算**

在出包方式下，工程项目在建造中所发生的具体支出由承包单位核算，企业（发包单位）只需按照工程价款对工程项目进行计价，作为固定资产的入账价值，如图 4-2 所示。

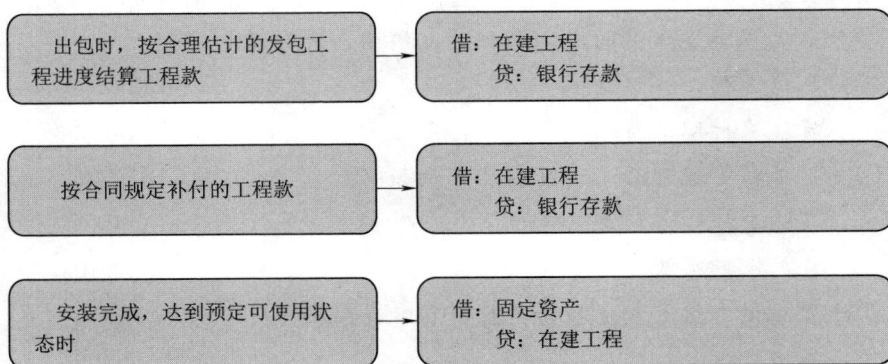

图 4-2　出包方式建造固定资产账务处理

【例 4-3】甲公司采用出包方式建造一幢厂房。按合同规定，工程造价 700 000 元，工程开始时，预付工程款的 40％，其余 60％在工程完工时根据工程决算予以补付。3 个月后工程完工，经验收交付使用。

（1）预付工程价款 280 000 元（700 000×40％），编制会计分录如下。

借：在建工程——厂房　　　　　　　　　　　280 000
　　　贷：银行存款　　　　　　　　　　　　　　　280 000

（2）按合同规定结算工程价款时，编制会计分录如下。

借：在建工程——厂房　　　　　　　　　　　420 000
　　　银行存款　　　　　　　　　　　　　　　420 000

（3）工程完工交付使用时，编制会计分录如下。

借：固定资产　　　　　　　　　　　　　　　700 000
　　　贷：在建工程——厂房　　　　　　　　　　700 000

4.1.2　固定资产折旧方法

在我国，企业可以选用的折旧方法有：年限平均法、工作量法、双倍余额递减法和年数总和法。企业应当根据与固定资产有关的经济利益的预期实现方式合理选择折旧方法。企业选用不同的固定资产折旧方法，将影响固定资产使用寿命期间内不同时期的折旧费用，因此，固定资产的折旧方法一经确定，不得随意变更。

▶ 1. 累计折旧科目的设置与运用

固定资产应当按月计提折旧，计提的折旧应通过"累计折旧"科目核算，并根据用途计入相关资产的成本或者当期损益。固定资产折旧见表 4-4。

表 4-4 固定资产折旧

形 式	记入科目
企业自行建造固定资产过程中使用的固定资产	计提的折旧记入"在建工程"
基本生产车间	计提的折旧应记入"制造费用"
管理部门	计提的折旧应记入"管理费用"
销售部门	计提的折旧应记入"销售费用"
经营租出的固定资产	计提的折旧应记入"其他业务成本"

"累计折旧"账户属于资产类的备抵调整账户，其结构与一般资产账户的结构刚好相反，累计折旧是贷方登记增加，借方登记减少，余额在贷方。累计折旧会计科目编码的设置见表 4-5。

表 4-5 累计折旧会计科目编码的设置

科目代码	总分类科目 （一级科目）	明细分类科目		是否辅助 核算	辅助核算 类别
		二级明细科目	三级明细科目		
1602	累计折旧	—	—	—	—
160201	累计折旧	房屋及建筑物	项目	是	部门
160202	累计折旧	机器设备	项目	是	部门
160203	累计折旧	运输设备	项目	是	部门
160204	累计折旧	办公设备	项目	是	部门
160205	累计折旧	电子设备	项目	是	部门
160206	累计折旧	其他	项目	是	部门

▶ 2. 累计折旧的适用范围与原则

企业应对所有固定资产计提折旧，但是已提足折旧仍继续使用的固定资产、单独计价入账的土地及已全额计提减值准备的固定资产除外。在确定计提折旧范围时还需要注意以下几点，见表 4-6。

表 4-6　固定资产折旧原则

不同时期	折旧原则
当月增加的固定资产	当月增加的固定资产，当月不计提折旧，从下个月起计提折旧；当月减少的固定资产，当月仍计提折旧，从下月起不计提折旧
固定资产提足折旧后	不论能否继续使用，均不再计提折旧，提前报废的固定资产也不再补提折旧
已达到预定可使用状态但未办理竣工决算的固定资产	应当按照估计价值确定成本，并计提折旧；待办理竣工决算后再按实际成本调整原来的暂估价值，但不需要调整原已计提的折旧额

▶▶ 3. 影响固定资产折旧的因素

影响固定资产折旧的因素，见表 4-7。

表 4-7　影响固定资产折旧的因素

因　　素	含　　义
固定资产原价	指固定资产账面上的历史成本，是计算固定资产折旧的基础
预计净残值	指假定固定资产寿命已满并处于使用寿命终了时的预期状态，企业目前从该资产处置中获得的扣除预计处置费用后的金额
固定资产的减值准备	指已计提的固定资产减值准备累计金额
固定资产的使用寿命	企业使用固定资产的预计期间，或者该固定资产能生产产品或提供劳务的数量

▶▶ 4. 折旧方法

（1）年限平均法。年限平均法又称直线法，是将固定资产的应计折旧额在固定资产使用寿命内平均分摊到各期的一种方法。采用这种方法各期计算的折旧额相等。年限平均法的计算公式为

年折旧率＝（1－预计净残值率）÷预计使用年限

月折旧率＝年折旧率÷12

月折旧额＝固定资产原价×月折旧率

（2）工作量法。工作量法是将固定资产的应计提折旧额，在固定资产的使用寿命内按各期完成的工作量进行分摊的一种方法。工作量法的计算公式如下：

单位工作量折旧额＝固定资产原价×（1－预计净残值率）÷预计总工作量

某项固定资产月折旧额＝该项固定资产当月工作量×单位工作量折旧额

【例4-4】吉城建筑工程公司购入一辆汽车，原值240 000元，预计总行驶250 000千米，预计净残值率为5％。该汽车本月实际行驶5 000千米，本月折旧计算如下：

每公里折旧额＝240 000×（1－5％）÷250 000＝0.91（元/千米）

本月折旧额＝5 000×0.91＝4 550（元）

（3）双倍余额递减法。双倍余额递减法是指在不考虑固定资产预计净残值的情况下，根据每期期初固定资产原价减去累计折旧后的金额和双倍直线法折旧率计算固定资产折旧的一种方法。计算公式为

年折旧率＝2÷预计使用年限×100％

月折旧率＝年折旧率÷12

月折旧额＝每月月初固定资产账面净值×月折旧率

【例4-5】蓝天机械厂的生产设备固定资产原值为200 000元，预计使用年限为5年，预计净残值6 000元，采用双倍余额递减法计提折旧。

年折旧率＝2÷5×100％＝40％

第一年折旧额＝200 000×40％＝80 000（元）

第二年折旧额＝（200 000－80 000）×40％＝48 000（元）

第三年折旧额＝（200 000－80 000－48 000）×40％＝28 800（元）

第四年折旧额＝（200 000－80 000－48 000－28 800－6 000）÷2＝18 600（元）

第五年折旧额＝（200 000－80 000－48 000－28 800－6 000）÷2＝18 600（元）

为简化计算，每年各月折旧额可根据年折旧额除以12个月计算。

（4）年数总和法。年数总和法又称年限合计法，是指将固定资产的原值减去预计净残值后的余额，乘以一个以固定资产尚可使用寿命为分子、以预计使用寿命逐年数字之和为分母的逐年递减的分数计算每年的折旧额。计算公式如下：

年折旧率＝尚可使用年限÷预计使用寿命的年数总和×100％

月折旧率＝年折旧率÷12

月折旧额＝（固定资产原价－预计净残值）×月折旧率

【例4-6】蓝天机械厂公司的一项机器设备原值为120 000元，预计使用年限为4年，预计净残值5 000元，采用年数总和法计提折旧。

第一年折旧额＝(120 000－5 000)×4÷10＝46 000(元)

第二年折旧额＝(120 000－5 000)×3÷10＝34 500(元)

第三年折旧额＝(120 000－5 000)×2÷10＝23 000(元)

第四年折旧额＝(120 000－5 000)×1÷10＝11 500（元）

（5）固定资产折旧的核算。固定资产按月计提折旧，企业通过编制"固定资产折旧计算表"作为固定资产折旧账务处理的依据，每月计提折旧时，可以在上月计提的折旧额的基础上，根据上月固定资产的增减变动情况调整计算出当月应计提的折旧额，计算方法如下：

当月应计提折旧额＝上月计提的折旧额＋上月增加固定资产应计提的折旧额－上月减少固定资产应计提的折旧额

每月计提的折旧额应按固定资产用途计入相关资产的成本或者当期损益费用。

【例 4-7】蓝天机械厂 2025 年 2 月 28 日编制的固定资产折旧计算见表 4-8。

表 4-8　固定资产折旧计算表　　　　　单位：元

使用部门	上月折旧额	上月增加固定资产应提折旧额	上月减少固定资产应提折旧额	本月折旧额
第一生产车间	150 000	5 000	8 000	147 000
第二生产车间	135 000	3 400	56 000	82 400
行政管理部门	24 000	3 000	4 500	22 500
经营性租出	18 000	—	—	18 000
合　　计	327 000	11 400	68 500	269 900

根据表 4-8，编制会计分录如下。

借：制造费用——第一生产车间　　　　　　　147 000

　　　　　　——第二生产车间　　　　　　　　82 400

　　管理费用　　　　　　　　　　　　　　　　22 500

　　其他业务成本　　　　　　　　　　　　　　18 000

　　贷：累计折旧　　　　　　　　　　　　　　　　269 900

4.1.3　固定资产的后续支出

固定资产后续支出，是指固定资产在使用过程中发生的更新改造支出、修理费用等，其基本账务处理见表 4-9。

表 4-9　固定资产的后续支出账务处理

业务情形	账务处理
固定资产转入改扩建时	借：在建工程 　　累计折旧 　　固定资产减值准备 　　贷：固定资产
发生改扩建工程支出时	借：在建工程 　　贷：银行存款等
固定资产发生部分替换零件时	借：银行存款或原材料 　　贷：在建工程
不符合固定资产确认条件时	借：管理费用 　　销售费用 　　贷：原材料 　　　　应付职工薪酬 　　　　银行存款

【例 4-8】蓝天机械厂对某项固定资产进行改扩建，会计资料如下：

①2025 年 1 月 3 日，该公司自行建成一条生产线，成本 540 000 元，预计使用 10 年，预计净残值率为 4%，已提取折旧 102 000 元，未发生减值。

②2025 年 4 月完成了改扩建工程。共发生支出 124 000 元，全部以银行存款支付。改建中废弃的原有部件变卖收入 85 000 元已存入银行。

③该生产线达到预定可使用状态后，预计使用年限延长 4 年，残值率仍为 4%，折旧方法仍使用年限平均法。

（1）2025 年 1 月 3 日，结转生产线原账面价值，编制会计分录如下。

借：在建工程——生产线改造　　　　　　　　　438 000

　　累计折旧　　　　　　　　　　　　　　　　102 000

　　贷：固定资产　　　　　　　　　　　　　　　　540 000

（2）2025 年 4 月 5 日，支付工程款，编制会计分录如下。

借：在建工程——生产线改造　　　　　　　　　124 000

　　贷：银行存款　　　　　　　　　　　　　　　　124 000

（3）2025 年 4 月 5 日，改建中被废弃部件取得变价收入，编制会计分录如下。

借：银行存款　　　　　　　　　　　　　　　　85 000

　　贷：在建工程——生产线改造　　　　　　　　　85 000

（4）2025 年 4 月 6 日，工程完工交付使用时，编制会计分录如下。

借：固定资产　　　　　　　　　　　　　　　　477 000

　　贷：在建工程——生产线改造　　　　　　　　477 000

为了保证固定资产的正常运转和使用，充分发挥其使用效能，企业需要对固定资产进行必要的维护修理。固定资产维护修理所发生的支出，通常不能满足固定资产的确认条件，应在发生时确认为费用，直接记入当期损益。其中，企业生产车间（部门）和行政管理部门等发生的，记入"管理费用"账户，企业专设销售机构发生的，记入"销售费用"账户。

4.1.4　固定资产的期末计量

固定资产的期末计量包括两个方面：一是通过实地盘点清查反映资产的实有数量，进行账实核对；二是按一定的方法对企业的固定资产进行计价，以反映其期末价值。

▶ **1. 固定资产清查的核算**

企业对固定资产清查过程中盘盈、盘亏的固定资产，应填制固定资产盘盈、盘亏报告表，并及时查明原因，分清责任，按规定程序报批处理。

企业在清查中盘盈的固定资产，作为前期差错处理。盘盈的固定资产通过"以前年度损益调整"科目核算。

【例 4-9】2024 年年底，蓝迪公司在财产清查中发现 2022 年未入账的不需要安装的甲设备一台，估计该设备八成新，同类设备的市场价格为 72 000 元（假定其价值与计税基础不存在差异）。编制会计分录如下。

借：固定资产　　　　　　　　　　　　　　　　72 000

　　贷：累计折旧　　　　　　　　　　　　　　　14 400

　　　　以前年度损益调整　　　　　　　　　　　57 600

▶ **2. 固定资产盘亏**

企业在清查中盘亏的固定资产，通过"待处理财产损溢——待处理固定资产损溢"科目核算，盘亏造成损失的，通过"营业外支出——盘亏损失"科目核算，计入当期损益。

【例 4-10】2024 年年底，蓝天机械厂在财产清查中盘亏乙设备一台，该设备账面原价 35 000 元，已提折旧 18 800 元，未计提减值准备，见表 4-10。

（1）盘亏固定资产时，编制会计分录如下。

借：待处理财产损溢——待处理固定资产损溢　　　　　16 200

　　　累计折旧　　　　　　　　　　　　　　　　　　18 800

　　　贷：固定资产　　　　　　　　　　　　　　　　　　　　35 000

（2）报经批准转销盘亏损失时，编制会计分录如下。

借：营业外支出——固定资产盘亏损失　　　　　　　16 200

　　　贷：待处理财产损溢——待处理固定资产损溢　　　　16 200

表 4-10　固定资产盘盈、盘亏报告表

单位名称：蓝天机械厂 2024 年 12 月 31 日　　　　　第 001 号　　　　　　　　单位：元

固定资产科目代码	固定资产名称	单位	盘　盈				盘亏或毁损					理由书编号（略）	附注（略）
			数量	市场价	成新率	入账价值	数量	固定资产入账价值	已提折旧	计提减值	账面价值		
001	甲设备	台	1	72 000	80%	72 000	—	—	—	—	—	—	—
002	乙设备	台	—	—	—	—	1	35 000	18 800	0	16 200	—	—

单位领导：　　　　　技术（设备）主管：　　　　会计机构负责人：　　　　制表人：

▶▶ 3. 固定资产减值的核算

资产负债表日，固定资产可收回金额低于其账面价值的，企业应将该固定资产的账面价值减记至可收回金额，同时确认为资产减值损失，计提固定资产减值准备。固定资产减值损失一经确认，在以后会计期间不得转回。账务处理如图 4-3 所示。

账面净值＝固定资产的折余价值＝固定资产原价－计提的累计折旧

账面价值＝固定资产的账面原价－计提的累计折旧－计提的减值准备

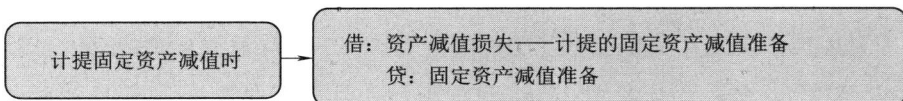

图 4-3　固定资产减值的账务处理

【例 4-11】甲公司 2022 年 12 月购入设备价值 500 000 元，预计使用 6 年，预计净残值 20 000 元，采用年限平均法计提折旧。2024 年末清查时发现，该设备市价大幅度下跌且近期内无望恢复。经计算该设备可回收金额为 280 000 元，此前未计提过减值准备。

2024年末应计提固定资产减值准备＝(500 000－160 000)－280 000＝60 000(元)

计提资产减值损失，编制会计分录如下。

借：资产减值损失——固定资产减值损失　　　　　60 000

　　贷：固定资产减值准备　　　　　　　　　　　　　60 000

自2025年起，每年计提折旧额应调整为(280 000－20 000)÷4＝65 000(元)

4.1.5　固定资产的处置

➡ 1. 固定资产的处置及其终止确认

所谓固定资产处置，通常就是指企业固定资产的出售和对报废、毁损固定资产的处理。此外，企业因对外投资、非货币性资产交换、债务重组等原因转出固定资产，也属于固定资产处置。

➡ 2. 固定资产出售、报废或毁损的核算

企业对出售固定资产，应在"资产处置损益"账户核算。报废或毁损的固定资产，应设置"固定资产清理"账户进行核算。报废和毁损固定资产所得净收益，应计入营业外收入（"非流动资产处置利得"项目），如为净损失应计入营业外支出（属于正常的处理损失，计入"非流动资产处置损失"项目）。如果企业在筹建期间发生出售、报废和毁损固定资产处置业务，其净损益应计入或冲减管理费用。

需要注意的是，企业因对外投资、非货币性资产交换、债务重组等原因转出的固定资产，一般也通过"固定资产清理"账户进行核算，具体处理应按有关会计准则的规定进行处理。

【例4-12】蓝天机械厂报废2016年4月30日之前取得的一台生产设备，原价2 000 000元，已提折旧1 450 000元，未计提减值准备，报废资产的残料变价20 000元已存入银行，支付清理费用8 000元，设备清理完毕。

（1）结转固定资产账面价值，编制会计分录如下。

借：固定资产清理　　　　　　　　　　　　　550 000

　　累计折旧　　　　　　　　　　　　　　1 450 000

　　贷：固定资产　　　　　　　　　　　　　　2 000 000

（2）支付清理费用，编制会计分录如下。

　　借：固定资产清理　　　　　　　　　　　　　　　　　　8 000

　　　　贷：银行存款　　　　　　　　　　　　　　　　　　　　8 000

（3）残料变价收入存入银行。一般纳税人销售"营改增"试点前（2016年4月30日前）取得的固定资产，适用简易计税办法依3％征收率减按2％征收增值税，不得开具增值税专用发票。

　　应缴纳增值税＝20 000÷（1＋3％）×2％＝388.35（元）

　　编制会计分录如下。

　　借：银行存款　　　　　　　　　　　　　　　　　　　20 000

　　　　贷：固定资产清理　　　　　　　　　　　　　　　　19 611.65

　　　　　　应交税费——简易计税　　　　　　　　　　　　　388.35

（4）结转固定资产清理，编制会计分录如下。

　　借：营业外支出——非流动资产处置损失　　　　　　　538 000

　　　　贷：固定资产清理　　　　　　　　　　　　　　　538 000

4.2　临时设施

　　建筑施工企业在工程项目施工中有可能搭建临时设施，供施工单位在施工中使用，工程竣工后临时设施要拆除，恢复原有地貌。临时设施的核算是建筑施工企业会计核算特有的会计业务。由于临时设施费不在工程成本中列支，而单独向建设单位收取，建筑施工企业可根据实际需要，自行安排，包干使用。事实上，为了核算临时设施的成本及摊销清理情况，施工企业应设置"临时设施""临时设施摊销""临时设施清理"三个科目。

4.2.1　临时设施科目的设置与运用

　　临时设施科目核算建筑施工企业为保证施工和管理的正常进行而购建的各种临时设施的实际成本。"临时设施"科目借方登记购置或搭建的各种临时设施的实际成本；贷方登记出售、拆除、报废不需用或不能用的临时设施的转出成本。期末借方余额，反映施工企业期末临时设施的账面原价。本科目应按临时设施种类和使用部门设置明细账，进行明细核算。建筑施工企业购置临时设施所发生的各项实际支出，可以直接记入"临时设施"科目。对于需要搭建安装活动才能完成的临时设施，其实际支出，可以先通过"在建工程"科目核算，待临时设施搭建安装活动完成交付使用时，再将实际成本从"在建工程"科目转入"临时设施"科目。

临时设施会计科目编码的设置见表4-11。

表 4-11　临时设施会计科目编码的设置

科目代码	总分类科目（一级科目）	二级明细科目	是否辅助核算	辅助核算类别
1616	临时设施	—	—	—
161601	临时设施	现场临时作业棚	是	部门
161602	临时设施	材料库	是	部门
161603	临时设施	临时道路	是	部门
161604	临时设施	临时给排水、供电、供热等管线	是	部门
161605	临时设施	临时性简易周转房	是	部门
161606	临时设施	其他	是	部门

临时设施科目账务处理见表4-12。

表 4-12　临时设施科目账务处理

业务情形		账务处理
出售、拆除、报废和毁损的临时设施		借：临时设施清理 　　临时设施摊销 　贷：临时设施
发生的清理费用		借：临时设施清理 　贷：银行存款
清理净损益	有收益时	借：临时设施清理 　贷：营业外收入
	有损失时	借：营业外支出 　贷：临时设施清理

【例 4-13】某建筑施工企业根据规定：在施工现场搭建临时设施，耗用工料等各项费用共计 51 000 元，其中，原材料 36 000 元，材料成本差异 700 元，应付工人工资 12 000 元，管理人员工资 2 300 元。

（1）根据各项费用分配表，编制会计分录如下。

借：在建工程——临时设施工程　　　　　　　51 000
　　贷：原材料　　　　　　　　　　　　　　　　36 000
　　　　材料成本差异　　　　　　　　　　　　　　700
　　　　应付职工薪酬　　　　　　　　　　　　14 300

（2）交付使用时，编制会计分录如下。

借：临时设施——职工宿舍　　　　　　　　　　51 000

　　贷：在建工程　　　　　　　　　　　　　　　　51 000

4.2.2　临时设施摊销科目的设置与运用

"临时设施摊销"科目核算建筑施工企业各种临时设施的累计摊销额。借方登记出售、拆除、报废、盘亏的临时设施的已提摊销额，贷方登记按摊销方法（工期法和工作量法）计入工程成本中的摊销额。本科目只进行总分类核算，不进行明细核算。期末贷方余额，反映临时设施累计摊销额，该科目是"临时设施"科目的备抵调整科目。

临时设施摊销科目的设置，见表 4-13。

表 4-13　临时设施摊销会计科目编码的设置

科目代码	总分类科目 （一级科目）	二级明细科目	是否辅助核算	辅助核算类别
1617	临时设施摊销	—	—	—
161701	临时设施摊销	现场临时作业棚	是	部门
161702	临时设施摊销	材料库	是	部门
161703	临时设施摊销	临时道路	是	部门
161704	临时设施摊销	临时给排水、供电、供热等管线	是	部门
161705	临时设施摊销	临时性简易周转房	是	部门
161706	临时设施摊销	其他	是	部门

当月增加的临时设施，当月不摊销，从下月起开始摊销；当月减少的临时设施，当月继续摊销，从下月起停止摊销。摊销时，按摊销额，借记"合同履约成本——工程施工"等科目，贷记本科目。

【例 4-14】假设【例 4-13】临时职工宿舍预计净残值率 3%，预计工程受益期为 12 个月。

（1）计算临时设施月摊销额。

临时设施月摊销额 = 51 000 × （1 - 3%）÷ 12 = 4 122.50（元）

（2）按月计提摊销额时，编制会计分录如下。

借：合同履约成本——工程施工（临时设施摊销）　4 122.50

　　贷：临时设施摊销　　　　　　　　　　　　　　4 122.50

4.2.3 临时设施清理科目的设置与运用

"临时设施清理"科目核算施工企业因出售、拆除、报废等原因转入清理的临时设施的净值及其清理费用。临时设施清理完毕后，如果本科目是贷方余额，则将该余额转入"营业外收入"科目的贷方，如果是借方余额，则将该余额转入"营业外支出"科目的借方。

临时设施清理账务处理见表 4-14。

表 4-14　临时设施清理账务处理

业务情形	账务处理
出售、拆除、报废和毁损	借：临时设施摊销 　　临时设施清理 　贷：临时设施
变价收入和残料价值	借：银行存款/原材料等 　贷：临时设施清理
发生的清理费用	借：临时设施清理 　贷：银行存款
清理净损失或净收益	借：营业外支出 　贷：临时设施清理 借：临时设施清理 　贷：营业外收入

【例 4-15】承【例 4-13】，上述临时设施由于建筑主体工程完工，不再使用进行拆除，已提 10 个月摊销额，拆除时发生人工费用 1 500 元，残料出售收入 800 元。

（1）转入临时设施清理，编制会计分录如下。

借：临时设施清理　　　　　　　　　　　　　　　　9 775

　　临时设施摊销　　　　　　　　　　　　　　　　41 225

　　　贷：临时设施　　　　　　　　　　　　　　　　　　51 000

（2）支付人工费，编制会计分录如下。

借：临时设施清理　　　　　　　　　　　　　　　　1 500

　　　贷：应付职工薪酬——工资　　　　　　　　　　　　1 500

（3）残料收入，编制会计分录如下。

借：库存现金　　　　　　　　　　　　　　　　　　800

　　　贷：临时设施清理　　　　　　　　　　　　　　　　800

（4）结转损失，编制会计分录如下。

借：营业外支出   10 475

  贷：临时设施清理   10 475

4.3 无形资产

无形资产，是指企业拥有或者控制的没有实物形态的可辨认非货币性资产。企业设置无形资产科目以核算企业持有的无形资产成本，包括专利权、非专利技术、商标权、著作权、土地使用权等。本科目可按无形资产项目进行明细核算，期末借方余额，反映企业无形资产的成本。无形资产分类如图4-4所示。

图 4-4　无形资产分类

无形资产同时满足下列条件的，才能予以确认：

（1）与该无形资产有关的经济利益很可能流入企业。

（2）该无形资产的成本能够可靠地计量。

4.3.1 无形资产科目的设置

无形资产会计科目编码的设置见表4-15。

表 4-15　无形资产会计科目编码的设置

科目代码	总分类科目（一级科目）	明细分类科目	
		二级明细科目	三级明细科目
1701	无形资产	—	—
170101	无形资产	土地使用权	项目
170102	无形资产	著作权	项目
170103	无形资产	商标权	项目
170104	无形资产	非专利技术	项目
170105	无形资产	特许使用权	项目
170106	无形资产	其他	项目

【例4-16】2024 年 1 月 1 日，蓝天机械厂开始自行研究开发一项新技术，截至当年年末该项目研究各项工作已经完成，共发生 240 000 元（假定均以银行存款支付）。2025 年 1 月进入开发阶段，共发生 420 000 元，并符合开发支出予以资本化的条件，其中材料费用 200 000 元、研发人员薪酬 120 000 元、以银行存款支付相关费用 100 000 元。2025 年 3 月末，研发的新技术达到预定使用用途，形成一项非专利技术，确认为企业的无形资产。

（1）2024 年，项目研发阶段发生的支出，编制会计分录如下。

借：研发支出——费用化支出　　　　　　　　　　　240 000

　　贷：银行存款　　　　　　　　　　　　　　　　　240 000

（2）2024 年，结转项目费用化支出，编制会计分录如下。

借：管理费用　　　　　　　　　　　　　　　　　　240 000

　　贷：研发支出——费用化支出　　　　　　　　　　240 000

（3）2025 年项目开发阶段发生的、予以资本化条件的支出，编制会计分录如下。

借：研发支出——资本化支出　　　　　　　　　　　420 000

　　贷：原材料　　　　　　　　　　　　　　　　　　200 000

　　　　应付职工薪酬　　　　　　　　　　　　　　　120 000

　　　　银行存款　　　　　　　　　　　　　　　　　100 000

（4）2025 年 3 月末，研究开发的新技术达到预定用途，编制会计分录如下。

借：无形资产——非专利技术　　　　　　　　　　　420 000

　　贷：研发支出——资本化支出　　　　　　　　　　420 000

《关于进一步完善研发费用税前加计扣除政策的公告》（财政部 税务总局公告 2023 年第 7 号）规定："一、企业开展研发活动中实际发生的研发费用，未形成无形资产计入当期损益的，在按规定据实扣除的基础上，自 2023 年 1 月 1 日起，再按照实际发生额的 100% 在税前加计扣除；形成无形资产的，自 2023 年 1 月 1 日起，按照无形资产成本的 200% 在税前摊销。二、企业享受研发费用加计扣除政策的其他政策口径和管理要求，按照《财政部 国家税务总局 科技部关于完善研究开发费用税前加计扣除政策的通知》（财税〔2015〕119 号）、《财政部 税务总局 科技部关于企业委托境外研究开发费用税前加计扣除有关政策问题的通知》（财税〔2018〕64 号）等文件相关规定执行。三、本公告自 2023 年 1 月 1 日起执行，《财政部 税务总局关于进一步完善研发费用税前加计扣除政策的公告》（财政部 税务总局公告 2021 年第 13 号）、《财政部 税务总局 科技部关于进一步提高科技型中小企业研发费用税前加计扣除比例的公告》（财政部 税务总局 科技部公告 2022 年第 16 号）、《财政部 税务总局 科技部关于加大支持科技创新税前扣除力度的公告》（财政部 税务总局 科技部公告 2022 年第 28 号）同时废止。"

例如，某企业在 2023 年发生的研发费用为 100 万元，其中符合加计扣除条件的研发费用为 80 万元。则该企业在 2023 年应在应纳税所得额中扣除研发费用 180 万元（100＋80×100％）。

对形成无形资产的研发费用，企业应按照无形资产成本的 200％在税前摊销。

例如，某企业在 2023 年开发了一项软件，研发费用为 100 万元。该软件的无形资产成本为 100 万元，则该企业应在 2023 年至 2033 年（100×200％÷10）每年摊销研发费用 22 万元。

《关于提高集成电路和工业母机企业研发费用加计扣除比例的公告》（财政部 税务总局 国家发展改革委 工业和信息化部公告 2023 年第 44 号）第一条规定："一、集成电路企业和工业母机企业开展研发活动中实际发生的研发费用，未形成无形资产计入当期损益的，在按规定据实扣除的基础上，在 2023 年 1 月 1 日至 2027 年 12 月 31 日期间，再按照实际发生额的 120％在税前扣除；形成无形资产的，在上述期间按照无形资产成本的 220％在税前摊销。"

4.3.2　无形资产的摊销

企业应当按月对无形资产进行摊销。无形资产的摊销额一般应当计入当期损益。企业自用的无形资产，其摊销金额计入管理费用；出租的无形资产，其摊销金额计入其他业务成本；某项无形资产包含的经济利益通过所生产的产品或其他资产实现的，其摊销金额应当计入相关资产成本。无形资产的摊销账务处理如图 4-5 所示。

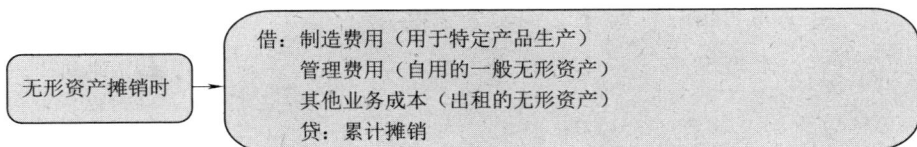

图 4-5　无形资产的摊销账务处理

账面净值＝账面余额－累计摊销

【例 4-17】2024 年 1 月 26 日，蓝天机械厂从其他公司购入一项商标权，以银行存款支付买价和有关费用合计 38 000 元。该厂预估商标权的使用寿命为 10 年。假定这项无形资产的净残值均为零，按直线法摊销。

按年进行摊销时，编制会计分录如下。

借：管理费用　　　　　　　　　　　　　　　　　　　　　3 800
　　贷：累计摊销　　　　　　　　　　　　　　　　　　　　　3 800

4.3.3　无形资产的处置

企业出售无形资产，应将所得价款与该项无形资产的账面价值之间的差额，计入当期损益（营业外收入或营业外支出），无形资产处置的账务处理如图 4-6 所示。

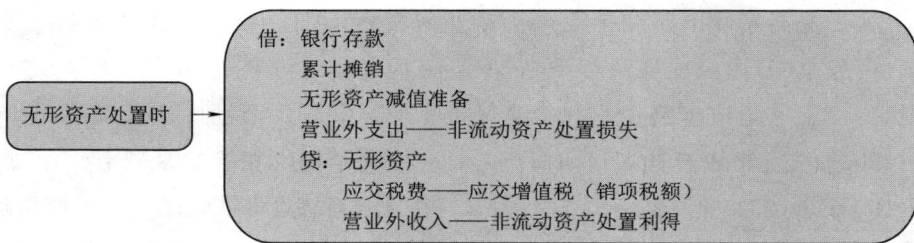

图 4-6　无形资产处置的账务处理

【例 4-18】蓝天机械厂拥有 A 专利技术，根据市场调查，因其生产的产品已没有市场，决定应予转销。转销时，该项专利技术的账面余额为 458 000 元，摊销期限为 10 年，采用直线法进行摊销，已累计摊销 137 400 元，假定该项专利权的残值为零，已累计计提的减值准备为 250 000 元。假定不考虑其他相关因素，编制会计分录如下。

借：累计摊销　　　　　　　　　　　　　　　　　　　137 400
　　无形资产减值准备　　　　　　　　　　　　　　　　250 000
　　营业外支出——处置非流动资产损失　　　　　　　　　70 600
　　贷：无形资产——专利权　　　　　　　　　　　　　　458 000

第 5 章　建筑施工企业应付款项的核算

　　本章介绍建筑施工企业应付账款、应付票据、合同负债、其他应付款等科目的设置与账务处理。

5.1　应付账款

建筑施工企业的应付账款主要是指应付分包款、应付购货款、暂估应付款、应付质保金等。

5.1.1　应付账款科目的设置

应付账款按债权单位和个人设置明细账户进行明细核算。"应付账款"属于负债类账户，该账户的贷方反映应付账款的实际发生数，借方反映应付账款的实际偿还数；期末余额在贷方，表示尚未还清的款项。应付账款会计科目编码的设置见表5-1。

表 5-1　应付账款会计科目编码的设置

科目代码	总分类科目（一级科目）	明细分类科目		是否辅助核算	辅助核算类别
		二级明细科目	三级明细科目		
2202	应付账款	—	—	—	—
220201	应付账款	人民币	种类	是	债权人名称
220202	应付账款	外币	种类	是	债权人名称

建筑施工企业应通过"应付账款"科目核算应付账款的发生、偿还、转销等情况，具体账务处理见表5-2。

表 5-2　应付账款的账务处理

业务情形	账务处理
购入材料、商品时	借：原材料/材料采购/库存商品等 　　应交税费——应交增值税（进项税额） 　贷：应付账款

业务情形	账务处理
接受供应单位提供劳务时	借：合同资产/生产成本/管理费用等 　　贷：应付账款
开出、承兑商业汇票或银行转账汇款时	借：应付账款 　　贷：应付票据/银行存款等
无法支付应付账款时	借：应付账款 　　贷：营业外收入

5.1.2　应付工程款的核算

应付工程款在"应付账款"科目核算，按承包单位户名进行明细核算，按规定结算工程款时，记本科目贷方；支付工程款或预付工程款、预付备料款抵充应付工程款，记本科目借方；期末余额反映应付给施工单位的工程账款；本科目应按施工企业名称设置明细账。

办理分包工程款结算时，按照实际发生的项目支出，借记"合同履约成本"等科目，贷记"应付账款——应付分包款"科目。支付应付分包工程款时，借记"应付账款——应付分包款"科目，贷记"银行存款"等科目。

【例 5-1】吉城建筑工程公司分包工程办理工程结算，该项目实际发生的项目支出 870 000 元，已预付某施工单位工程款 540 000 元，应付未付的工程款 330 000 元。编制会计分录如下。

借：合同履约成本　　　　　　　　　　　　　　　870 000
　　贷：预付账款　　　　　　　　　　　　　　　540 000
　　　　应付账款——某施工单位　　　　　　　　330 000

5.2　应付票据

应付票据是由出票人出票，委托付款人在指定日期无条件支付特定的金额给收款人或者持票人的票据，包括商业承兑汇票和银行承兑汇票。应付票据按是否带息分为不带息应付票据和带息应付票据两种。

企业应通过"应付票据"科目核算应付票据的发生、偿付等情况。

5.2.1 应付票据科目的具体应用

企业应设置"应付票据备查簿",详细登记每一笔应付票据的种类、号码、出票日期、到期日、票面金额、交易合同号、收款单位名称等详细资料。应付票据到期付清时,应在备查簿内逐笔注销。企业支付的银行承兑汇票手续费应计入当期财务费用。应付票据会计科目编码的设置见表5-3。

表5-3　应付票据会计科目编码的设置

科目代码	总分类科目（一级科目）	明细分类科目		是否辅助核算	辅助核算类别
		二级明细科目	三级明细科目		
2201	应付票据	—	—	—	—
220101	应付票据	银行承兑汇票	种类	是	客户往来
220102	应付票据	商业承兑汇票	种类	是	客户往来

应付票据的核算主要包括:开出并承兑商业汇票、期末计提票据利息、到期支付票款。企业因购买材料、商品和接受劳务供应等而开出、承兑的商业汇票,应当按其票面金额作为应付票据的入账金额。企业开出、承兑的带息票据,通常应在期末对尚未支付的应付票据计提利息,计入当期财务费用。

应付票据的主要账务处理见表5-4。

表5-4　应付票据的账务处理

业务情形	账务处理
企业因购买材料、商品和接受劳务等而开出、承兑的商业汇票	借:材料采购/库存商品/应付账款等 　　应交税费——应交增值税（进项税额） 　贷:应付票据
企业支付的银行承兑汇票手续费应当计入当期财务费用	借:财务费用 　贷:银行存款
银行承兑汇票到期,如企业无力支付票款时	借:应付票据 　贷:短期借款
商业承兑汇票无力支付时	借:应付票据 　贷:应付账款

5.2.2　应付票据的核算

▶ **1. 不带息票据**

不带息票据是指债务人到期还款时，只偿还面值金额，即票据到期值等于面值，应按其面额记账，借记"材料采购""库存商品""应交税费"等账户，贷记"应付票据"账户。

【例 5-2】蓝天机械厂 2025 年 1 月 16 日开出期限为 3 个月、票面金额为 45 200 元的不带息商业承兑汇票支付绿地公司货款，增值税专用发票上列明价款 40 000 元，增值税额 5 200 元，商品验收入库。商业承兑汇票如图 5-1 所示。

商业承兑汇票

出票日期（大写）：贰零贰伍年零壹月壹拾陆日　　　　　　　　汇票号码：***

付款人	全　　称	蓝天机械厂			收款人	全　　称	绿地公司		
	账　　号	1023451909234213789				账　　号	1023451909234287453		
	开户银行	工商银行深圳市龙华路支行	行号	123		开户银行	工商银行深圳宝山路支行	行号	234

出票金额	人民币 （大写）⊗肆万伍仟贰佰元整	千	百	十	万	千	百	十	元	角	分
					¥	4	5	2	0	0	0

汇票到期日（大写）	贰零贰伍年零肆月壹拾伍日	付款人开户行	行号	123
交易合同号码	***		地址	深圳市宝安区龙华宝山路123号

本汇票已经承兑，到期无条件支付票款。	本汇票予以承兑，于到期日付款。
承兑人签章　[陈丽]	出票人签章　[王桐]
承兑日期 2025 年 4 月 15 日	

图 5-1　商业承兑汇票

（1）2025 年 1 月 16 日，开出不带息商业汇票时，编制会计分录如下。

借：库存商品　　　　　　　　　　　　　　　　　　　40 000
　　应交税费——应交增值税（进项税额）　　　　　　 5 200
　　　贷：应付票据——商业承兑汇票——绿地公司　　　　　45 200

（2）2025 年 4 月 15 日，支付票款时，编制会计分录如下。

借：应付票据——商业承兑汇票——绿地公司　　　　　45 200
　　　贷：银行存款　　　　　　　　　　　　　　　　　　45 200

▶▶ 2. 带息票据

带息票据是指债务人到期还款时，除了偿还面值金额外，同时要偿还票据利息，即票据到期值等于面值加利息。利息为债务人由于延期支付款项所付出的代价，记入"财务费用"账户。

【例 5-3】2024 年 5 月 1 日，蓝天机械厂从乙公司购进一批原材料，不含税价格 900 000 元，增值税率 13%，开出一张期限 4 个月等值的带息商业汇票，年利率为 8%。

（1）2024 年 5 月 1 日，开出商业汇票时，编制会计分录如下。

借：原材料　　　　　　　　　　　　　　　　　　900 000
　　应交税费——应交增值税（进项税额）　　　117 000
　　　贷：应付票据——商业承兑汇票——乙公司　　　1 017 000

（2）2024 年 6 月 30 日，计提 2 个月应计利息，编制会计分录如下。

应计利息 = 1 017 000 × 8% × 2 ÷ 12 = 13 560（元）

借：财务费用　　　　　　　　　　　　　　　　13 560
　　　贷：应付票据——商业承兑汇票——乙公司　　　13 560

（3）2024 年 8 月 31 日，到期付款时，编制会计分录如下。

借：应付票据——商业承兑汇票——乙公司　　　1 030 560
　　财务费用　　　　　　　　　　　　　　　　13 560
　　　贷：银行存款　　　　　　　　　　　　　　　1 044 120

5.3　合同负债

根据新收入准则的规定，合同负债账户核算企业已收或应收客户对价而应向客户转让商品的义务。

5.3.1　合同负债科目的具体运用

合同负债科目应按购货单位进行明细核算。合同负债会计科目编码的设置见表 5-5。

合同负债的主要账务处理见表 5-5。

（1）客户已经支付了合同对价或企业已经取得了无条件收取合同对价权

利的。

借：银行存款/应收账款/应收票据等
　　贷：合同负债

（2）企业向客户转让相关商品时。

借：合同负债
　　贷：主营业务收入/其他业务收入等
　　　　应交税费——应交增值税（销项税额）

表 5-5　合同负债会计科目编码的设置

总分类科目 （一级科目）	明细分类科目		是否辅助核算	辅助核算类别
	二级明细科目	三级明细科目		
合同负债	—	—	—	—
合同负债	预收的账款	商品、劳务类别	是	购货单位名称
合同负债	预收的定金	商品、劳务类别	是	购货单位名称
合同负债	预收原料款	商品、劳务类别	是	购货单位名称
合同负债	预收工程款	商品、劳务类别	是	购货单位名称

5.3.2　合同负债的核算

【例 5-4】2024 年 11 月 3 日，星鑫建筑有限公司承包异地乙企业一项工程，双方签订建筑合同，总工程款为 1 356 万元。根据建筑合同规定，合同签订一周内，乙企业向星鑫建筑有限公司预付工程款 272.50 万元。星鑫建筑有限公司为增值税一般纳税人，增值税税率为 9%，城市维护建设税税率 5%，教育费附加税率 3%，地方教育附加税率 2%。

（1）11 月 8 日，收到预付款 272.50 万元。编制会计分录如下。

借：银行存款　　　　　　　　　　　　　　2 725 000
　　贷：合同负债　　　　　　　　　　　　　　2 725 000

（2）12 月 10 日，预缴增值税款。

预缴增值税款＝272.50÷1.09×2%＝5（万元）。编制会计分录如下。

应交城市维护建设税＝272.50÷1.09×2%×5%＝0.25（万元）

应交教育费附加＝272.50÷1.09×2%×3%＝0.15（万元）

应交地方教育附加＝272.50÷1.09×2%×2%＝0.1（万元）

借：应交税费——预交增值税　　　　　　　　　　50 000
　　　　　　——城市维护建设税　　　　　　　　2 500
　　　　　　——教育费附加　　　　　　　　　　1 500
　　　　　　——地方教育附加　　　　　　　　　1 000
　　　　贷：银行存款　　　　　　　　　　　　　　55 000
借：税金及附加　　　　　　　　　　　　　　　5 000
　　贷：应交税费——城市维护建设税　　　　　　　2 500
　　　　　　——教育费附加　　　　　　　　　　1 500
　　　　　　——地方教育附加　　　　　　　　　1 000

建筑施工企业提供建筑服务取得预收款，应在收到预收款时，以取得的预收款扣除支付的分包款后的余额，按照规定的预征率预缴增值税。若是项目在同城，就在机构所在地预缴增值税；若是项目在异地，应该在项目所在地预缴增值税。适用一般计税方法计税的项目预征率为 2%，根据规定，自 2023 年 1 月 1 日至 2027 年 12 月 31 日，增值税小规模纳税人适用 3% 预征率的预缴增值税项目，减按 1% 预征率预缴增值税。

5.4　其他应付款

其他应付款是企业除应付票据、应付账款、预收账款、应付职工薪酬、应交税费、应付股利等经营活动以外的其他各项应付、暂收的款项，如应付租入包装物租金、存入保证金等。

其他应付款的内容：应付租入包装物的租金、经营租入固定资产的应付租金、出租或出借包装物收取的押金（存入保证金）、应付及暂收其他单位款项。本科目期末贷方余额，反映企业尚未支付的其他应付款项。

其他应付款会计科目编码的设置见表 5-6。

表 5-6　其他应付款会计科目编码的设置

科目代码	总分类科目（一级科目）	明细分类科目		是否辅助核算	辅助核算类别
		二级明细科目	三级明细科目		
1221	其他应付款	—	—	—	—
122101	其他应付款	应收个人往来款项	按借款人设置	是	人员档案
122102	其他应付款	应收单位往来款项	按单位设置	是	客户档案

科目代码	总分类科目 （一级科目）	明细分类科目		是否辅助 核算	辅助核算 类别
		二级明细科目	三级明细科目		
122103	其他应付款	公司内部往来款项	按单位设置	是	客户档案
122104	其他应付款	存入保证金	按单位设置	是	客户档案
122105	其他应付款	经营租入资产和包装物租金	按单位设置	是	客户档案
122106	其他应付款	其他	按单位设置	是	客户档案

其他应付款账务处理见表 5-7。

表 5-7　应付账款的账务处理

业务情形	账务处理
企业发生其他各种应付、暂收款项时	借：管理费用 　　贷：其他应付款
支付或退回其他各种应付、暂收款项时	借：其他应付款 　　贷：银行存款
采用售后回购方式融入资金时	借：银行存款 　　贷：其他应付款/应交税费等
回购价格与原销售价格之间的差额	借：财务费用 　　贷：其他应付款
按照合同约定购回该项商品时	借：其他应付款/应交税费等 　　贷：银行存款

【例 5-5】吉城建筑工程公司由于季节性生产需要，租入一座仓库，租期 3 个月，每个月租金 10 050 元。合同规定，租金于租赁期满时一次支付，会计分录如下。

（1）预提第一个月租金时，编制会计分录如下。

借：管理费用　　　　　　　　　　　　　　　10 050

　　贷：其他应付款　　　　　　　　　　　　　　　10 050

（2）预提第二个月租金时，编制会计分录如下。

借：管理费用　　　　　　　　　　　　　　　10 050

　　贷：其他应付款　　　　　　　　　　　　　　　10 050

（3）租赁期满，支付三个月租金时，编制会计分录如下。

借：其他应付款　　　　　　　　　　　　　　20 100

　　管理费用　　　　　　　　　　　　　　　10 050

　　贷：银行存款　　　　　　　　　　　　　　　30 150

第 6 章　建筑施工企业建筑安装工程费用的核算

建筑施工企业在一定时期内为一定种类和数量的建筑安装工程所发生的生产耗费总和称为建筑安装工程费用，简称工程成本，也称为"合同成本"。

6.1 建筑安装工程费用的构成与会计科目的设置

本节主要介绍建筑安装工程费用按照构成要素划分的内容，以及涉及的会计科目。

6.1.1 建筑安装工程费用的构成

建筑安装工程费用按费用构成要素划分，由人工费、材料费（包含工程设备费，下同）、施工机具使用费、企业施工管理费、其他直接费、利润、规费和税金组成。

▶▶ **1. 人工费**

人工费是指按工资总额构成规定，支付给从事建筑安装工程施工的生产工人和附属生产单位工人的各项费用，主要包括基本工资、工资性补贴、生产工人辅助工资、职工福利费、劳动保护费。具体内容见表6-1。

表 6-1　人工费构成

要　　素	含　　义
基本工资	指发放给施工工人的基本工资
工资性补贴	是指按规定标准发放的物价补贴，煤、燃气补贴，交通补贴，住房补贴，流动施工津贴等
生产工人辅助工资	是指生产工人年有效施工天数以外非作业天数的工资，包括职工学习、培训期间的工资，调动工作、探亲、休假期间的工资，因气候影响的停工工资，女工哺乳时间的工资，病假在6个月以内的工资及产、婚、丧假期的工资

要 素	含 义
职工福利费	是指按规定标准计提的职工福利费
生产工人劳动保护费	是指按规定标准发放的劳动保护用品的购置费及修理费，学徒工服装补贴，防暑降温费，在有碍身体健康环境中施工的保健费用等

▶▶ 2. 材料费

材料费（包含工程设备，下同）是指施工过程中耗费的构成工程实体的原材料、辅助材料、构配件、零件、半成品或成品、工程设备费用，包括材料原价（或供应价格）、材料运杂费、运输损耗费、采购及保管费等。

（1）材料原价（或供应价格）是指材料、工程设备的出厂价格或商家供应价格。

（2）材料运杂费是指材料、工程设备自来源地运至工地仓库或指定堆放地点所发生的全部费用。

（3）运输损耗费是指材料在运输装卸过程中不可避免的损耗。

（4）采购及保管费是指为组织采购、供应和保管材料、工程设备的过程中所需要的各项费用。包括采购费、仓储费、工地保管费、仓储损耗。

工程设备是指构成或计划构成永久工程一部分的机电设备、金属结构设备、仪器装置及其他类似的设备和装置。

▶▶ 3. 施工机具使用费

施工机具使用费是指施工作业所发生的施工机械或其租赁费。施工机械台班单价应由下列七项费用组成：折旧费、大修理费、经常修理费、安装拆卸费及场外运费、人工费、燃料动力费、养路费及车船使用税等。

施工机械使用费是以施工机械台班耗用量乘以施工机械台班单价表示，施工机械台班单价应由折旧费、大修理费、经常修理费、安拆费及场外运费、人工费、燃料动力费、税费七项费用组成，见表6-2。

表6-2 施工机械使用费构成

要 素	含 义
折旧费	指施工机械在规定的使用年限内，陆续收回其原值的费用
大修理费	指施工机械按规定的大修理间隔台班进行必要的大修理，以恢复其正常功能所需的费用

要　素	含　义
经常修理费	指施工机械除大修理以外的各级保养和临时故障排除所需的费用，包括为保障机械正常运转所需替换设备与随机配备工具附具的摊销和维护费用，机械运转中日常保养所需润滑与擦拭的材料费用及机械停滞期间的维护和保养费用等
安装拆卸费及场外运费	安装拆卸费指施工机械（大型机械除外）在现场进行安装与拆卸所需的人工、材料、机械和试运转费用，以及机械辅助设施的折旧、搭设、拆除等费用；场外运费指施工机械整体或分体自停放地点运至施工现场或由一施工地点运至另一施工地点的运输、装卸、辅助材料及架线等费用
人工费	指机上司机（司炉）和其他操作人员的人工费
燃料动力费	指施工机械在运转作业中所消耗的各种燃料及水、电等
税费	指施工机械按照国家规定应缴纳的车船使用税、保险费及年检费等

▶▶ 4. 企业施工管理费

企业施工管理费是指建筑安装企业组织施工生产和经营管理所需的费用，包括以下内容。

（1）管理人员工资。管理人员工资是指按规定支付给管理人员的计时工资、奖金、津贴补贴、加班加点工资及特殊情况下支付的工资等。

（2）办公费。办公费是指企业管理办公用的文具、纸张、账表、印刷、邮电、书报、办公软件、现场监控、会议、水电、烧水和集体取暖降温（包括现场临时宿舍取暖降温）等费用。

（3）差旅交通费。差旅交通费是指职工因公出差、调动工作的差旅费、住勤补助费，市内交通费和误餐补助费，职工探亲路费，劳动力招募费，职工退休、退职一次性路费，工伤人员就医路费，工地转移费，以及管理部门使用的交通工具的油料、燃料等费用。

（4）固定资产使用费。固定资产使用费是指管理和试验部门及附属生产单位使用的属于固定资产的房屋、设备、仪器等的折旧、大修、维修或租赁费。

（5）工具用具使用费。工具用具使用费是指企业施工生产和管理使用的不属于固定资产的工具、器具、家具、交通工具和检验、试验、测绘、消防用具等的购置、维修和摊销费。

（6）劳动保险和职工福利费。劳动保险和职工福利费是指由企业支付的职工退职金、按规定支付给离休干部的经费，集体福利费、夏季防暑降温、冬季取暖补贴、上下班交通补贴等。

（7）劳动保护费。劳动保护费是企业按规定发放的劳动保护用品的支出。如工作服、手套、防暑降温饮料，以及在有碍身体健康的环境中施工的保健费用等。

（8）检验试验费。检验试验费是指建筑施工企业按照有关标准规定，对建筑材料、构件和建筑安装物进行一般鉴定、检查所发生的费用，包括自设试验室进行试验所耗用的材料等费用。不包括新结构、新材料的试验费，对构件做破坏性试验及其他特殊要求检验试验的费用和建设单位委托检测机构进行检测的费用，对此类检测发生的费用，由建设单位在工程建设其他费用中列支。但对建筑施工企业提供的具有合格证明的材料进行检测不合格的，该检测费用由建筑施工企业支付。

（9）工会经费。工会经费是指企业按《中华人民共和国工会法》规定的全部职工工资总额比例计提的工会经费。

（10）职工教育经费。职工教育经费是指按职工工资总额的规定比例计提，企业为职工进行专业技术和职业技能培训，专业技术人员继续教育、职工职业技能鉴定、职业资格认定，以及根据需要对职工进行各类文化教育所发生的费用。

（11）财产保险费。财产保险费是指施工管理用财产、车辆等的保险费用。

（12）财务费。财务费是指企业为施工生产筹集资金或提供预付款担保、履约担保、职工工资支付担保等所发生的各种费用。

（13）其他费用。其他费用包括技术转让费、技术开发费、投标费、业务招待费、绿化费、广告费、公证费、法律顾问费、审计费、咨询费、保险费等。

▶▶ **5. 其他直接费**

其他直接费是指为完成工程项目施工，发生于该工程施工前和施工过程中非工程实体项目的费用，具体包括：环境保护费，文明施工费，安全施工费，临时设施费，夜间施工费，二次搬运费，大型机械设备进出场及安拆费，混凝土、钢筋混凝土模板及支架费，脚手架费，已完工程及设备保护费和施工排水、降水费等。具体内容见表 6-3。

表 6-3　其他直接费构成

要　素	含　义
环境保护费	施工现场为达到环保部门要求所需要的各项费用
文明施工费	为促进施工现场文明施工而投入的费用
安全施工费	确保施工安全所产生的各项费用
临时设施费	是指施工企业为进行建筑工程施工所必须搭设的生活和生产用的临时建筑物、构筑物和其他临时设施费用等。临时设施包括：临时宿舍、文化福利及公用事业房屋与构筑物，仓库、办公室、加工厂以及规定范围内道路、水、电、管线等临时设施和小型临时设施。临时设施费用包括：临时设施的搭设、维修、拆除费或摊销费
夜间施工费	是指因夜间施工所发生的夜班补助费、夜间施工降效、夜间施工照明设备摊销及照明用电等费用
二次搬运费	是指因施工场地狭小等特殊情况而发生的二次搬运费用
大型机械设备进出场及安拆费	是指机械整体或分体自停放场地运至施工现场或由一个施工地点运至另一个施工地点，所发生的机械进出场运输及转移费用及机械在施工现场进行安装、拆卸所需的人工费、材料费、机械费、试运转费和安装所需的辅助设施的费用
混凝土、钢筋混凝土模板及支架费	是指混凝土施工过程中需要的各种钢模板、木模板、支架等的支、拆、运输费用及模板、支架的摊销（或租赁）费用
脚手架费	是指施工需要的各种脚手架搭、拆、运输费用及脚手架的摊销（或租赁）费用
已完工程及设备保护费	是指竣工验收前，对已完工程及设备进行保护所需费用。（11）施工排水、降水费：是指为确保工程在正常条件下施工，采取各种排水、降水措施所发生的各种费用
施工排水、降水费	指为确保工程在正常条件施工，采取各种排水、降水措施所发生的各种费用，以及根据工程所在地政府部门的要求缴纳的水资源费

▸▸ 6. 利润

利润是指建筑施工企业完成所承包工程获得的盈利。

▸▸ 7. 规费

规费是指按国家法律、法规规定，由省级政府和省级有关权力部门规定必须缴纳或计取的费用，主要包括社会保险费、住房公积金和环境保护税。

（1）社会保险费主要包括以下内容：

①养老保险费是指企业按照规定标准为职工缴纳的基本养老保险费。

②失业保险费是指企业按照规定标准为职工缴纳的失业保险费。

③医疗保险费是指企业按照规定标准为职工缴纳的基本医疗保险费。

④生育保险费是指企业按照规定标准为职工缴纳的生育保险费。

⑤工伤保险费是指企业按照规定标准为职工缴纳的工伤保险费。

（2）住房公积金是指企业按规定标准为职工缴纳的住房公积金。

（3）环境保护税是指按规定缴纳的施工现场工程排污费。

其他应列而未列入的规费，按实际发生计取。

▶ **8. 税金**

税金是指国家税法规定的应计入建筑安装工程造价内的增值税、城市维护建设税、教育费附加和地方教育附加等。

6.1.2 建筑安装工程费用会计科目的应用

建筑安装工程费用会计科目的应用，具体见表 6-4。

表 6-4　建筑安装工程费用会计科目的应用

分　类	会计科目
材料费	通过原材料、材料采购、在途物资、周转材料、应交税费、合同履约成本——合同成本——项目——材料费科目核算
人工费	通过应付职工薪酬、合同履约成本——合同成本——项目——人工费等科目核算
机械使用费	通过机械作业、合同履约成本——合同成本——项目——机械使用费等科目核算
其他直接费	通过临时设施、临时设施摊销、合同履约成本——合同成本——项目——其他直接费等科目核算
规费	通过管理费用等科目核算
企业管理费	通过管理费用、财务费用、税金及附加、销售费用等科目核算
利润	通过本年利润、所得税费用、利润分配、未分配利润等科目核算
税金	通过应交税费等科目核算

6.2　工程成本核算

本节介绍人工费、材料费（包含工程设备费，下同）、施工机具使用费、企业施工管理费、其他直接费、利润、规费和税金的归集与分配。

6.2.1　人工费的归集与分配

工程成本中的人工费，包括在施工过程中直接从事工程施工计时工资、计件工资、工资性津贴及补贴、奖金、社会保险费和其他职工薪酬。

对构成"人工费"项目的工资，应按工程成本计算对象进行归集。若只有一个成本计算对象，可根据"工资汇总分配表"直接计入该成本计算的"人工费"项目。若同时有若干成本计算对象，且施工人员同时为这些项目施工，应根据"施工任务单"汇总计入各项工程成本。在计件工资制下，可采用"工日法"或"工时法"进行分配。计算公式为

施工人员工资分配率＝施工人员工资总额÷各单项工程直接费总额完工产值

某单项工程应分配的人工费＝该单项工程直接费×施工人员工资分配率

建筑施工企业工程成本中的人工费用首先归集在"应付职工薪酬"账户，分配时转入"合同履约成本"等明细账户。

▶▶ **1. 工资单的编制**

在工资结算表中，要根据工资卡、考勤记录、产量记录和代扣款项等资料按人名填列"应付职工薪酬""代扣款项""实发金额"三大部分。一般情况下，工资结算表一式三份：一份由人力资源部门存查；一份裁成"工资条"，连同工资一起发给职工（也可直接以电子文档形式发到职工邮箱）；一份在发放工资时由职工签章后交财务部门作为工资核算的凭证，并以此代替工资的明细核算。由于工资结算表是按各个部门、项目部分别编制的。因此，只能反映各个部门、项目部工资结算和支付的情况。

▶▶ **2. 工资分配的编制**

"应付职工薪酬——工资"科目月末若有余额，贷方余额为累计应付未付工资，借方余额为累计多付工资。在企业各月工资总额相差不多的情况下，按照重要性要求，也可以按照当月实际支付的工资额进行分配，采用这种方法，"应付职工薪酬——工资"科目月末没有余额，账务处理如图 6-1 所示。

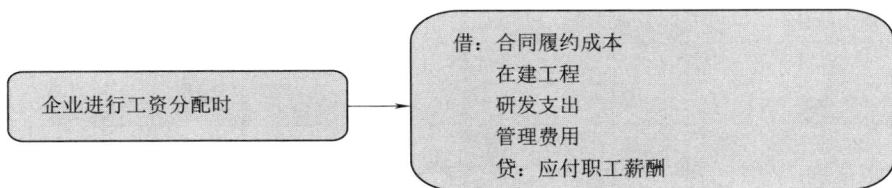

图 6-1　分配工资时的账务处理

月末工资的账务处理，见表 6-5。

表 6-5　应付职工薪酬的账务处理

业务情形	账务处理
月末，根据工资分配单，按照实发数额	借：应付职工薪酬——工资 　　贷：银行存款
结转代扣款时	借：应付职工薪酬——工资 　　贷：其他应付款
结转代扣个人所得税时	借：应付职工薪酬——工资 　　贷：应交税费——应交个人所得税
上缴代扣款时	借：其他应付款 　　　应交税费——应交个人所得税

【例 6-1】鑫立建筑有限公司 2025 年 1 月发生如下经济业务。

根据公司人力资源部提供的职工工资明细表显示：本月应发工资薪金总额 1 200 000 元（其中：公司行政管理人员 300 000 元、甲施工项目部工人 350 000 元、乙施工项目部工人 400 000 元、自建办公楼人员 150 000 元），财务部扣除应该代扣的个人所得税 16 400 元、个人应该承担的社会保险费和住房公积金 183 600 元后，本月实际应该支付的金额为 1 000 000 元。出纳人员在网上银行申请 1 000 000 元发工资。企业和个人缴纳社会保障费的比例与金额见表 6-6。

表 6-6　企业和个人缴纳社会保险费的比例与金额

单位：元

类别		养老保险费		医疗保险费		失业保险费		工伤保险费		小计	住房公积金	
		比例	金额	比例	金额	比例	金额	比例	金额		比例	金额
企业	甲施工项目部	16%	56 000	9%	31 500	0.7%	2 450	2%	7 000	96 950	5%	17 500
	乙施工项目部	16%	64 000	9%	36 000	0.7%	2 800	2%	8 000	110 800	5%	20 000
	行政管理部	16%	48 000	9%	27 000	0.7%	2 100	2%	6 000	83 100	5%	15 000
	自建工程	16%	24 000	9%	13 500	0.7%	1 050	2%	3 000	41 550	5%	7 500
	小计		192 000	—	108 000	—	8 400	—	24 000	332 400	—	60 000
个人	甲施工项目部	8%	28 000	2%	7 000	0.3%	1 050	0	0	36 050	5%	17 500
	乙施工项目部	8%	32 000	2%	8 000	0.3%	1 200	0	0	41 200	5%	20 000
	行政管理部	8%	24 000	2%	6 000	0.3%	900	0	0	30 900	5%	15 000
	自建工程	8%	12 000	2%	3 000	0.3%	450	0	0	15 450	5%	7500
	小结		96 000		24 000		3 600			123 600		60 000
合计		—	288 000	—	132 000	—	12 000		24 000	456 000		120 000

（1）1月25日，计提工资。

①计提工资，编制会计分录如下。

借：合同履约成本——甲项目　　　　　　　　　350 000

　　　　　　　　　　——乙项目　　　　　　　　　400 000

　　管理费用　　　　　　　　　　　　　　　　　300 000

　　在建工程　　　　　　　　　　　　　　　　　150 000

　　　贷：应付职工薪酬——应付工资　　　　　　　　　1 200 000

②计提由企业承担的社会保险费，编制会计分录如下。

借：合同履约成本——甲施工项目部　　　　　　　96 950

　　　　　　　　　　——乙施工项目部　　　　　　110 800

　　管理费用　　　　　　　　　　　　　　　　　 83 100

　　在建工程　　　　　　　　　　　　　　　　　 41 550

　　　贷：应付职工薪酬——养老保险费　　　　　　　　192 000

　　　　　　　　　　　　——医疗保险费　　　　　　　　108 000

　　　　　　　　　　　　——失业保险费　　　　　　　　 8 400

　　　　　　　　　　　　——工伤保险费　　　　　　　　 24 000

③计提由企业承担的住房公积金，编制会计分录如下。

借：合同履约成本——甲施工项目部　　　　　　　17 500

　　　　　　　　　　——乙施工项目部　　　　　　 20 000

　　管理费用　　　　　　　　　　　　　　　　　 15 000

　　在建工程　　　　　　　　　　　　　　　　　　7 500

　　　贷：应付职工薪酬——住房公积金　　　　　　　　 60 000

④计提由个人承担的社会保险费和住房公积金，编制会计分录如下。

借：应付职工薪酬——养老保险费　　　　　　　　96 000

　　　　　　　　　　——医疗保险费　　　　　　　 24 000

　　　　　　　　　　——失业保险费　　　　　　　　3 600

　　　　　　　　　　——住房公积金　　　　　　　 60 000

　　　贷：其他应付款——代扣养老保险费　　　　　　　 96 000

　　　　　　　　　　　——代扣医疗保险费　　　　　　　 24 000

　　　　　　　　　　　——代扣失业保险费　　　　　　　　3 600

　　　　　　　　　　　——代扣住房公积金　　　　　　　 60 000

⑤计提代扣代缴个人所得税，编制会计分录如下。

借：应付职工薪酬——应付工资　　　　　　　　　16 400

　　贷：应交税费——个人所得税　　　　　　　　　　16 400

⑥根据工资结算单，发放工资。

借：应付职工薪酬——工资　　　　　　　　　　1 200 000

　　贷：其他应付款——代扣养老保险费　　　　　　　96 000

　　　　　　　　——代扣医疗保险费　　　　　　　24 000

　　　　　　　　——代扣失业保险费　　　　　　　 3 600

　　　　　　　　——代扣住房公积金　　　　　　　60 000

　　　　应交税费——应交个人所得税　　　　　　　16 400

　　　　银行存款　　　　　　　　　　　　　　　1 000 000

（2）10 日，财务人员在企业网上银行支付当月的社会保险费，其中单位负担 332 400 元，个人负担 123 600 元，编制会计分录如下。

借：应付职工薪酬——养老保险费　　　　　　　　192 000

　　　　　　　　——医疗保险费　　　　　　　　108 000

　　　　　　　　——失业保险费　　　　　　　　 8 400

　　　　　　　　——工伤保险费　　　　　　　　24 000

　　　　　　　　——住房公积金　　　　　　　　60 000

　　其他应付款——代扣养老保险费　　　　　　　　96 000

　　　　　　　——代扣医疗保险费　　　　　　　　24 000

　　　　　　　——代扣失业保险费　　　　　　　　 3 600

　　　　　　　——代扣住房公积金　　　　　　　　60 000

　　贷：银行存款　　　　　　　　　　　　　　　 576 000

（3）上缴个人所得税，编制会计分录如下。

借：应交税费——应交个人所得税　　　　　　　　16 400

　　贷：银行存款　　　　　　　　　　　　　　　　16 400

【例 6-2】达良建筑有限公司为某公司建造一栋厂房和一座供电中心。2025 年 1 月建筑安装工人的计时工资总额为 440 000 元，实际耗用 1 000 个工日（其中厂房耗用 600 工日，供电中心 400 工日）。

生产人员工资分配率＝440 000÷1 000＝440（元）

厂房应分配的人工费＝440×600＝264 000（元）

供电中心分配的人工费＝440×400＝176 000（元）

根据上述计算结果，编制会计分录如下。

借：合同履约成本——合同成本——厂房——人工费　264 000

　　　　　——合同成本——供电中心——人工费 176 000

　　贷：应付职工薪酬——工资　　　　　　　　　440 000

6.2.2　材料费的归集与分配

材料是指企业用于建筑安装工程施工而存放在仓库的各种材料，包括主要材料、结构件、机械配件和其他材料等。

（1）主要材料是指用于工程施工并构成工程实体的各种材料，如黑色金属材料（钢材）、有色金属材料（铜材、铝材）、木材、硅酸盐材料（水泥、砖瓦、石灰、砂、石等）、小五金材料、电器材料、化工原料（油漆材料等）。

（2）结构件是指经过吊装、拼砌或安装即能构成房屋建筑实体的各种金属、钢筋混凝土和木质结构的部件。如钢窗、木门、钢筋混凝土预制件等。

（3）机械配件是指在施工生产中使用的施工机械、生产设备、运输设备等替换、维修用的各种零件和配件，以及设备的各种备用备件，如曲轴、活塞、轴承、齿轮、阀门等。

（4）其他材料是指不构成工程实体，但有助于工程形成或便于施工生产进行的各种材料，如燃料、油料、催化剂、石料等。

材料在日常收发与结存过程中，其核算方法可以选择下列两者之一：实际成本法核算或计划成本法核算。而对于材料收发业务较多且计划成本资料较为健全、准确的企业，一般都采用计划成本进行材料收发核算。

▶▶ 1. 材料采用实际成本法核算

材料按实际成本法核算时，材料的收发与结存，均按实际成本计价。应设置"原材料""在途物资"会计科目。

"原材料"科目的借方用于核算已办验收入库材料的实际成本；贷方用于核算发出材料的实际成本；期末借方余额为库存原材料的实际成本。

"在途物资"科目的借方用于核算在途材料的实际成本；贷方用于核算验收入库材料的实际成本；期末借方余额为期末在途材料的实际成本。

材料按实际成本计价的核算是指每种材料的日常收、发、存核算都采用实际成本计价。核算时，重点要掌握支出材料的成本计价。该方法一般只适用于材料收发业务比较小的中小型企业。

　　企业购入材料时，由于采购地点和采用的结算方式等因素的影响，经常会出现材料入库与付款时间不一致的情况，造成账务处理方法也不一致，具体内容见表 6-7。

表 6-7　一般销售方式的账务处理

业务情形	账务处理
单到货到	借：原材料（实际成本） 　　应交税费——应交增值税（进项税额） 　贷：银行存款等科目
单到货未到	借：在途物资（实际成本） 　　应交税费——应交增值税（进项税额） 　贷：银行存款等科目
货到单未到	借：原材料（暂估价值） 　贷：应付账款——暂估应付账款
月初编制相反会计分录予以冲回	借：应付账款——暂估应付账款 　贷：原材料（暂估价值）

　　（1）单货同到是指发票已到，材料验收入库。

　　【例 6-3】2025 年 2 月 9 日，吉城建筑工程公司从南京科达商贸公司购入 A 材料 40 吨，增值税专用发票注明原材料价款 20 000 元，增值税额 2 600 元。科达商贸公司代垫运费 200 元。吉城建筑工程公司收到物资并验收入库，由于银行存款不足而暂未支付货款，假设不考虑运费的税费。增值税专用发票如图 6-2 所示。编制会计分录如下。

　　　借：原材料　　　　　　　　　　　　　　　　　　20 200
　　　　　应交税费——应交增值税（进项税额）　　　　2 600
　　　　　贷：应付账款　　　　　　　　　　　　　　　　　22 800

　　（2）单到货未到指发票已到，材料未验收入库。如货款已经支付，借方记入"在途物资""应交税费"等账户，贷方记入"银行存款"账户；如货款尚未支付，则暂不需处理，待支付货款或收到材料时进行处理。

　　【例 6-4】承【例 6-3】，企业通过银行进行结算，但到月末尚未收到材料。转账凭证如图 6-3 所示。编制会计分录如下。

　　　借：在途物资　　　　　　　　　　　　　　　　　20 200
　　　　　应交税费——应交增值税（进项税额）　　　　2 600
　　　　　贷：银行存款　　　　　　　　　　　　　　　　22 800

全国统一发票监制章

电子发票（增值税专用发票）

国家税务总局

深圳市税务局

发票号码：43212000000176543

开票日期：2025 年 2 月 9 日

购买方信息	名称：吉城建筑工程公司 统一社会信用代码/纳税人识别号： 21310140035434563	销售方信息	名称：科达商贸有限公司 统一社会信用代码/纳税人识别号： 3201341349715 63H

项目名称	规格型号	单位	数量	单价	金额	税率/征收率	税额
A 材料		吨	40	500	20 000	13%	2 600
合　计					￥20 000		￥2 600

价款合计（大写）	⊗贰万贰仟陆佰元整	小写￥22 600.00

备注	（略）

图 6-2　增值税专用发票

中国工商银行

网上银行转账凭证（付款通知）

记账日期：2025 年 2 月 9 日　　检索号：11426

付款人户名：吉诚建筑工程公司　　　　　　付款人账号：110051744371015368

收款人户名：科达商贸有限公司　　　　　　收款人账号：457915987712615684

金额：22 800 元

付款行行名：深圳工商银行龙华支行

收款行行名：中行中山北路分理处

用途：货款

金融自助卡号：****　　　　　　　　　　打印时间：***

银行验证码：***　　　　　　　　　　　　打印方式：***

地区号：****　　　　网点号：***　　　　柜员号：***

图 6-3　网银转账凭证

　　若 2025 年 2 月 16 日，上述材料到达验收入库，材料入库单见表 6-8。编制会计分录如下。

借：原材料　　　　　　　　　　　　　　　　　　　　20 200
　　　贷：在途物资　　　　　　　　　　　　　　　　　　20 200

表 6-8　材料入库单

供应单位：科达商贸有限公司

发票号码：01092781　　　　　　　2025 年 2 月 16 日　　　　　　　第 001 号

年	月	日	材料名称	规格型号	数　量		单位	单价	金额（元）	备注
					交库	实收				
2025	5	16	A 材料	×××	40	40	吨	505	20 200	

（3）货到单未到是指发票未到，材料已验收入库。在月份内，一般暂不进行处理，待有关发票到达、支付货款时，再按正常程序进行处理。如果到月末发票还未到达，为了使账实相符，应按材料的暂估价款入账，下月初红字冲回，以便下个月收到发票时按正常处理。

【例 6-5】2025 年 2 月 26 日，北京大地建筑公司收到从乙公司购入材料一批，但因发票未到而没有支付货款。月末，暂估该批物资价值 11 000 元。

2025 年 2 月末，材料暂估入账时，编制会计分录如下。

借：原材料　　　　　　　　　　　　　　　　　　　　11 000
　　　贷：应付账款——暂估应付账款　　　　　　　　　　11 000

2025 年 3 月初，编制红字冲回会计分录如下。

借：原材料　　　　　　　　　　　　　　　　　　　（11 000）
　　　贷：应付账款——暂估应付账款　　　　　　　　　（11 000）

假设 2025 年 3 月 13 日收到发票，增值税专用发票注明原料价款 10 000 元，增值税 1 300 元，丙公司代垫运费 100 元，编制会计分录如下。

借：在途物资　　　　　　　　　　　　　　　　　　　10 100
　　应交税费——应交增值税（进项税额）　　　　　　　1 300
　　　贷：银行存款　　　　　　　　　　　　　　　　　11 400

▶️ 2. 材料领用的核算

由于建筑施工企业材料的日常领发业务频繁，一般只登记材料明细分类账。月末根据施工任务完成单、实际发料记录、大堆材料耗用计算单，依照材料和受益对象，并按实际成本计价，汇总编制"发料凭证汇总表"，填制记账凭证。

根据不同用途，对发出的材料借记不同的账户，如"合同履约成本——工程施工、机械作业、管理费用"等，贷记"原材料"账户。

【例 6-6】吉城建筑工程公司 2025 年 3 月末根据领发料凭证，汇总编制"领发料单汇总表"，见表 6-9，编制会计分录如下。

借：合同履约成本——工程施工——A 工程　　　　102 000

　　　　　　　　　——工程施工——B 工程　　　　 65 000

　　　　　　　　　——工程施工——辅助工程　　　 31 700

　　　机械作业　　　　　　　　　　　　　　　　　 9 600

　　　管理费用　　　　　　　　　　　　　　　　　 2 800

　　贷：原材料——原料及主要材料　　　　　　　 190 000

　　　　　　　——结构件　　　　　　　　　　　　　7 000

　　　　　　　——机械配件　　　　　　　　　　　　7 000

　　　　　　　——其他材料　　　　　　　　　　　　7 100

表 6-9　领发料单汇总表

2025 年 3 月 31 日　　　　　　　　　　　　单位：元

用　　途	材　　料				
	原料及主要材料	结构件	机械配件	其他材料	合计
合同履约成本——工程施工——A 工程	100 000	2 000	—	—	102 000
合同履约成本——工程施工——B 工程	60 000	5 000	—	—	65 000
辅助工程	30 000	—	1 700	—	31 700
机械作业	—	—	5 300	4 300	9 600
管理部门	—	—	—	2 800	2 800
合　　计	190 000	7 000	7 000	7 100	211 100

3. 材料采用计划成本法核算

材料按计划成本法核算时，材料的收发与结存，均按计划成本计价。应设置"材料采购""材料成本差异"会计科目。

购入材料时，按实际成本通过"材料采购"科目核算，材料的实际成本与计划成本的差异，通过"材料成本差异"科目核算。月末，计算本月发出材料应负担的成本差异并进行分摊。根据领用材料的用途计入相关资产的成本或当期损益，从而将发出材料的计划成本调整为实际成本，如图 6-4 所示。

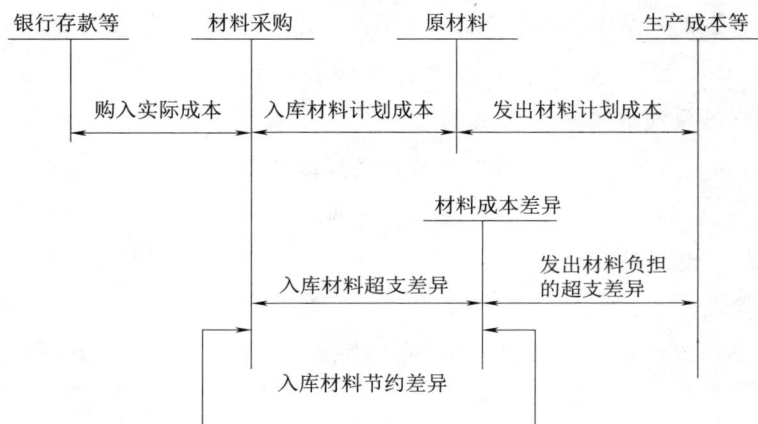

图 6-4　计划成本示意图

采用计划成本核算时的账务处理，见表 6-10。

表 6-10　采用计划成本核算时的账务处理

业务情形	账务处理
购入材料时，货款已经支付，同时材料验收入库	借：材料采购（实际成本） 　　应交税费——应交增值税（进项税额） 　贷：银行存款
按计划成本结转	借：原材料（计划成本） 　贷：材料采购（计划成本）
结转成本差异（超支差）	借：材料成本差异（超支差） 　贷：材料采购
结转成本差异（节约差）	借：材料采购 　贷：材料成本差异（节约差）
结转成本差异（节约差）	借：生产成本等 　贷：材料成本差异（超支差）
期末结转差异（节约差）	借：材料成本差异（节约差） 　贷：生产成本等

计划成本法下的购入核算，主要包括三个方面：一是反映物资采购成本的发生；二是按计划成本反映材料验收入库；三是结转入库材料成本差异。

【例 6-7】丽达公司从乙公司购入材料一批，增值税专用发票注明价款 20 000 元，增值税 2 600 元，丙公司代垫运费 200 元。企业收到物资并验收入库。计划成本 18 000 元，货款通过银行进行结算。

（1）支付货款时，根据发票、银行结算单据编制分录。

借：材料采购 20 200

  应交税费——应交增值税（进项税额） 2 600

  贷：银行存款 22 800

（2）材料入库时，根据收料单编制分录。

借：原材料 18 000

  材料成本差异 2 200

  贷：材料采购 20 200

计划成本法下，相关的计算公式为

本期材料成本差异率＝（期初材料成本差异＋本期入库材料成本差异）÷（期初原材料计划成本＋本期入库材料计划成本）×100%

本月发出材料应负担的成本差异＝本月发出材料的计划成本×材料成本差异率

本月发出材料的实际成本＝本月发出材料的计划成本＋本月发出材料应负担的成本差异

本月结存材料的实际成本＝本月结存材料的计划成本＋本月结存材料应负担的成本差异

本月结存材料的实际成本＝（月初结存材料的计划成本＋本月增加材料的计划成本－本月发出材料的计划成本）×（1＋材料成本差异率）

结存材料的计划成本＝期初计划成本＋本期入库计划成本－发出材料计划成本

①对于购入的材料只有在实际成本、计划成本已定并已验收入库的条件下计算购入材料的成本差异，材料成本差异的结转可在入库时结转，也可以在月末汇总时结转。

②材料成本差异率的计算中超支或借方余额用"正号"表示，节约或贷方余额用"负号"表示发出材料应承担的成本差异，始终计入材料成本差异

的贷方，只不过超支差异用蓝字表示，节约用红字表示，最终计入成本费用的材料还是实际成本。

【例6-8】月末，某企业财务部门根据领用材料的计划成本和应分摊的材料成本差异，合并编制"发料凭证汇总表"进行账务处理。发料凭证汇总见表6-11。

表6-11　发料凭证汇总表

项　　目	主要材料		结构件		机械配件		其他材料		合计	
	计划成本	差异率1%	计划成本	差异率2%	计划成本	差异率1.2%	计划成本	差异率1.5%	计划成本	差异额
合同履约成本——工程施工（A工程）	500 000	5 000	12 000	240	—	—	—	—	512 000	5 240
合同履约成本——工程施工（B工程）	40 000	400	7 000	140	—	—	—	—	47 000	540
辅助工程	15 000	150	—	—	—	—	—	—	15 000	150
机械作业	—	—	—	—	8 000	96	4 000	60	12 000	156
管理费用	—	—	—	—	—	—	9 000	135	9 000	135
合　　计	555 000	5 550	19 000	380	8 000	96	13 000	195	595 000	6 221

根据表6-11中的计划成本，编制会计分录如下。

借：合同履约成本——工程施工——A工程　　　　512 000
　　　　　　　　　——工程施工——B工程　　　　　47 000
　　　　　　　　　——工程施工——辅助工程　　　　15 000
　　机械作业　　　　　　　　　　　　　　　　　　12 000
　　管理费用　　　　　　　　　　　　　　　　　　　9 000
　　贷：原材料——主要材料　　　　　　　　　　　　　555 000
　　　　　　——结构件　　　　　　　　　　　　　　　19 000
　　　　　　——机械配件　　　　　　　　　　　　　　 8 000
　　　　　　——其他材料　　　　　　　　　　　　　　13 000

结转发出材料应负担的材料成本差异，编制会计分录如下。

借：合同履约成本——工程施工——A工程　　　　　　　5 240

　　　　　　　　　　——工程施工——B工程　　　　　　　540

　　　　　　　　　　——工程施工——辅助工程　　　　　　150

　　　机械作业　　　　　　　　　　　　　　　　　　　156

　　　管理费用　　　　　　　　　　　　　　　　　　　135

　　贷：材料成本差异——主要材料　　　　　　　　　5 550

　　　　　　　　　　——结构件　　　　　　　　　　　380

　　　　　　　　　　——机械配件　　　　　　　　　　　96

　　　　　　　　　　——其他材料　　　　　　　　　　195

▶▶ **4. 材料费的分配**

材料费的分配方法包括计量耗用量分配法和定额耗用量法。

（1）计量耗用量分配法计算公式为

$$某种材料费用分配率 = \frac{当期发出该种材料费用总额}{各受益对象计量耗用量之和}$$

某种成本对象应分配材料费＝该成本计算对象计量耗用量×该种材料费用分配率

（2）定额耗用量法分配公式为

各成本计算对象某种材料定额耗用数量＝各成本计算对象该种材料消耗定额×各成本计算对象实际产量

某种材料定额耗用量分配率＝当期发出该种材料实际用量总额÷所有成本计算对象该种材料定额用量之和

某种成本计算对象应负担的某种材料费＝该种材料定额耗用数×该种材料定额耗用量分配率×该种材料单价

【例 6-9】吉城建筑工程公司承包一项工程，某月发出中粗河沙、碎石共410 米^3，中粗河沙单价20 元，碎石单价40 元。已知主体工程实际耗用量1 400 米^3，定额耗用量1 200 米^3；配套工程实际耗用量1 200 米^3，定额耗用量1 000 米^3。材料耗用量计算单见表 6-12、表 6-13。

表 6-12　大堆材料耗用明细账

材料名称	计量单位	期初盘存量	本期进场量	期末盘存量	本期实际用量
中粗河沙	米^3	500	2 800	700	2 600
碎石	米^3	300	1 700	500	1 500

表 6-13 大堆材料耗用计算单

材料名称及规格	中粗河沙			碎石		
单位价格	20（元/米³）			40（元/米³）		
使用工程名称	定额耗用量（米³）	实际耗用量（米³）	金额（元）	定额耗用量（米³）	实际耗用量（米³）	金额（元）
主体工程	1 200	1 400	28 000	800	840	33 600
配套工程	1 000	1 200	24 000	400	660	26 400
合计	2 200	2 600	52 000	1 200	1 500	60 000

对于工程施工过程中的周转材料，若是租入的周转材料，按实际支付的租赁费直接记入各受益对象的"材料费"项目；对自用周转材料，记入"工程成本"或"材料费"项目。

月终，根据"领料单""定额领料单""退料单"等原始凭证编制"工程施工材料费用分配表"，计算各种材料的成本，见表 6-14。

表 6-14 工程施工材料费用分配表 单位：万元

工程成本计算对象	主要材料						结构件	其他材料	周转材料摊销	合计
	钢材	水泥	沙子	砾石	其他	合计				
主体工程	150	65	8	4.4	2	229.4	12	6.6	4	252
配套工程	140	34	5	2.8	1.5	183.3	7.7	3.0	1	195
合计	290	99	13	7.2	3.5	412.7	19.7	9.6	5	447

根据表 6-14，编制会计分录如下。

借：合同履约成本——××合同——主体工程——材料费

　　　　　　　　　　　　　　　　　　　　2 520 000

　　　　——××合同——配套工程——材料费

　　　　　　　　　　　　　　　　　　　　1 950 000

　贷：原材料——主要材料　　　　　　4 127 000

　　　　——结构件　　　　　　　　　　197 000

　　　　——其他材料　　　　　　　　　96 000

　　　　——周转材料摊销　　　　　　　50 000

如果采用计划成本核算材料费时，则借记"合同履约成本——××合同——材料费"，贷记"材料成本差异"。

▶▶ 5. 周转材料的核算与摊销

周转材料主要包括企业能够多次使用，逐渐转移其价值但仍保持原有形态不确认为固定资产的包装物和低值易耗品等，以及建筑承包企业的钢模板、木模板、脚手架和其他周转使用的材料等。

（1）建筑施工企业的周转材料主要包括以下项目：①模板，指浇灌混凝土使用的木模、组合钢模等，但按固定资产管理的固定钢模和现场使用固定大型钢模板不包括在内。②挡板，指土方工程使用的挡土板等，其中包括支撑材料。③架料，指搭脚手架用的竹竿、木杆、跳板、钢管脚手架及其附件等。④其他周转材料，如安全网、护栏、塔吊使用的轻轨、枕木等，但不包括属于塔吊的钢轨。

（2）周转材料科目的具体运用。

企业周转材料采用计划成本或实际成本核算的，包括包装物、低值易耗品等，可按照周转材料的种类，分别"在库""在用"和"摊销"进行明细核算。企业的包装物、低值易耗品，也可以单独设置"包装物""低值易耗品"科目。本科目期末借方余额，反映建筑施工企业在库周转材料的实际或计划成本，以及在用周转材料的摊余价值。周转材料会计科目编码的设置见表 6-15。

表 6-15　周转材料会计科目编码的设置

科目代码	总分类科目（一级科目）	明细分类科目		是否辅助核算	辅助核算类别
		二级明细科目	三级明细科目		
1411	周转材料	—	—	—	—
141101	周转材料	包装物	—	是	部门
14110101	周转材料	包装物	在库	是	部门
14110102	周转材料	包装物	在用	是	部门
14110103	周转材料	包装物	摊销	是	部门
141102	周转材料	低值易耗品	—	是	部门
14110201	周转材料	低值易耗品	在库	是	部门
14110202	周转材料	低值易耗品	在用	是	部门
14110203	周转材料	低值易耗品	摊销	是	部门
141103	周转材料	钢模板、木模板、脚手架等	—	是	部门
14110301	周转材料	钢模板、木模板、脚手架等	在库	是	部门
14110302	周转材料	钢模板、木模板、脚手架等	在用	是	部门
14110303	周转材料	钢模板、木模板、脚手架等	摊销	是	部门

（3）周转材料的摊销方法。周转材料可以采用一次转销法、分期摊销法、分次摊销法或定额摊销法进行摊销，计入相关资产的成本或当期损益。

①一次转销法。一般应限于易腐、易糟的周转材料，于领用时一次计入成本、费用。

②分期摊销法。根据周转材料的预计使用期限分期摊入成本、费用。

③分次摊销法。根据周转材料的预计使用次数摊入成本、费用。

④定额摊销法。根据实际完成的实物工作量和预算定额规定的周转材料消耗定额，计算确认本期摊入成本、费用的金额。

（4）周转材料账务处理

领用、摊销和退回周转材料时，应根据以下情况分别进行账务处理见表 6-16。

表 6-16　周转材料领用、摊销和退回账务处理

业 务 情 形		账 务 处 理
采用一次转销法	领用时，将其全部价值计入有关成本、费用	借：合同履约成本等 　贷：周转材料
采用其他摊销法	领用时	借：周转材料（在用） 　贷：周转材料（在库）
摊销时，按其全部价值		借：合同履约成本（摊销） 　贷：周转材料
退库时，按其全部价值		借：周转材料（在库） 　贷：周转材料（在用）

周转材料报废时，应根据以下情况分别进行账务处理见表 6-17。

表 6-17　周转材料报废账务处理

业 务 情 形	账 务 处 理
采用一次转销法	借：原材料等 　贷：合同履约成本等
采用其他摊销法，补提摊销额时	借：合同履约成本（摊销） 　贷：周转材料
报废周转材料残料价值	借：原材料等 　贷：合同履约成本等
计提摊销额	借：周转材料（摊销） 　贷：周转材料（在用）

采用计划成本核算的建筑施工企业，月度终了，应结转当月领用周转材

料应分摊的成本差异，通过"材料成本差异"科目，记入有关成本、费用科目。在用周转材料，以及使用部门退回仓库的周转材料，应当加强实物管理，并在备查簿上进行登记。

但在实际操作中，由于周转材料价值较小，一般企业均采用一次转销法进行摊销。

①购入低值易耗品时，借记"周转材料——低值易耗品"账户，贷记"银行存款""应付账款"等账户。

【例6-10】吉城建筑工程公司本月购进工具一批，增值税发票注明价款5 400元，增值税额702元，开出转账支票支付。网银转账凭证如图6-5所示。

中国工商银行

网上银行转账凭证（付款通知）

记账日期：2025 年 4 月 9 日　　检索号：25789

付款人户名：吉诚建筑工程公司　　　　付款人账号：110051744371015368

收款人户名：立帆设备有限公司　　　　收款人账号：7843151835541659215

金额：6 102 元

付款行名：深圳工商银行龙华支行

收款行名：惠州工商银行柳林街支行

用途：工具款

金融自助卡号：****　　　　　　　　　打印时间：***

银行验证码：***　　　　　　　　　　　打印方式：***

地区号：****　　　网点号：***　　　　柜员号：***

图 6-5　网银转账凭证

编制会计分录如下。

借：周转材料——低值易耗品　　　　　　　　　　　　　　5 400

　　应交税费——应交增值税（进项税额）　　　　　　　　 702

　　贷：银行存款　　　　　　　　　　　　　　　　　　　　　6 102

②领用低值易耗品时，借记"合同履约成本"或"管理费用"等账户，贷记"周转材料——低值易耗品"等账户。

【例6-11】2025 年 4 月 20 日，吉城建筑工程公司施工队领用工具一套，实际成本 980 元，管理部门领用办公用具 350 元，采用一次摊销法。材料出库单见表 6-18。

表 6-18　材料出库单

2025 年 4 月 20 日

类　　别	材料		
	生产工具（元）	办公用具（元）	合　　计
施工队	980	—	980
管理部门	—	350	350
合　　计	980	350	1 330

编制会计分录如下。

借：合同履约成本　　　　　　　　　　　　　　　　980

管理费用　　　　　　　　　　　　　　　　　　350

贷：周转材料——低值易耗品　　　　　　　　　　　　1 330

▶ 6. 燃料及动力费核算

燃料及动力费指机械在运转或施工作业中所耗用的企业自制或外购的固体燃料（如煤炭、木材）、液体燃料（汽油、柴油）、电力、水和风力等费用。

一般来讲，对于燃料及动力费的核算，需要把握以下几点。

（1）在燃料费用比重较大的情况下，应增设"燃料"二级账户，并将燃料费用单独进行分配。

（2）外购动力费用支出的处理方法。①外购动力费用的支出与分配，通过"应付账款"科目核算。一般情况下，费用支付日期往往是在每个月的下旬，而分配日往往会在月末。在这种情况下，当支付日期不固定且发生费用不均衡，支出的费用数与分配的费用数会出现不一致。为了正确核算外购动力费用，就需要通过"应付账款"科目进行核算。②在支付动力费用时一并分配费用，直接计入成本、费用处理。如果每月支付动力费用日期基本固定，而且每月付款日到月末的应付动力费用相差不多，则可不通过"应付账款"科目核算，直接计入成本、费用。

（3）外购动力费用分配的核算。①对于有仪器仪表记录的，按耗用数量和外购动力单价计算；对于没有仪器仪表记录的产品、车间或部门，按一定的分配标准计算分配。其分配标准有：生产工时、机器功率时数、定额消耗量等。②外购动力费用分配，是通过编制"外购动力费用分配表"进行的。

【例 6-12】2025 年 3 月，某建筑公司承担某省高速公路 D 标段的隧道、桥梁施工，施工过程中发生机械耗用的油料费 26 176 元，其中自卸车油料费 7 680 元，装载机 8 860 元，搅拌机 986 元，小型机械 8 650 元。根据以上经济业务编制会计处理分录如下。

借：机械作业——自卸车（燃料及动力）　　　　　　　7 680
　　　　　——中型机械（燃料及动力）（8 860＋986）9 846
　　　　　——小型机械（燃料及动力）　　　　　　　8 650
　　贷：原材料——燃料　　　　　　　　　　　　　　　　26 176

【例 6-13】2025 年 1 月，某建筑公司承担江城一期工程、江城二期工程共同耗用外购动力费 8 850 元，其中一期耗用 5 350 元，二期耗用 3 500 元。根据以上经济业务，编制会计分录如下。

借：生产成本——基本生产成本——江城一期（燃料及动力）
　　　　　　　　　　　　　　　　　　　　　　　5 350
　　　　　——基本生产成本——江城二期（燃料及动力）
　　　　　　　　　　　　　　　　　　　　　　　3 500
　　贷：原材料——燃料　　　　　　　　　　　　　　8 850

6.2.3　施工机具使用费的归集与分配

▶▶ **1. 施工机械使用费的归集**

企业工程成本中的施工机械使用费包括工程施工过程中使用自有施工机械发生的机械使用费和租用外单位施工机械发生的租赁费，以及施工机械的安装、拆卸和进出场费。

（1）"机械作业"账户，属于成本类账户，主要是针对建筑施工企业有单独的设备管理部门为各项目提供设备发生的费用及内部结算的台班的核算。"机械作业"账户相当于制造业的"辅助生产成本"账户，用来核算施工企业及其内部独立核算的施工单位、机械站和运输队使用自有施工机械和运输设备进行机械作业所发生的各项费用。施工企业及其内部独立核算的施工单位，从外单位或本企业其他内部独立核算的机械站租入施工机械，按照规定的台班费定额支付的机械租赁费，直接记入"合同履约成本——工程施工"科目，不通过本科目核算。本科目应按成本核算对象和成本项目进行归集。一般分为：人工费、燃料及动力费、折旧及修理费、其他直接费、间接费用（为组织和管理机械作业生产所发生的费用）。在月份终了时，机械作业科目一般应无余额，见表6-19。

表6-19 机械作业会计科目编码的设置

科目代码	总分类科目 （一级科目）	明细分类科目		是否辅助 核算	辅助核算
		二级明细科目	三级明细科目		
5403	机械作业	—	—	—	—
540301	机械作业	工资及附加	人工费	是	部门/设备核算
540302	机械作业	燃料及动力	燃料及动力费	是	部门/设备核算
540304	机械作业	折旧费	折旧及修理费	是	部门/设备核算
540305	机械作业	配件及修理费	其他直接费	是	部门/设备核算
540306	机械作业	间接费用	其他间接费用	是	部门/设备核算

机械作业账务处理，如图6-6所示。

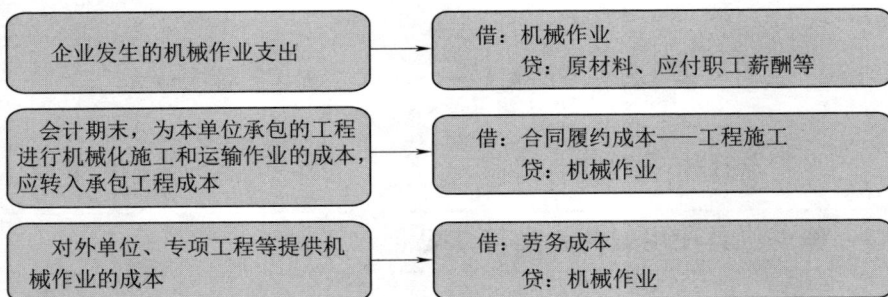

图6-6 机械作业的账务处理

（2）自有机械使用费的核算。为了反映施工单位自有施工机械和运输设备进行机械作业所发生的各项费用，应通过"机械作业"账户进行核算，按照机组或单机设置明细分类账。具体账务处理见表6-20。

表6-20 自有机械使用费的账务处理

业务情形	账务处理
发生有关费用时	借：机械作业 贷：原材料/应付职工薪酬/递延资产/累计折旧/银行存款
月末按有关受益对象	借：合约履约成本 贷：机械作业

▶▶ 2. 施工机械使用费的分配

为了考核施工机械的使用情况和正确分配有关费用，施工企业的随机人员还必须逐日填写"机械使用记录"，月终再由机械管理部门汇总编制"机械使用月报"，以便了解使用机械的名称、运转台班、停置台班及其原因等重要情况。每月月末，财务部门应根据"机械作业明细账"和"机械使用月报"等资料，编制"机械使用费分配表"。一般情况下，分配机械作业费的方法主要有台班分配法、预算分配法和作业量法。

（1）台班分配法，是按照各工程使用施工机械的台班数进行分配。实际上，台班分配法适用于按单机或机组进行成本核算的施工机械。计算公式为

机械台班单位成本＝该机械本月实际费用总额÷该机械本月实际工作台班总数

某项工程应分配的某种机械使用费＝某项工程实际使用机械台班数×该机械台班单位成本

台班分配法的依据主要是机械设备的实际工作台班数。

【例6-14】昌盛建筑公司项目部自有挖掘机一台，本月实际发生的机械作业成本总额48 000元，本月实际工作50个台班，其中A项目工作30个台班，B项目工作20个台班。

计算挖掘机台班分配率：

挖掘机台班分配率＝48 000÷50＝960（元/台班）

计算各项目应分配的机械使用费：

A项目应分配的机械使用费＝960×30＝28 800（元）

B项目应分配的机械使用费＝960×20＝19 200（元）

根据计算结果，编制会计分录如下。

借：合同履约成本——工程施工——A项目　　　　28 800
　　　　　　　　——工程施工——B项目　　　　19 200
　　贷：机械作业　　　　　　　　　　　　　　　　48 000

（2）预算分配法，是按实际发生的机械作业费用占预算定额规定的机械使用费的比率进行分配的方法。预算分配法适用于不便于计算机械使用台班、无机械台班和台班单价预算定额的中小型施工机械。计算公式为

本期机械分配率＝本期发生的机械使用费总额÷本期各成本计算对象已完工工程预算机械使用费之和

【例6-15】诚达建筑工程公司第一项目部承建甲、乙两个工程，共同发生机械使用费108 000元。甲工程预算机械使用费60 000元，乙工程预算机械使用费40 000元。

采用预算成本分配法，计算如下。

机械使用费分配率＝108 000÷（60 000＋40 000）＝1.08

甲工程负担机械使用费＝60 000×1.08＝64 800（元）

乙工程负担的机械使用费＝40 000×1.08＝43 200（元）

根据计算结果，编制会计分录如下。

借：合同履约成本——工程施工——合同成本——甲工程（机械使用费）

　　　　　　　　　　　　　　　　64 800

　　　　——工程施工——合同成本——乙工程（机械使用费）

　　　　　　　　　　　　　　　　43 200

　　贷：机械作业　　　　　　　　　108 000

（3）作业量法，是以各种机械所完成的作业量为基础进行分配的方法。作业量分配法适用于能计算完成作业量的单台或某类机械。计算公式为

某种（类）设备单位产量分配率＝本期该种类设备发生费用总额÷本期该种类设备作业总产量

【例6-16】方兴建筑公司本月租用搅拌机设备一批，共支付费用550 000元，当期完成工作量10 000米^3，其中商品房工程4 500米^3，送暖中心工程5 500米^3。

采用作业产量分配法计算如下。

搅拌机单位产量分配率＝550 000÷10 000＝55（元/米^3）

商品房工程应负担设备费＝4 500×55＝247 500（元）

送暖中心工程应负担设备费＝5 500×55＝302 500（元）

根据计算结果，编制会计分录如下。

借：合同履约成本——工程施工——合同成本——商品房（机械使用费）

　　　　　　　　　　　　　　　　67 500

　　　　——工程施工——合同成本——送暖中心（机械使用费）

　　　　　　　　　　　　　　　　82 500

　　贷：机械作业　　　　　　　　　550 000

▶▶ 3. 租用施工机械和运输设备的核算

对于租入的施工机械所支付的租赁费，能够分清成本计算对象的，直接计入有关工程成本；分不清成本计算对象的，应按照各个成本计算对象所耗用租赁机械的台班数，分配计入有关成本计算对象，借记"合同履约成

本——某工程"账户，贷记"银行存款"或"应付账款"账户。

【例 6-17】某建筑公司从外单位租入吊车一台进行望江小区工程项目，按照规定的台班费定额，根据"机械租赁结算账单"以银行存款支付租赁费 30 000 元，根据以上经济业务，编制会计分灵如下。

借：合同履约成本——望江小区项目   30 000
  贷：银行存款   30 000

▶▶ 4. 施工机械的安装、拆卸和进出场费的核算

施工机械安装、拆卸及进出场费，是指机械在施工现场进行安装、拆卸与搬运所需的工费、材料费、机具费和试运转费用，辅助设施（基础、底座、固定锚桩、走行轨道、枕木等）的搭拆与折旧费用，机械整体或解体分件自停置地点到施工现场或由一工地至另一工地的进出场运输转移、装卸、辅助材料等有关费用。

一般来讲，定额中的大型机械进出场费主要包括如下机械：桩工机械（柴油打桩机、静力压桩机、沉拔桩机、强夯机械、震动汽车式钻机、转盘钻孔机）；土石方与筑路设备（推土机、铲运机、平地机、装载机、拖拉机、挖掘机、搅拌机、铺摊机、压路机）；起重机设备；建筑水平垂直运输设备（卷扬机、塔式起重机、塔吊、施工电梯等）。

事实上，对于一般施工机械，在施工机械使用费的（台班费）构成中是包括安拆费及场外运费的，基本计算方法是：分别按不同机械、型号、重量、外形、体积、安拆和运输方法，通过测算其工料，机械的耗用量后综合计算取得。除地下工程机械外，一般均按年平均 4 次运输，运距平均 25 千米以内考虑。其计算公式为

台班安拆费＝机械一次安拆费×年平均安拆次数÷年工作台班＋辅助设施摊销费

辅助设施摊销费＝辅助设施一次费用×（1－残值率）÷辅助设施耐用台班

台班场外运费＝（一次运输及装卸费＋辅助材料一次摊销费＋一次架线费）×年平均场外运输次数÷年工作台班

建筑施工企业按照规定支付的施工机械安装、拆卸和进出场费，根据实际情况，摊销计入或一次计入受益成本核算对象的机械使用费项目。

【例 6-18】某建筑公司第一工区本期支付施工机械安装及拆卸费 2 000 元，进出场费 2 500 元。其中甲工程负担 3 000 元，乙工程负担 1 500 元。编制会计分录如下。

借：合同履约成本——合同成本——甲工程（机械使用费） 3 000

　　　　　　——合同成本——乙工程（机械使用费） 1 500

贷：银行存款　　　　　　　　　　　　　　　　　　　 4 500

　　需要说明的是，对于中型机械的机械使用费的核算，也可不分机械种类进行。在这种情况下，对于各项工程应分配的机械使用费，可在月终根据机械使用月报中各种机械的工作台时合计分别乘该种机械台时费计划数，求得当月按各种机械台时费计划数计算的机械使用费合计，然后与当月实际发生的机械使用费合计数比较，求得机械使用费实际数对按台时费计划数的百分比，再对各项工程按台时费计划数计算的机械使用费进行调整。

6.2.4　企业施工管理费的归集与分配

　　所谓企业施工管理费核算，是指为组织和管理建筑安装施工所发生的各项经营管理费用。一般情况下，施工企业向建设单位收取的建筑安装工程价款中，包括按规定收取的施工管理费。各种建筑安装工程、市政工程，还有某些分项工程（如构件制作、运输及安装、桩基础、装修、独立土石方工程、房屋修缮工程）均可按定额规定计收施工管理费。建筑施工企业及其内部独立核算的施工单位收取的施工管理费，在"工程结算"账户核算，实际发生的施工管理费，在"管理费用"账户核算归集。

　　【例 6-19】某建筑施工公司同时进行甲、乙两个土建工程的施工，本月"合同履约成本——工程施工——间接费用"账户归集的间接费为 60 000 元，本月甲工程发生的直接费为 110 000 元，乙工程发生的直接费为 100 000 元。

　　各工程应负担的间接费用计算如下：

　　间接费用分配率＝60 000÷（110 000＋100 000）×100％＝28.57％

　　甲工程应负担的间接费＝110 000×28.57％＝31 427（元）

　　乙工程应负担的间接费＝60 000－31 427＝28 573（元）

　　企业应编制"间接费用分配表"，作为分配间接费用的核算依据。"间接费用分配表"的格式见表 6-21。

表 6-21　间接费用分配表

2025 年 1 月

受益对象	分配标准（元）	分配率（%）	分配金额（元）
甲工程	110 000	28.57	31 427
乙工程	100 000	28.57	28 573
合　计	210 000	—	60 000

根据表 6-21，编制会计分录如下。

借：合同履约成本——工程施工——甲工程（间接费用）　　31 427
　　　　　　　　——工程施工——乙工程（间接费用）　　28 573
　　贷：合同履约成本——施工间接费用　　　　　　　　　　　　　　60 000

6.2.5　其他直接费的归集与分配

其他直接费是指不包括在人工费、材料费、机械使用费等其他各种直接费用。

▶ **1. 核算范围**

建筑施工企业在施工现场发生的其他直接费主要内容如下：

（1）施工过程中耗用的水、电、风、蒸汽费。

（2）材料二次搬运费。因施工场地狭小等特殊情况而发生的材料二次倒运支出的费用。

（3）冬雨季施工增加费。在冬季、雨季施工期间，为了确保工程质量，采取保温、防雨措施所增加的材料费、人工费和设施费用，以及因工效和机械作业效率降低所增加的费用。具体来讲，冬雨季施工增加费主要包括以下几点：因冬雨季施工所需增加的一切人工、机械与材料的支出；施工机具所需修建暖棚（包括拆、移），增加油脂及其他保温防雨设备；因施工组织设计确定，需增加的一切保温、加温及照明防雨等有关支出；与冬、雨季施工有关的其他各项费用，如清除工作地点的冰雪等费用。

（4）夜间施工增加费。为确保工期和工程质量，需要在夜间连续施工或在白天施工须增加照明设施（如在炉窑、烟囱、地下室等处施工）及发放夜餐补助等发生的费用。

（5）仪器仪表使用费。通信、电子等设备安装工程所需安装测试仪器、仪表的摊销及维修费用。

（6）生产工具用具使用费。施工、生产所需的不属于固定资产的生产工具和检验、试验用具等的摊销费和维修费，以及支付给工人自备工具的补贴费。

（7）特殊工程培训费。在承担某些特殊工程、新型建筑施工任务时，根据技术规范要求对某些特殊工种的培训费。

（8）特殊地区施工增加费。铁路、公路、通信、输电、长距离输送管道等工程在原始森林、高原、沙漠等特殊地区施工增加的费用。

▶ 2. 其他直接费的核算

事实上，其他直接费是工程直接费用的组成部分。在计算建筑安装工程造价时，按规定的取费率计算，也可直接计入预算定额分项中，但不得重复计算。在实际工作中，其他直接费中的一些费用很难与施工生产中发生的正常的人工费、材料费区分清楚，可按照费率计算，计入"人工费""材料费"等成本项目内核算。为了使实际成本与预算定额的口径一致，在编制成本报表时，应将预算成本的成本项目按照要求进行调整。

其他直接费计算公式为

其他直接费分配率＝其他直接费总额÷各单项工程直接费总额或完工产值

某单项工程应分配的其他直接费＝其他直接费总额÷各单项工程直接费总额或完工产值×该单项工程直接费或完工产值

能直接分清楚各受益对象的，编制会计分录如下。

借：合同履约成本——合同成本——××项目——其他直接费

　　贷：银行存款、应付账款等

有多个受益对象的，编制会计分录如下。

借：合同履约成本——合同成本——××项目——其他直接费

　　贷：合同履约成本——待分配直接费

建筑施工企业在"合同履约成本"账户归集实际发生的其他直接费。

其他直接费的账务处理见表 6-22。

表 6-22　其他直接费用的账务处理

财务情形	账务处理
小型工具用具如以租赁方式取得，付款时根据工具用具结算单、收据	借：合同履约成本——其他直接费 　　贷：银行存款
小型工具用具若是一次性摊销的，根据工具用具领用报表	借：合同履约成本——其他直接费 　　贷：原材料——工具用具
以现金形式发放给职工承包使用，不发实物，根据发放单	借：合同履约成本——其他直接费 　　贷：银行存款或应付账款
工程水电费按水表、电表实际使用量和预算单价计算，如现场没有水表、电表的，则按定额计算、编制水电费耗用表	借：合同履约成本——其他直接费 　　贷：其他应付款——水电费
其他费用在支付时，根据发票、合同等	借：合同履约成本——其他直接费 　　贷：银行存款或应付职工薪酬
临时设施的核算，按工期分期摊入成本	借：合同履约成本——其他直接费用 　　贷：临时设施摊销

【例6-20】 2025年3月，某建筑公司承担某高速公路A标段的隧道、桥梁施工，领用生产工具16 401.60元，按生产工日进行分配；检验试验费11 200元、场地清理费13 200元，按工料成本比例分配。根据上述资料和施工统计资料编制"其他直接费分配表"，见表6-23。

表6-23 其他直接费分配表

2025年3月31日 单位：元

核算对象	工具用具		检验试验费		场地清理费	
	耗用工时	分配金额	工料成本	分配金额	工料成本	分配金额
隧道工程	2 412	9 840.96	1 554 425.22	7 305.80	1 554 425.22	8 549.34
桥梁工程	1 608	6 560.64	846 958.40	3 894.20	846 958.40	4 650.66
合　计	4 020	16 401.60	2 401 383.62	11 200	2 401 383.62	13 200

根据"其他直接费分配表"进行会计处理。

（1）分配工具用具使用费，编制会计分录如下。

借：合同履约成本——合同成本（隧道，其他直接费）

　　　　　　　　　　　　　　　　　　9 840.96

　　　——合同成本（桥梁，其他直接费）

　　　　　　　　　　　　　　　　　　6 560.64

　　贷：周转材料——低值易耗品　　　16 401.60

（2）分配检验试验费，编制会计分录如下。

借：合同履约成本——合同成本（隧道，其他直接费）

　　　　　　　　　　　　　　　　　　7 305.80

　　　——合同成本（桥梁，其他直接费）

　　　　　　　　　　　　　　　　　　3 894.20

　　贷：银行存款　　　　　　　　　　11 200

（3）分配场地清理费，编制会计分录如下。

借：合同履约成本——合同成本（隧道，其他直接费）

　　　　　　　　　　　　　　　　　　8 549.34

　　　——合同成本（桥梁，其他直接费）

　　　　　　　　　　　　　　　　　　4 650.66

　　贷：银行存款　　　　　　　　　　13 200

【例 6-21】 2025 年 1 月，某施工公司在修建某大桥时因施工场地狭窄，砂石需要二次搬运，发生搬运费 5 000 元；为大桥混凝土试件发生试验费 2 000 元，领用生产工具 5 000 元（经统计隧道应摊销 2 000 元，路基 1 500 元，大桥 1 500 元）。编制会计分录如下。

借：合同履约成本——合同成本（大桥工程，其他直接费）

                         5 000

    贷：应付职工薪酬   5 000

借：合同履约成本——合同成本（大桥工程，其他直接费）

                          2 000

    贷：银行存款   2 000

借：合同履约成本——合同成本（隧道工程，其他直接费）

                          2 000

         ——合同成本（路基工程，其他直接费）

                          1 500

         ——合同成本（大桥工程，其他直接费）

                          1 500

    贷：周转材料——低值易耗品   5 000

6.3　工程结算

《企业会计准则第 15 号——建造合同》通过设置"工程施工"会计科目归集相关工程成本。该准则取消也意味着"工程施工"科目也取消了。因此，需要增加一个成本归集项目"合同履约成本"会计科目，用来归集工程施工及服务成本。"合同履约成本"在确认收入、结转营业成本时，借记"主营业务成本"，贷记"合同履约成本"，与结转库存商品类似。同时，与存货一样，"合同履约成本"也会发生减值，减值的计算与存货成本与可变现净值孰低类似。"合同履约成本"的减值可以转回。

6.3.1　工程结算核算范围

建筑施工企业的工程工期一般都比较长，根据合同的履约进度向业主开出工程价款结算单时一般还不具备收入确认的条件，因此不像一般企业那样直接借记"应收账款"，贷记"主营业务收入"科目进行核算，而是把"合同结算"科目作为"主营业务收入"的过渡替代科目进行核算，反映在资产负债表上。除了上述会计科目外，还涉及主营业务成本、其他业务成本等。

6.3.2 收入与成本类科目设置

▶ **1. 收入类科目设置**

收入类科目主要有"主营业务收入""其他业务收入"等。

（1）"主营业务收入"科目。该科目核算企业确认的销售商品、提供服务等主营业务的收入。"主营业务收入"科目可按主营业务的种类进行明细核算。"主营业务收入"会计科目编码的设置见表6-24。

表6-24 主营业务收入会计科目的编码设置

科目代码	总分类科目（一级科目）	明细分类科目		是否辅助核算	辅助核算类别
		二级明细科目	三级明细科目		
6001	主营业务收入	—	—	—	—
600101	主营业务收入	工程款	种类	是	债务人名称
600102	主营业务收入	服务收入	种类	是	债务人名称

主营业务收入的主要账务处理如图6-7所示。

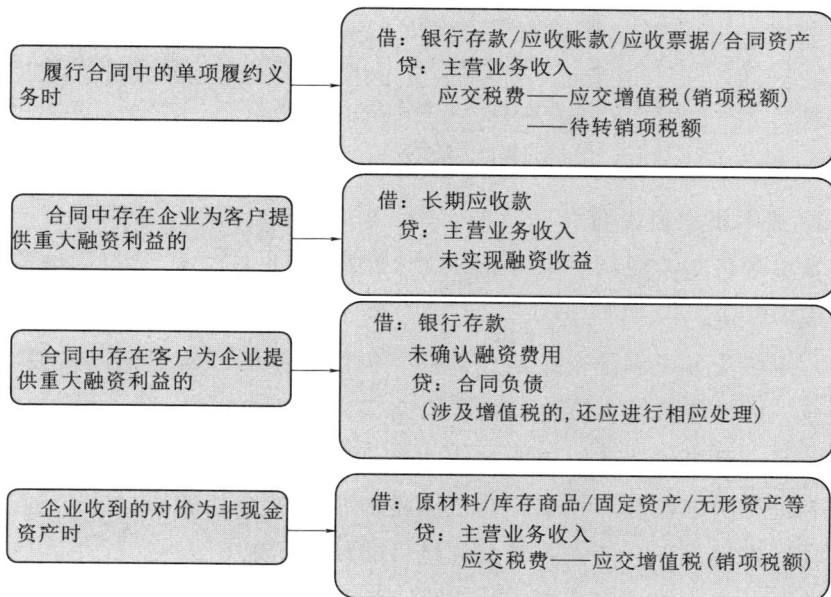

图6-7 主营业务收入的主要账务处理

（2）"其他业务收入"科目。该科目核算企业确认的除主营业务活动以外的其他经营活动实现的收入，包括出租固定资产、出租无形资产、出租包装物和商品、销售材料、用材料进行非货币性资产交换（非货币性资产交换具有商业实质且公允价值能够可靠计量）或债务重组等实现的收入。该科目可按其他业务的种类进行明细核算。期末，应将本科目的余额转入"本年利润"科目，结转后本科目应无余额。

企业确认其他业务收入的主要账务处理参见"主营业务收入"科目（图 6-7）。

其他业务收入会计科目编码的设置见表 6-25。

表 6-25　其他业务收入会计科目编码的设置

科目代码	总分类科目（一级科目）	明细分类科目		是否辅助核算	辅助核算类别
		二级明细科目	三级明细科目		
6501	其他业务收入	—	—	—	—
650101	其他业务收入	材料销售收入	种类	是	债务人名称
650102	其他业务收入	出租包装物收入	种类	是	债务人名称
650103	其他业务收入	租金收入	种类	是	债务人名称
650104	其他业务收入	提供技术服务收入	种类	是	债务人名称
650105	其他业务收入	投资性房地产租赁收入	种类	是	债务人名称
650106	其他业务收入	固定资产出租收入	种类	是	债务人名称

▶▶ 2. 成本类科目设置

成本类科目主要包括"主营业务成本""其他业务成本""合同结算""合同履约成本"等。

（1）主营业务成本是企业销售商品、提供劳务等日常性活动所发生的成本。企业一般在确认销售商品、提供劳务等主营业务收入时，或在月末，将已销售商品、已提供劳务的成本转入主营业务成本。主营业务成本按主营业务的种类进行明细核算，期末，将主营业务成本的余额转入"本年利润"科目，结转后本科目无余额。主营业务科目的设置见表 6-26。

主营业务成本账户属于损益类账户，核算建筑施工企业的工程合同费用。

成本类账务处理如图 6-8 所示。

表 6-26　主营业务成本会计科目编码的设置

科目代码	总分类科目（一级科目）	明细分类科目		是否辅助核算	辅助核算类别
		二级明细科目	三级明细科目		
6401	主营业务成本	—	—	—	—
640101	主营业务成本	销售货物成本	按种类设置	是	部门
640102	主营业务成本	提供劳务成本	按种类设置	是	部门
640103	主营业务成本	让渡资产使用权	按种类设置	是	部门
640104	主营业务成本	建造合同成本	按种类设置	是	部门
640105	主营业务成本	其他	按种类设置	是	部门

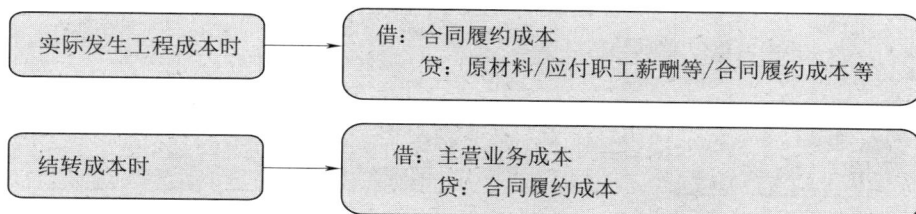

实际发生工程成本时	→	借：合同履约成本 贷：原材料/应付职工薪酬等/合同履约成本等
结转成本时	→	借：主营业务成本 贷：合同履约成本

图 6-8　成本类的账务处理

（2）其他业务成本是企业确认的除主营业务活动以外的其他经营活动所发生的支出。其他业务成本包括销售材料的成本、出租固定资产的折旧额、出租无形资产的摊销额、出租包装物的成本或摊销额等。

采用成本模式计量投资性房地产的，其投资性房地产计提的折旧额或摊销额，也通过本科目核算。本科目可按其他业务成本的种类进行明细核算。其他业务成本会计科目编码的设置见表 6-27。

表 6-27　其他业务成本会计科目编码的设置

科目代码	总分类科目（一级科目）	明细分类科目		是否辅助核算	辅助核算类别
		二级明细科目	三级明细科目		
6402	其他业务成本	—	—	—	部门
640201	其他业务成本	材料销售成本	种类	是	部门
640202	其他业务成本	代购代销费用	种类	是	部门
640203	其他业务成本	出租固定资产的折旧额	种类	是	部门
640204	其他业务成本	出租无形资产的摊销额	种类	是	部门
640205	其他业务成本	投资性房地产	种类	是	部门

企业应通过"其他业务成本"科目，核算其他业务成本的确认和结转情况。"其他业务成本"账户下应按照其他业务的种类设置明细账，进行明细核算。期末，应将本账户的余额转入"本年利润"账户，结转后本账户应无余额。其他业务成本账务处理如图 6-9 所示。

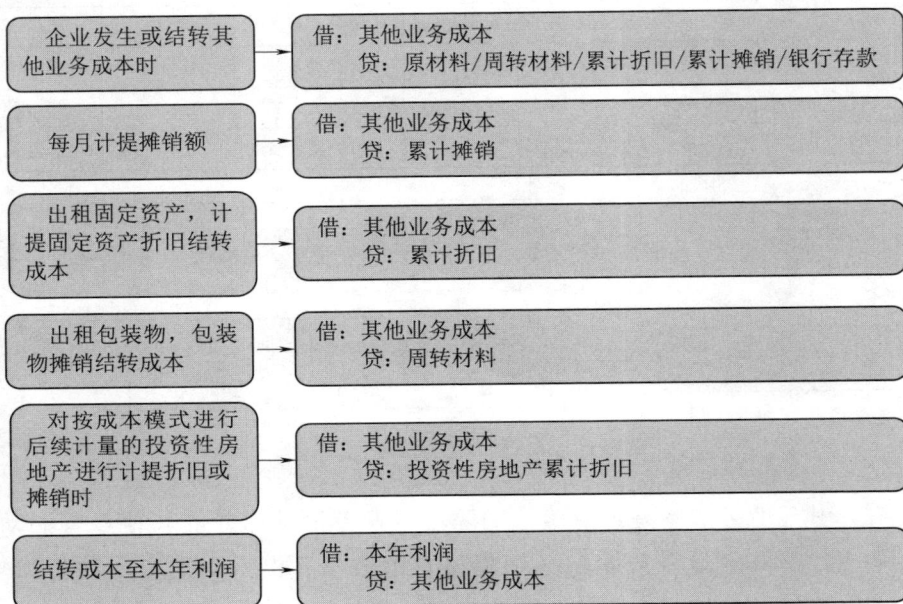

图 6-9　其他业务成本账务处理

（3）合同结算。建筑施工企业可以设置"合同结算"科目（或其他类似科目），以核算同一合同下属于在某一时段内履行履约义务涉及与客户结算对价的合同资产或合同负债，并在此科目下设置"合同结算——价款结算"科目反映定期与客户进行结算的金额，设置"合同结算——收入结转"科目反映按履约进度结转的收入金额。资产负债表日，"合同结算"科目的期末余额在借方的，根据其流动性，在资产负债表中分别列示为"合同资产"或"其他非流动资产"项目；期末余额在贷方的，根据其流动性，在资产负债表中分别列示为"合同负债"或"其他非流动负债"项目。合同结算账务处理如图 6-10 所示。

"合同结算"账户应按工程施工合同设置明细账，进行明细核算。合同结算会计科目编码的设置见表 6-28。

向业主开出工程价款结算单办理结算时 → 借：应收账款
　　贷：合同结算——收入结转
　　　　应交税费——应交增值税（销项税额）

工程完工后 → 借：合同结算——收入结转
　　贷：主营业务收入

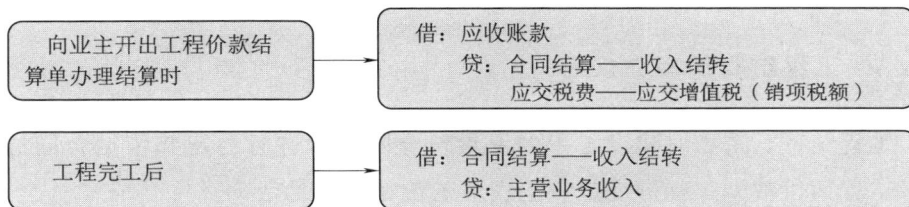

图 6-10　合同结算账务处理

表 6-28　合同结算会计科目编码的设置

科目代码	总分类科目（一级科目)	明细分类科目		是否辅助核算	辅助核算类别
		二级明细科目	三级明细科目		
5402	合同结算	—	—	—	—
540201	合同结算	施工合同	原材料	是	项目
540202	合同结算	施工合同	工资	是	项目
540203	合同结算	施工合同	安装费	是	项目
540204	合同结算	施工合同	其他	是	项目

（4）"合同履约成本"会计科目编码的设置见表 6-29。

表 6-29　合同履约成本会计科目编码的设置

总分类科目（一级科目)	明细分类科目			是否辅助核算	辅助核算类别
	二级明细科目	三级明细科目	四级明细科目		
合同履约成本	××合同	—	—	—	—
合同履约成本	××合同	人工费	—	是	项目/部门
合同履约成本	××合同	材料费	—	是	项目/部门
合同履约成本	××合同	机械使用费	—	是	项目/部门
合同履约成本	××合同	其他直接费	—	是	项目/部门
合同履约成本	××合同	分包成本	—	是	项目/部门
合同履约成本	××合同	间接费用	—	是	项目/部门
合同履约成本	××合同	间接费用	管理人员工资	是	项目/部门
合同履约成本	××合同	间接费用	固定资产使用费	是	项目/部门
合同履约成本	××合同	间接费用	工程保修费	是	项目/部门
合同履约成本	××合同	间接费用	检验试验费	是	项目/部门
合同履约成本	××合同	间接费用	取暖费	是	项目/部门
合同履约成本	××合同	间接费用	材料物资盘亏及毁损	是	项目/部门
合同履约成本	××合同毛利	—	—	是	项目/部门

6.3.3　工程结算的相关规定

工程结算，是指对建设工程的发承包合同价款进行约定和依据合同约定进行工程预付款、工程进度款、工程竣工价款结算的活动。

▶ 1. 工程价款结算要求

发包人、承包人应当在合同条款中对涉及工程价款结算的下列事项进行约定：

（1）预付工程款的数额、支付时限及抵扣方式。

（2）工程进度款的支付方式、数额及时限。

（3）工程施工中发生变更时，工程价款的调整方法、索赔方式、时限要求及金额支付方式。

（4）发生工程价款纠纷的解决方法。

（5）约定承担风险的范围及幅度，以及超出约定范围和幅度的调整办法。

（6）工程竣工价款的结算与支付方式、数额及时限。

（7）工程质量保证（保修）金的数额、预扣方式及时限。

（8）安全措施和意外伤害保险费用。

（9）工期及工期提前或延后的奖惩办法。

（10）与履行合同、支付价款相关的担保事项。

发、承包人在签订合同时对于工程价款的约定，可选用下列一种约定方式：

（1）固定总价。合同工期较短且工程合同总价较低的工程，可以采用固定总价合同方式。

（2）固定单价。双方在合同中约定综合单价包含的风险范围和风险费用的计算方法，在约定的风险范围内综合单价不再调整。风险范围以外的综合单价调整方法，应当在合同中约定。

（3）可调价格。可调价格包括可调综合单价和措施费等，双方应在合同中约定综合单价和措施费的调整方法，调整因素包括：法律、行政法规和国家有关政策变化影响合同价款；工程造价管理机构的价格调整；经批准的设计变更；发包人更改经审定批准的施工组织设计（修正错误除外）造成费用增加；双方约定的其他因素。

需要注意的是，当年开工、当年不能竣工的新开工项目可以推行过程结算。

发、承包双方通过合同约定，将施工过程按时间或进度节点划分施工周期，对周期内已完成且无争议的工程量（含变更、签证、索赔等）进行价款计算、确认和支付，支付金额不得超出已完工部分对应的批复概（预）算。经双方确认的过程结算文件作为竣工结算文件的组成部分，竣工后原则上不再重复审核。

▶▶ **2. 工程进度款的结算方式**

工程进度款结算方式以下：

（1）按月结算与支付，指实行按月支付进度款，竣工后清算的办法。合同工期在两个年度以上的工程，在年终进行工程盘点，办理年度结算。

（2）分段结算与支付，指当年开工、当年不能竣工的工程按照工程形象进度，划分不同阶段支付工程进度款。具体划分方式应在合同中明确。

根据确定的工程计量结果，承包人向发包人提出支付工程进度款申请，14 天内，发包人应按不低于工程价款的 60%，不高于工程价款的 90% 向承包人支付工程进度款。按约定时间发包人应扣回的预付款，与工程进度款同期结算抵扣。

需要注意的是，政府机关、事业单位、国有企业建设工程进度款支付应不低于已完成工程价款的 80%；同时，在确保不超出工程总概（预）算以及工程决（结）算工作顺利开展的前提下，除按合同约定保留不超过工程价款总额 3% 的质量保证金外，进度款支付比例可由发、承包双方根据项目实际情况自行确定。在结算过程中，若发生进度款支付超出实际已完成工程价款的情况，承包单位应按规定在结算后 30 日内向发包单位返还多收到的工程进度款。

发包人超过约定的支付时间不支付工程进度款，承包人应及时向发包人发出要求付款的通知，发包人收到承包人通知后仍不能按要求付款，可与承包人协商签订延期付款协议，经承包人同意后可延期支付，协议应明确延期支付的时间和从工程计量结果确认后第 15 天起计算应付款的利息（利率按同期银行贷款利率计）。

发包人不按合同约定支付工程进度款，双方又未达成延期付款协议，导致施工无法进行，承包人可停止施工，由发包人承担违约责任。

▶▶ **3. 工程竣工价款结算**

工程完工后，双方应按照约定的合同价款及合同价款调整内容以及索赔事项，进行工程竣工结算。

（1）工程竣工结算方式。工程竣工结算分为单位工程竣工结算、单项工程竣工结算和建设项目竣工总结算。

（2）工程竣工结算编审。单位工程竣工结算由承包人编制，发包人审查；实行总承包的工程，由具体承包人编制，在总包人审查的基础上，发包人审查。单项工程竣工结算或建设项目竣工总结算由总（承）包人编制，发包人可直接进行审查，也可以委托具有相应资质的工程造价咨询机构进行审查。政府投资项目，由同级财政部门审查。单项工程竣工结算或建设项目竣工总结算经发、承包人签字盖章后有效。

承包人应在合同约定期限内完成项目竣工结算编制工作，未在规定期限内完成的并且提不出正当理由延期的，责任自负发包人收到承包人递交的竣工结算报告及完整的结算资料后，应按规定的期限（合同约定有期限的，从其约定）进行核实，给予确认或者提出修改意见。发包人根据确认的竣工结算报告向承包人支付工程竣工结算价款，保留 5% 左右的质量保证（保修）金，待工程交付使用一年质保期到期后清算（合同另有约定的，从其约定），质保期内如有返修，发生费用应在质量保证（保修）金内扣除。

6.3.4 工程结算的账务处理

合同结算的账务处理见表 6-30。

表 6-30　合同结算账务处理

业务情形	账务处理
发生工程成本时	借：合同履约成本 　贷：应付职工薪酬等
确定履约进度时	借：合同结算——收入结转 　贷：主营业务收入 借：主营业务成本 　贷：合同履约成本
确认收入时	借：应收账款——应收工程款 　贷：应交税费——应交增值税（销项税额） 　　合同结算——价款结算
收到项目款时	借：银行存款 　贷：应收账款——应收工程款

【例 6-22】2023 年 1 月 1 日，亿龙建筑公司与乙公司签订一项工程合同，根据双方合同，该工程的造价为 1 500 万元，工程期限为 18 个月，亿龙建筑公司负责工程的施工及全面管理，乙公司按照第三方工程监理公司确认的工

程完工量，每半年与亿龙建筑公司结算一次；预计 2024 年 6 月 30 日竣工；预计可能发生的总成本为 800 万元。假定该工程整体构成单项履约义务，并属于在某一时段履行的履约义务，亿龙建筑公司采用成本法确定履约进度，增值税税率为 9%，不考虑其他相关因素。

2023 年 6 月 30 日，工程累计实际发生成本 200 万元，亿龙建筑公司与乙公司结算合同价款 436 万元，实际收到价款 340 万元；2023 年 12 月 31 日，工程累计实际发生成本 500 万元，亿龙建筑公司与乙公司结算合同价款 981 万元，亿龙建筑公司实际收到价款 800 万元；2024 年 6 月 30 日，工程累计实际发生成本 810 万元，乙公司与亿龙建筑公司结算了合同竣工价款 200 万元，并支付剩余工程款 360 万元，上述价款均不含增值税额。假定亿龙建筑公司与乙公司结算时即发生增值税纳税义务，乙公司在实际支付工程价款的同时支付其对应的增值税款。亿龙建筑公司与乙公司均为增值税一般纳税人。

（1）2023 年 1 月 1 日至 6 月 30 日，亿龙建筑公司实际发生工程成本时，编制会计分录如下。

借：合同履约成本	2 000 000	
贷：原材料、应付职工薪酬等		2 000 000

（2）2023 年 6 月 30 日，确认履约进度与合同收入，编制会计分录如下。

履约进度＝2 000 000÷8 000 000＝25%

合同收入＝15 000 000×25%＝3 750 000（元）

借：合同结算——收入结转	3 750 000	
贷：主营业务收入		3 750 000
借：主营业务成本	2 000 000	
贷：合同履约成本		2 000 000
借：应收账款	4 360 000	
贷：合同结算——价款结算		4 000 000
应交税费——应交增值税（销项税额）		360 000
借：银行存款	3 400 000	
贷：应收账款		3 400 000

当日，"合同结算"科目的余额为贷方 250 000（4 000 000－3 750 000）元，表明亿龙建筑公司已经与客户结算但尚未履行履约义务的金额为 250 000 元，由于亿龙建筑公司预计该部分履约义务将在 2024 年内完成，因此，应在资产

负债表中作为合同负债列示。

（3）2023 年 7 月 1 日至 12 月 31 日实际发生工程成本时。

借：合同履约成本（5 000 000－2 000 000）　　　　3 000 000

　　贷：原材料、应付职工薪酬等　　　　　　　　　　　　　3 000 000

（4）2023 年 12 月 31 日确认履约进度与收入，编制会计分录如下。

履约进度＝5 000 000÷8 000 000＝62.5％

合同收入＝15 000 000×62.5％－3 750 000＝5 625 000（元）

借：合同结算——收入结转　　　　　　　　　　　5 625 000

　　贷：主营业务收入　　　　　　　　　　　　　　　　　5 650 000

借：主营业务成本　　　　　　　　　　　　　　　3 000 000

　　贷：合同履约成本　　　　　　　　　　　　　　　　　3 000 000

借：应收账款　　　　　　　　　　　　　　　　　9 810 000

　　贷：合同结算——价款结算　　　　　　　　　　　　　9 000 000

　　　　应交税费——应交增值税（销项税额）　　　　　　810 000

借：银行存款　　　　　　　　　　　　　　　　　8 000 000

　　贷：应收账款　　　　　　　　　　　　　　　　　　　8 000 000

当日，"合同结算"科目的余额为贷方 3 625 000（9 000 000 ＋250 000－5 625 000）元，由于该部分金额将在 2024 年内结算，因此，应在资产负债表中作为合同负债列示。

（5）2024 年 1 月 1 日至 6 月 30 日实际发生工程成本时，编制会计分录如下。

借：合同履约成本（8 100 000－5 000 000－2 000 000）1 100 000

　　贷：原材料、应付职工薪酬等　　　　　　　　　　　　1 100 000

（6）2024 年 6 月 30 日，由于当日该工程已竣工决算，其履约进度为 100％。

合同收入＝15 000 000－5 625 000－3 750 000＝5 625 000（元）

借：合同结算——收入结转　　　　　　　　　　　5 625 000

　　贷：主营业务收入　　　　　　　　　　　　　　　　　5 625 000

借：主营业务成本　　　　　　　　　　　　　　　1 100 000

　　贷：合同履约成本　　　　　　　　　　　　　　　　　1 100 000

借：应收账款　　　　　　　　　　　　　　　　　2 180 000

　　贷：合同结算——价款结算　　　　　　　　　　　　　2 000 000

　　　　应交税费——应交增值税（销项税额）　　　　　　180 000

借：银行存款   3 600 000

    贷：应收账款   3 600 000

当日，"合同结算"科目的余额为 0（5 625 000－2 000 000－3 625 000）元。

【例 6-23】吉城建筑工程公司与其客户签订一项总金额为 540 万元的固定造价合同，该合同不可撤销。吉城建筑工程公司负责工程的施工及全面管理，客户按照第三方工程监理公司确认的工程完工量，每年与吉城建筑工程公司结算一次。该工程已于 2020 年 2 月开工，预计 2023 年 6 月完工，预估可能发生的工程总成本为 550 万元。到 2021 年底，由于材料价格上涨等因素，吉城建筑有限公司将预计工程总成本调整为 560 万元。2021 年末根据工程最新情况将预计工程总成本调整为 565 万元。假定该建造工程整体构成单项履约义务，并属于在某一时段内履行的履约义务，该公司采用成本法确定履约进度，不考虑其他相关因素。该合同的其他有关资料见表 6-31。

表 6-31   成本收入结算表   单位：万元

项　　　目	2020 年	2021 年	2022 年	2023 年 1 至 6 月	2024 年
年末累计实际发生成本	120	300	400	560	—
年末预计完成合同尚需发生的成本	330	260	160	—	—
本期结算合同价款	145	180	190	25	—
本期实际收到价款	155	160	200	—	25

按照合同约定，工程质保金 25 万元需等到客户于 2024 年底保证期结束且未发生重大质量问题方能收款。上述价款均为不含税价款，不考虑相关税费的影响。

1. 2020 年，吉城建筑工程公司账务处理

（1）实际发生合同成本，编制会计分录如下。

借：合同履约成本   1 200 000

    贷：原材料、应付职工薪酬等   1 200 000

（2）确认计量当年的收入并结转成本，编制会计分录如下。

履约进度＝1 200 000÷（1 200 000＋3 300 000）＝26.67%

合同收入＝5 400 000×26.67%＝1 440 180（元）

借：合同结算——收入结转   1 440 180

    贷：主营业务收入   1 440 180

借：主营业务成本   1 200 000

  贷：合同履约成本   1 200 000

（3）结算合同价款时，编制会计分录如下。

借：应收账款   1 450 000

  贷：合同结算——价款结算   1 450 000

（4）实际收到合同价款时，编制会计分录如下。

借：银行存款   1 550 000

  贷：应收账款   1 550 000

2020年12月31日，"合同结算"科目的余额为贷方9 820（1 450 000－1 440 180）元，表明吉城建筑工程公司已经与客户结算但尚未履行履约义务的金额为9 820元，由于吉城建筑工程公司预计该部分履约义务将在2021年内完成，因此，应在资产负债表中作为合同负债列示。

2. 2021年，吉城建筑工程公司账务处理

（1）实际发生合同成本时，编制会计分录如下。

借：合同履约成本   1 800 000

  贷：原材料、应付职工薪酬等   1 800 000

（2）确认计量当年的收入并结转成本，同时，确认合同预计损失，编制会计分录如下。

履约进度＝3 000 000÷（3 000 000＋2 600 000）＝53.57％

合同收入＝5 400 000×53.57％－1 440 180＝1 452 600（元）

借：合同结算——收入结转   1 452 600

  贷：主营业务收入   1 452 600

借：主营业务成本   1 800 000

  贷：合同履约成本   1 800 000

借：主营业务成本   92 860

  贷：预计负债   92 860

合同预计损失＝（3 000 000＋2 600 000－5 400 000）×（1－53.57％）＝92 860（元）

2021年底，由于该合同预计总成本（560万元）大于合同总收入（540万元），预计发生损失总额为20万元，由于其中10.714（20×53.57％）万元已经反映在损益中，因此应将剩余的、未完成工程将发生的预计损失92 860元

确认为当期损失。根据《企业会计准则第 13 号——或有事项》的相关规定，待执行合同变成亏损合同的，该亏损合同产生的义务满足相关条件的，则应当对亏损合同确认预计负债。因此，为完成工程将发生的预计损失 92 860 元应当确认为预计负债。

（3）结算合同价款时，编制会计分录如下。

借：应收账款 1 800 000

　　贷：合同结算——价款结算 1 800 000

（4）实际收到合同价款。

借：银行存款 1 600 000

　　贷：应收账款 1 600 000

2021 年 12 月 31 日，"合同结算"科目的余额为贷方 357 220（1 800 000－1 452 600＋9 820）元，表明甲公司已经与客户结算但尚未履行履约义务的金额为 357 220 元，由于甲公司预计该部分履约义务将在 2022 年内完成，因此，应在资产负债表中作为合同负债列示。

3.2022 年，吉城建筑工程公司账务处理

（1）实际发生的合同成本时，编制会计分录如下。

借：合同履约成本 1 000 000

　　贷：原材料、应付职工薪酬等 1 000 000

（2）确认计量当年的合同收入并结转成本，同时调整合同预计损失，编制会计分录如下。

履约进度＝4 000 000÷（4 000 000＋1 600 000）＝71.43％

合同收入＝5 400 000×71.43％－1 452 600－1 440 180＝964 440（元）

合同预计损失＝（4 000 000＋1 600 000－5 400 000）×（1－71.43％）－92 860＝－35 720（元）

借：合同结算——收入结转 964 440

　　贷：主营业务收入 964 440

借：主营业务成本 1 000 000

　　贷：合同履约成本 1 000 000

借：预计负债 21 435

　　贷：主营业务成本 21 435

在 2022 年底，由于该合同预计总成本（565 万元）大于合同总收入（540

万元），预计发生损失总额为 25 万元，由于其中 25×71.43％＝17.857 5（万元）已经反映在损益中，因此预计负债的余额为 25－17.857 5＝7.142 5（万元），反映剩余的、未完成工程将发生的预计损失，因此，本期应转回合同预计损失 9.286－7.142 5＝2.143 5（万元）。

（3）结算合同价款时，编制会计分录如下。

借：应收账款　　　　　　　　　　　　　　　　1 900 000

　　贷：合同结算——价款结算　　　　　　　　　　　　1 900 000

（4）实际收到合同价款时，编制会计分录如下。

借：银行存款　　　　　　　　　　　　　　　　2 000 000

　　贷：应收账款　　　　　　　　　　　　　　　　　　2 000 000

2022 年 12 月 31 日，"合同结算"科目的余额为贷方 1 292 780 元（1 900 000－964 440＋357 220），表明公司已经与客户结算但尚未履行履约义务的金额为 1 292 780 元。由于该部分履约义务将在 2023 年 6 月底前完成，因此，应在资产负债表中作为合同负债列示。

4. 2023 年 1 至 6 月，吉城建筑工程公司账务处理

（1）实际发生合同成本时，编制会计分录如下。

借：合同履约成本　　　　　　　　　　　　　　1 600 000

　　贷：原材料、应付职工薪酬等　　　　　　　　　　　1 600 000

（2）确认计量当期的合同收入并结转成本及已计提的合同损失，编制会计分录如下。

2023 年 1 至 6 月确认的合同收入＝合同总金额－截至目前累计已确认的收入＝5 400 000－1 440 180－1 452 600－964 440＝1 542 780（元）

借：合同结算——收入结转　　　　　　　　　　1 542 780

　　贷：主营业务收入　　　　　　　　　　　　　　　　1 542 780

借：主营业务成本　　　　　　　　　　　　　　1 600 000

　　贷：合同履约成本　　　　　　　　　　　　　　　　1 600 000

借：预计负债　　　　　　　　　　　　　　　　21 435

　　贷：主营业务成本　　　　　　　　　　　　　　　　21 435

2023 年 6 月 30 日，"合同结算"科目的余额为借方 250 000（1 542 780－1 292 780）元，是工程质保金，需等到客户于 2024 年底保质期结束且未发生重大质量问题后方能收款，应当资产负债表中作为合同资产列示。

5.2024 年，吉城建筑工程公司账务处理

（1）保质期结束且未发生重大质量问题时，编制会计分录如下。

借：应收账款   250 000

    贷：合同结算   250 000

（2）实际收到合同价款时，编制会计分录如下。

借：银行存款   250 000

    贷：应收账款   250 000

6.4 分包成本

▶ 1. 分包的定义

分包，是指从事工程总承包的单位将所承包的建设工程的一部分依法发包给具有相应资质的承包单位的行为，该总承包人并不退出承包关系，其与第三人就第三人完成的工作成果向发包人承担连带责任。

一般来讲，分包要实现合法化，需要满足以下条件。

（1）分包必须取得发包人的同意。

（2）分包只能是一次分包，即分包单位不得再将其承包的工程分包出去。

（3）分包必须是分包给具备相应资质条件的单位。

（4）总承包人可以将承包工程中的部分工程发包给具有相应资质条件的分包单位，但不得将主体工程分包出去。

▶ 2. 分包成本的核算

一般而言，工程成本项目包括人工费、材料费、机械使用费、其他直接费和企业施工管理费等项内容，因为分包工程（包清工等形式除外）无法分清成本项目，所以直接通过"工程结算"科目核算，分包工程在个别情况可以作为自营工程核算，如清包工形式。

在具体应用中，对于分包成本的核算，一定要注重时效性。分包合同的结算条款应该采取"背靠背"形式，即在业主认可总的结算量的同时，项目部要相应确认分包工程量，会计核算讲究权责发生制，而不是直到付款时才进行结算，避免利润的增加或减少。

分包成本账务处理见表 6-32。

表 6-32　分包成本账务处理

财务情形		账务处理
一般计税方法	月末计量时	借：合同履约成本——工程施工——分包成本 其他应付款——税额 贷：应付账款
	支付时	借：应付账款 贷：内部往来/银行存款等
	专用发票尚未认证时	借：应交税费——待转销项税额 贷：其他应付款——税额
	专用发票抵扣时	借：应交税费——应交增值税（进项税额） 贷：应交税费——待转销项税额
	月末，向总公司结转税额时	借：内部往来——结转税款 贷：应交税费——应交增值税（进项税额）
简易计税方法	月末计量时	借：合同履约成本——工程施工——分包成本 其他应付款——税额 贷：应付账款
	支付时	借：应付账款 贷：内部往来/银行存款等
	取得增值税专用发票时	借：应交税费——简易计税——扣除 贷：其他应付款——税额
	月末，向总公司结转税额时	借：内部往来——结转税款 贷：应交税费——简易计税——扣除

【例 6-24】2023 年 1 月 1 日，亿龙建筑公司承包甲方一项工程，工期 18 个月，总承包收入 7 000 000 元，每 6 个月结算一次，预计 2024 年 6 月 30 日竣工。其中装修工程 1 800 000 元，分包给丁公司承建，公司预计发生合同成本 5 000 000 元，其账务处理如下。

（1）公司完成工程发生成本费用时，编制会计分录如下。

借：合同履约成本　　　　　　　　　　　　　　　　　5 000 000

　　贷：原材料等　　　　　　　　　　　　　　　　　　5 000 000

同时结转成本。

借：主营业务成本　　　　　　　　　　　　　　　　　5 000 000

　　贷：合同履约成本　　　　　　　　　　　　　　　　5 000 000

（2）收到甲方一次性结算的总承包款，编制会计分录如下。

借：合同结算——收入结转   7 000 000

    贷：主营业务收入   7 000 000

借：银行存款   7 630 000

    贷：合同结算——价款结算   7 000 000

        应交税费——应交增值税（销项税额）   630 000

（3）计算增值税销项税额时，编制会计分录如下。

计算增值税销项税额＝(7 000 000－1 800 000)×9％＝468 000（元）

应代缴增值税销项税额＝1 800 000×9％＝162 000（元）

借：应交税费——应交增值税——代扣代缴   162 000

    贷：应付账款   162 000

借：应交税费——应交增值税（销项税额）   630 000

    贷：银行存款   630 000

（4）分包工程完工验收结算时，编制会计分录如下。

借：合同履约成本   1 800 000

    贷：应付账款   1 800 000

（5）支付工程款＝1 800 000－162 000＝1 638 000（元），编制会计分录如下。

借：应付账款   1 638 000

    贷：银行存款   1 638 000

当日，"合同结算"科目余额为0（7 000 000－7000 000）元。

第 7 章　建筑施工企业税费合规管理 与税务风险防范

建筑施工企业涉及税费较多，主要有增值税及附加税费、房产税、城镇土地使用税、耕地占用税、车辆购置税、印花税、企业所得税、个人所得税、契税等。

7.1 增值税相关规定

建筑施工企业的工程服务、安装服务、修缮服务、装饰服务、其他建筑服务，均涉及增值税会计处理。

7.1.1 纳税人、税目和税率

▶▶ 1. 建筑施工企业增值税纳税人

在中华人民共和国境内（以下称境内）销售服务、无形资产或者不动产（以下称应税行为）的单位和个人，为增值税纳税人，应当缴纳增值税。

单位以承包、承租、挂靠方式经营的，承包人、承租人、挂靠人以发包人、出租人、被挂靠人名义对外经营并由发包人承担相关法律责任的，以该发包人为纳税人。否则，以承包人为纳税人。

纳税人分为增值税一般纳税人和增值税小规模纳税人。《财政部 税务总局关于统一增值税小规模纳税人标准的通知》（财税〔2018〕33 号）和《国家税务总局关于统一小规模纳税人标准等若干增值税问题的公告》（国家税务总局公告 2018 年第 18 号）将增值税小规模纳税人的标准统一提高到 500 万元。

增值税一般纳税人和增值税小规模纳税人除了年销售额外，还存在以下区别，见表 7-1。

▶▶ 2. 税目

建筑服务，是指各类建筑物、构筑物及其附属设施的建造、修缮、装饰，线路、管道、设备、设施等的安装，以及其他工程作业的业务活动，包括工程服务、安装服务、修缮服务、装饰服务和其他建筑服务。

表 7-1　增值税一般纳税人和增值税小规模纳税人的区别

不同点	增值税一般纳税人	增值税小规模纳税人
计税方法	增值税一般计税方法：应纳税额＝当期销项税额－当期进项税额	简易计税方法：应纳税额＝当期销售额×增值税征收率
税率与征收率	13％、9％、6％、5％（征收率）	3％
纳税申报周期	按月申报	按季度申报
发票	可开具增值税专用发票	可自行开具或代开增值税专用发票

（1）工程服务。工程服务，是指新建、改建各种建筑物、构筑物的工程作业，包括与建筑物相连的各种设备或者支柱、操作平台的安装或者装设工程作业，以及各种窑炉和金属结构工程作业。

（2）安装服务。安装服务，是指生产设备、动力设备、起重设备、运输设备、传动设备、医疗实验设备和其他各种设备、设施的装配、安置工程作业，包括与被安装设备相连的工作台、梯子、栏杆的装设工程作业，以及被安装设备的绝缘、防腐、保温、油漆等工程作业。

固定电话、有线电视、宽带、水、电、燃气、暖气等经营者向用户收取的安装费、初装费、开户费、扩容费以及类似收费，按照安装服务缴纳增值税。

（3）修缮服务。修缮服务，是指对建筑物、构筑物进行修补、加固、养护、改善，使之恢复原来的使用价值或者延长其使用期限的工程作业。

（4）装饰服务。装饰服务，是指对建筑物、构筑物进行修饰装修，使之美观或者具有特定用途的工程作业。

（5）其他建筑服务。其他建筑服务，是指上列工程作业之外的各种工程作业服务，如钻井（打井）、拆除建筑物或者构筑物、平整土地、园林绿化、疏浚（不包括航道疏浚）、建筑物平移、搭脚手架、爆破、矿山穿孔、表面附着物（包括岩层、土层、沙层等）剥离和清理等工程作业。

▶▶ **3. 税率**

增值税具体税目及税率，见表 7-2。

（1）征收率。征收率一共有两种，3％和5％。增值税小规模纳税人与选择简易计税的增值税一般纳税人计算税款时适用征收率，见表 7-3。

表 7-2 增值税具体科目及税率

序号	税　　目	税率
1	销售或者进口货物	13%
2	加工、修理修配劳务	13%
3	有形动产租赁服务	13%
4	不动产租赁服务	9%
5	销售不动产	9%
6	建筑服务	9%
7	运输服务	9%
8	转让土地使用权	9%
9	饲料、化肥、农药、农机、农膜	9%
10	粮食等农产品、食用植物油、食用盐	9%
11	自来水、暖气、冷气、热水、煤气、石油液化气、天然气、二甲醚、沼气、居民用煤炭制品	9%
12	图书、报纸、杂志、音像制品、电子出版物	9%
13	邮政服务	9%
14	基础电信服务	9%
15	增值电信服务	6%
16	金融服务	6%
17	现代服务	6%
18	生活服务	6%
19	销售无形资产（除土地使用权外）	6%
20	出口货物	0%
21	跨境销售国务院规定范围内的服务、无形资产	0%

（2）建筑施工企业征收率具体运用见表 7-3。

表 7-3 建筑施工企业征收率的具体运用

征收率	适用对象	适用时间或适用情形
1%	小规模纳税人	自 2023 年 1 月 1 日至 2027 年 12 月 31 日，小规模纳税人提供建筑服务，原 3% 征收率减按 1% 执行
3%	一般纳税人选择简易计税方法	（1）清包工方式提供的建筑服务； （2）甲供工程； （3）建筑工程老项目（2016 年 4 月 30 日前）； （4）特定甲供工程； （5）销售设备的同时提供安装服务；

征收率	适用对象	适用时间或适用情形
5%（预征率）	一般纳税人和小规模纳税人	（1）转让不动产［2016 年 4 月 30 日前取得（不含自建）的不动产］； （2）小规模纳税人转让其取得（不含自建）的不动产； （3）小规模纳税人转让其自建的不动产； （4）一般纳税人销售自行开发的房地产老项目； （5）小规模纳税人销售自行开发的房地产项目； （6）一般纳税人出租其 2016 年 4 月 30 日前取得的不动产； （7）一般纳税人提供劳务派遣服务，选择差额纳税； （8）一般纳税人提供人力资源外包服务； （9）纳税人转让 2016 年 4 月 30 日前取得的土地使用权； （10）一般纳税人 2016 年 4 月 30 日前签订的不动产融资租赁合同

（3）建筑施工企业预征率具体运用见表 7-4。

表 7-4　建筑施工企业预征率具体运用

预征率	适用情形
2%	跨县（市、区）提供建筑服务时
3%	不动产经营租赁
5%	转让不动产（非房地产开发企业）

（4）采用一般计税或简易计税的预征率见表 7-5。

表 7-5　采用一般计税或简易计税预征率

序号	税　目	预征率	
		一般计税	简易计税
1	销售建筑服务	2%	3%
2	不动产经营租赁（其中个体工商户和其他个人出租住房按照 5%征收率减按 1.5%计算）	3%	5%
3	销售不动产	5%	5%

7.1.2　预缴增值税的规定

▶ 1. 跨县（市）建筑服务预缴增值税的规定

增值税一般纳税人跨县（市）提供建筑服务，适用一般计税方法计税的，纳税人应以取得的全部价款和价外费用扣除支付的分包款后的余额，按照

2%的预征率在建筑服务发生地预缴税款。

以取得的全部价款和价外费用扣除支付的分包款后的余额，按照规定的预征率计算应预缴税款。计算公式为

应预缴税款＝（全部价款和价外费用－支付的分包款）÷（1＋9%）×2%

增值税一般纳税人跨县（市）提供建筑服务，选择适用简易计税方法计税的，应以取得的全部价款和价外费用扣除支付的分包款后的余额为销售额，按照3%的征收率计算应纳税额。纳税人应按照上述计税方法在建筑服务发生地预缴税款。

选择适用简易计税方法预缴增值税计算公式为

应预缴税款＝（全部价款和价外费用－支付的分包款）÷（1＋3%）×3%

增值税小规模纳税人跨县（市）提供建筑服务，应以取得的全部价款和价外费用扣除支付的分包款后的余额为销售额，按照3%的征收率计算应纳税额。纳税人应按照上述计税方法在建筑服务发生地预缴税款。计算公式为

应预缴税款＝（全部价款和价外费用－支付的分包款）÷（1＋1%）×1%

自2023年1月1日至2027年12月31日，增值税小规模纳税人适用3%征收率的应税销售收入，减按1%征收率征收增值税；适用3%预征率的预缴增值税项目，减按1%预征率预缴增值税。

▶ **2. 未跨县（市）建筑服务预缴增值税的规定**

按照现行规定无须在建筑服务发生地预缴增值税的项目，纳税人收到预收款时在机构所在地预缴增值税。

7.1.3　纳税义务发生时间

（1）纳税行为的一般性原则。

①先开具发票的，以开具发票的当天为准。

以开具发票的当天为纳税义务发生时间的前提是纳税人发生应税行为。虽然可能没收到工程款或者取得收款凭据，但是获取发票的一方，可以认证抵扣进项税额。因此，为了进销项配比和抵扣链条的完整，先开票的纳税义务发生时间就以开票时间为准。

②先收讫销售款项或取得收款凭据的，以收款或取得收款凭据的当天为准。

针对这一原则要注意以下几点：

第一，收讫款项是指收款未开票的情况。比如，顾客到商店购买需要送货的商品，货物交付通常在收取货款之后，纳税义务应当为收取货款的当天。

第二，取得索取销售款项凭据的当天，是指没有收到钱，索取销售款项凭据应当同时符合下面两个条件：一是索取销售款项凭据中载明的金额必须具有确定性；二是销售方凭借索取销售款项凭据，随时可以去结款，而不能再附加其他条件。

但是有如下行为视同取得收款凭据：签订了书面合同且书面合同确定了付款日期的，按照书面合同确定的付款日期的当天确认纳税义务发生；未签订书面合同或者书面合同未确定付款日期的，按照应税行为完成的当天确认纳税义务发生。同时，确认纳税义务发生的时间是按照上述顺序确定的。

第三，除了"提供建筑服务、租赁服务采取预收款方式"外的其他方式，在发生应税行为之前收到的款项不属于收讫销售款项，不能按照该时间确认纳税义务发生。

③如何把握开票和收款原则。

在一般的"货到付款"经营模式下，其增值税纳税义务发生时间为收款或开具发票孰先原则。先收讫销售款项或取得收款凭据的，取得销售款或取得索取销售款凭据的当天；先开具发票的，为开具发票的当天。

（2）纳税义务发生时间中的特殊规定。

纳税人提供建筑服务、租赁服务采取预收款方式的，其纳税义务发生时间为收到预收款的当天。

7.1.4 "应交税费"科目的设置

增值税一般纳税人会计科目编码的设置见表7-6。

表 7-6 增值税一般纳税人会计科目编码的设置

科目代码	总分类科目（一级科目）	明细分类科目	
		二级科目	三级科目
2221	应交税费	—	—
222101	应交税费	应交增值税	—
22210101	应交税费	应交增值税	进项税额
22210102	应交税费	应交增值税	已交税金

科目代码	总分类科目（一级科目）	明细分类科目	
		二级科目	三级科目
22210103	应交税费	应交增值税	减免税款
22210104	应交税费	应交增值税	转出未交增值税
22210105	应交税费	应交增值税	销项税额抵减
22210106	应交税费	应交增值税	出口抵减内销产品应纳税额
22210107	应交税费	应交增值税	销项税额
22210108	应交税费	应交增值税	进项税额转出
22210109	应交税费	应交增值税	出口退税
22210110	应交税费	应交增值税	转出多交增值税
222102	应交税费	预交增值税	—
222103	应交税费	待抵扣进项税额	—
222104	应交税费	待认证进项税额	—
222105	应交税费	待转销项税额	—
222106	应交税费	简易计税	—
222107	应交税费	转让金融商品应缴增值税	—
222108	应交税费	代扣代交增值税	—
222109	应交税费	未交增值税	—
222110	应交税费	增值税留抵税额	—

增值税小规模纳税人只需在"应交税费"科目下设置"应交增值税"明细科目，不需要设置上述专栏及除"转让金融商品应交增值税""代扣代交增值税"外的明细科目。

▶▶ **1. 增值税一般纳税人账簿设置**

为了核算企业应交增值税的发生、抵扣、进项转出、计提、交纳、退还等情况，应在"应交税费"科目下设置"应交增值税"和"未交增值税"两个明细科目。

增值税一般纳税人在"应交税费——应交增值税"明细账的借贷方设置分析项目，在借方分析栏内设"进项税额""已交税金""转出未交增值税"等项目；在贷方分析栏内设"销项税额""出口退税""进项税额转出""转出多交增值税"等项目。

"应交增值税"各明细科目见表 7-7。

表 7-7　"应交增值税"借贷方明细科目

借　　方	贷　　方
进项税额	待抵扣进项税
已交税金	销项税额
减免税款（减免税款专用）	出口退税（出口退税用）
出口抵减内销产品应纳税额（出口退税专用）	进项税额转出
转出未交增值税	转出多交增值税
待抵扣进项税（辅导期纳税人专用）	—

▶ 2. 应交增值税明细科目

（1）"进项税额"科目记录企业购入货物或接受应税劳务而支付的、准予从销项税额中抵扣的增值税额。企业购入货物或接受应税劳务支付的进项税额，用蓝字登记；退回所购货物应冲销的进项税额，用红字登记。如果是当月进项税额大于当月销项税额，"应交增值税"有借方余额，则不能通过"转出多交增值税"科目核算，余额留在"进项税额"科目，留下期抵扣。

（2）"已交税金"科目主要是用来核算当月已缴纳的增值税。期末多交的已交税金部分，可通过"转出多交增值税"科目进行账务处理。

（3）"减免税款"科目是核算已计提销项税，而经批准不需交税的。

（4）"出口抵减内销产品应纳税额"科目用于免抵退税企业抵减出口退税。

（5）"待抵扣进项税"科目核算辅导期增值税一般纳税人取得尚未进行交叉稽核比对的已认证的进项税额。当辅导期增值税一般纳税人取得上述扣税凭证后、应借记"待抵扣进项税额"明细科目，贷记相关科目；交叉稽核比对无误后，应借记"应交增值税（进项税额）"专栏，贷记"待抵扣进项税额"科目。

辅导期增值税一般纳税人当月验证的进项税不得抵扣，交叉稽核比对无误后，才转入进项税科目进行抵扣，所以，计算当月的应交税费时不包括"待抵扣进项税"科目。

（6）"进项税额转出"科目是抵减"进项税额"科目，主要是针对进项税票已通过验证，而不能抵扣的部分。"进项税额转出"专栏，记录企业的购进货物、在产品、产成品等发生非正常损失以及其他原因而不应从销项税额中抵扣，按规定转出的进项税额。

（7）"销项税额"专栏，记录企业销售货物或提供应税劳务应收取的增值税额。企业销售货物或提供应税劳务应收取的销项税额，用蓝字登记；退回销售货物应冲销销项税额，用红字登记。

（8）"出口退税"科目是核算出口退税额（外贸企业），免抵退税额（生产企业），由于出口退税实质上是退购进环节的进项税，所以该科目是用来抵减已验证的进项税的。

▸▸ **3. 未交增值税科目核算内容**

未交增值税设置三栏明细科目，贷方反映本期应交增值税的贷方余额（即本月的应交税费）转入；借方反映本期交纳的上期应交税费，以及上期多交的增值税可留抵的税金。增值税一般纳税人在应交税费下设置"未交增值税"明细账，将多缴税金从"应交增值税"的借方余额中分离出来，解决了多缴税额和未抵扣进项税额混为一谈的问题，使增值税的多缴、未缴、应纳、欠税、留抵等项目一目了然，为申报表的正确编制提供了条件。

▸▸ **4. 期末账务处理**

（1）月份终了，企业应将当月发生的应交未交增值税额自"应交增值税"转入"未交增值税"，这样"应交增值税"明细账不出现贷方余额，编制会计分录如下。

借：应交税费——应交增值税（转出未交增值税）

　　贷：应交税费——未交增值税

（2）月份终了，企业将本月多交的增值税自"应交增值税"转入"未交增值税"，编制会计分录如下。

借：应交税费——未交增值税

　　贷：应交税费——应交增值税（转出多交增值税）

（3）当月缴纳本月实现的增值税（例如开具专用缴款书预缴税款）时，编制会计分录如下。

借：应交税费——应交增值税（已交税金）

　　贷：银行存款

（4）当月上交上月或以前月份实现的增值税时，如常见的申报期申报纳税、补缴以前月份欠税，编制会计分录如下。

借：应交税费——未交增值税

　　贷：银行存款

"应交税费——应交增值税"科目的期末借方余额反映尚未抵扣的进项税额，贷方无余额。

"应交税费——未交增值税"科目的期末借方余额反映多缴的增值税，贷方余额反映未缴的增值税。

7.2 增值税进项税额抵扣

准予从税额中抵扣的进项税额包括从销售方取得的增值税专用发票上注明的增值税额。在准予抵扣的情形中，主要分为凭票抵扣税额和计算抵扣税额。凭票抵扣又分为当期抵扣和分期抵扣，计算抵扣主要针对收购农产品。

7.2.1 增值税发票的管理

发票包括纸质发票和电子发票。电子发票与纸质发票具有同等法律效力。电子发票，是指在经营活动中开具或收取的、数据电文形式的收付款凭证，即电子形式的发票，通常包括增值税电子专用发票和增值税电子普通发票。它们以电子数据形式存在，依赖于互联网和电子邮件等手段进行开具和传输。

自 2024 年 12 月 1 日起，全国正式推广应用全面数字化电子发票（以下简称数电票）。数电票是电子发票的一种，是将发票的票面要素全面数字化、号码全国统一赋予、开票额度智能授予、信息通过税务数字账户等方式在征纳主体之间自动流转的新型发票。

数电票为单一联次，以数字化形态存在。在电子发票（增值税专用发票）和电子发票（普通发票）两类数电票下，根据特定业务标签，目前设置了建筑服务、成品油、报废产品收购、旅客运输服务、货物运输服务、不动产销售、不动产经营租赁服务、农产品收购、光伏收购、代收车船税、自产农产品销售、差额征额、机动车、二手车、代开发票（指税务机关代开）、通行费、医疗服务、拖拉机联合收割机、稀土等特定业务发票。

单位、个人在购销商品、提供或者接受经营服务及从事其他经营活动中，应当按照规定开具、使用、取得发票。登录国家税务总局全国增值税发票查验平台网站查询，或拨打 12366 税务咨询热线对增值税专用发票、增值税普通发票、机动车销售统一发票和二手车销售统一发票的信息进行查验。

（1）发票的开具。开具发票应当按照规定的时限、顺序、栏目，全部联次一次性如实开具，开具纸质发票应当加盖发票专用章。填开发票的单位和个人必须在发生经营业务确认营业收入时开具发票。未发生经营业务一律不准开具发票。

（2）发票的取得。所有单位和从事生产、经营活动的个人在购买商品、接受服务及从事其他经营活动支付款项，应当向收款方取得发票。取得发票时，不得要求变更品名和金额，包括不得变更单价和数量。对不符合规定的发票，不得作为财务报销凭证。

（3）发票的保管。按照国家有关规定存放和保管发票，不得擅自损毁。已经开具的发票存根联，应当保存5年。

7.2.2 增值税抵扣凭证种类

增值税的抵扣是针对增值税一般纳税人而言，增值税小规模纳税人是用不到进项税额抵扣凭证的，即便是增值税一般纳税人的简易征收项目收到进项税额抵扣发票，也要做进项税额转出处理。

增值税抵扣凭证种类见表7-8。

表7-8　增值税抵扣凭证种类

	抵扣凭证种类	出具方	抵扣金额	备　注
1	增值税专用发票	销售方或通过税务机关代开	注明的增值税税额	——
2	税控机动车销售统一发票	销售方或通过税务机关代开	注明的增值税税额	——
3	海关进口增值税缴款书	海关	注明的增值税税额	进口环节的增值税是由海关代征的
4	中华人民共和国税收缴款凭证	税务机关	注明的增值税税额	预缴税款、代扣代缴税收缴款、接受境外单位或者个人提供的应税服务时适用
5	农产品销售发票	销售方	买价×9%	买价，是指纳税人购进农产品在收购发票或者销售发票上注明的价款和按照规定缴纳的烟叶税

	抵扣凭证种类	出具方	抵扣金额	备　　注
6	农产品收购发票	购货方	买价×9%	同上
7	收费公路通行费发票	高速公路运营方	发票上注明的金额÷(1+3%)×3%	通行费发票，不含财政票据
		一级公路、二级公路、桥、闸运营方	发票上注明的金额÷(1+5%)×5%	
8	代扣代缴增值税完税凭证	销售方或通过税务机关代开	注明的增值税税额	—
9	出口货物转内销证明	销售方或通过税务机关申请开具出口货物转内销证明	注明的增值税税额	—
10	土地出让金省级以上（含）财政部门监（印）制的财政票据	政府相关部门	票据上注明的金额÷(1+9%)×9%	财政票据虽然不是严格意义上的抵扣凭证，但却是房地产行业销售额的扣除项目
11	旅客运输服务	航空运输电子客票行程单	进项税额＝（票价＋燃油附加费）÷(1+9%)×9%	—
		铁路车票	进项税额＝票面金额÷(1+9%)×9%	—
		公路、水路等其他客票	进项税额＝票面金额÷(1+3%)×3%	—

7.2.3　发票开具分类编码

建筑业分类编码简称是建筑服务，发票开具分类编码和相关信息可参考表 7-9。

表 7-9　发票开具分类编码及相关信息（仅供参考）

序号	业务类别	编码简称	税　　　目	票面显示
1	提供工程服务、安装服务、修缮服务、装饰服务和其他建筑服务	建筑服务	建筑服务	＊建筑服务＊工程进度款、建筑服务＊劳务费、建筑服务＊装饰服务
2	工程设计	现代服务	设计服务——文化创意服务	＊设计服务＊工程设计

序号	业务类别	编码简称	税　目	票面显示
3	建筑图纸审核	鉴证咨询服务	现代服务——鉴证咨询服务	＊鉴证咨询服务＊图审费
4	工程勘察勘探服务	研发和技术服务	现代服务——研发和技术服务	＊研发和技术服务＊工程勘察勘探
5	工程造价鉴证	鉴证咨询服务	现代服务——鉴证咨询服务	＊鉴证咨询服务＊工程造价鉴证
6	工程监理	鉴证咨询服务	现代服务——鉴证咨询服务	＊鉴证咨询服务＊工程监理
7	委托代建	商务辅助服务	现代服务——商务辅助服务	＊商务辅助服务＊委托代建
8	航道疏浚服务	物流辅助服务	现代服务——物流辅助服务	＊物流辅助服务＊航道疏浚
9	植物养护服务	生活服务	生活服务——其他生活服务	＊生活服务＊植物养护
10	电梯维护保养服务	现代服务	现代服务——其他现代服务	＊现代服务＊保养费
11	室内安装服务（水、电、燃气等）	建筑服务	建筑服务——安装费	＊建筑服务＊安装费
12	装修服务	建筑服务	建筑服务	＊建筑服务＊装修费
13	建筑施工设备出租	建筑服务	建筑服务	＊建筑服务＊租赁费

7.2.4　准予抵扣的两种情形

1. 凭票抵扣

凭票抵扣的票据主要包括增值税专用发票、海关进口增值税专用缴款书、农产品收购或销售发票，通行费发票，以及从境外单位或者个人购进服务、无形资产或者不动产，自税务机关或者扣缴义务人取得的解缴税款的完税凭证等。

2. 计算抵扣

①计算抵扣购进农产品的进项税。增值税一般纳税人取得（开具）农产品销售发票或收购发票的，以农产品销售发票或收购发票上注明的农产品买

价和 9% 的扣除率计算进项税额。纳税人将购进的农产品用于生产销售或委托受托加工 13% 税率货物时，则在生产领用当期，再加计抵扣 1% 进项税额。

纳税人将购进的农产品用于生产销售或委托受托加工 13% 税率货物时，计算公式为

可抵扣进项税额＝农产品销售发票或者收购发票上注明的农产品买价×10%

购入时，应先将农产品销售发票或者收购发票上注明的农产品买价乘以 9%，计算公式为

进项税额＝买价×扣除率

②已抵扣进项税额的不动产，发生非正常损失，或者改变用途，专门用于简易计税方法计税项目、免征增值税项目、集体福利或者个人消费的，计算公式为

不得抵扣的进项税额＝（已抵扣进项税额＋待抵扣进项税额）×不动产净值率

按照规定不得抵扣进项税额的不动产，发生用途改变，用于允许抵扣进项税额项目的，按照下列公式在改变用途的次月计算可抵扣进项税额。

可抵扣进项税额＝增值税扣税凭证注明或计算的进项税额×不动产净值率

不动产净值率＝（不动产净值÷不动产原值）×100%

7.3　增值税进项税额管理与实务操作

增值税进项税额管理与实务操作直接决定了企业增值税税负的高低，本节详细介绍进项税额的抵扣操作。

7.3.1　进项税额抵扣业务

▶▶ **1. 可抵扣的进项税额采购业务**

可抵扣的进项税额采购业务如下：

（1）人工单价。人工单价的组成内容是工资，一般没有进项税额，不需要调整。如果建筑工程采用劳务外包的模式，可能会有一定的增值税进项税额。

（2）材料价格。材料价格组成内容包括材料原价、运杂费、运输损耗费、采购及保管费等。材料单价各项组成调整方法，见表 7-10。

表 7-10　材料单价的调整方法及适用税率

序号	材料价格组成	调整方法及适用税率
1	材料原价	以购进货物适用的税率（13%、9%）或征收率（5%、3%）扣减
2	运杂费	以接受交通运输业服务适用税率9%扣减，或快递业务适用税率6%扣减
3	运输损耗费	运输过程所发生损耗增加费，以运输损耗率计算，随材料原价和运杂费扣减而扣减
4	采购及保管费	主要包括材料的采购、供应和保管部门工作人员工资、办公费、差旅交通费、固定资产使用费、工具用具使用费及材料仓库存储损耗费等。以费用水平（发生额）"营改增"前后无变化为前提，调整后费率一般适当调增

（3）施工机具台班单价。施工机具包括施工机械和仪器仪表。施工机具台班单价的具体调整方法，见表7-11。

表 7-11　施工机具台班单价的调整方法及适用税率

序号	施工机具台班单价	调整方法及适用税率
1	台班折旧费	以购进货物适用的税率13%扣减
2	台班大修费	以接受修理修配劳务适用的税率13%扣减
3	台班经常修理费	考虑部分外修和购买零件费用，以接受修理修配劳务和购进货物适用的税率13%扣减
4	台班安装拆卸费	按自行安装拆卸考虑，一般不予扣减
5	台班场外运输费	以接受交通运输业服务适用税率9%扣减，或快递业务适用税率6%扣减
6	台班人工费	为工资总额，不予扣减
7	台班燃料动力费	以购进货物适用的相应税率或征收率扣减，其中自来水税率9%或征收率3%，县级及县级以下小型水力发电单位生产的电力征收率3%，其他燃料动力的适用税率一般为13%

（4）企业施工管理费。企业施工管理费包括十几项，其中办公费、固定资产使用费、工具用具使用费、检验试验费四项内容所包含的进项税额应予扣除，其他项内容不做调整。管理费中可扣减费用内容见表7-12。

表 7-12　企业施工管理费的调整方法及适用税率

序号	可扣减费用内容	调整方法及适用税率
1	办公费，是指企业管理办公用的文具、纸张、账表、印刷、邮电、书报、办公软件、现场监控、会议、水电、烧水和集体取暖降温（包括现场临时宿舍取暖降温）等费用	以购进货物适用的相应税率扣减，其中购进图书、报纸、杂志适用的税率9%，接受邮政和基础电信服务适用税率9%，接受增值电信服务适用的税率6%，其他一般为13%
2	固定资产使用费，是指管理和试验部门及附属生产单位使用的属于固定资产的房屋、设备、仪器等的折旧、大修、维修或租赁费	除房屋的折旧、大修、维修或租赁费不予扣减外，设备、仪器的折旧、大修、维修或租赁费以购进货物或接受修理修配劳务和租赁有形动产服务适用的税率扣减，均为13%

序号	可扣减费用内容	调整方法及适用税率
3	工具用具使用费,是指企业施工生产和管理使用的不属于固定资产的工具、器具、家具、交通工具和检验、试验、测绘、消防用具等的购置、维修和摊销费	以购进货物或接受修理修配劳务适用的税率扣减,均为13%
4	检验试验费	以现代服务业适用的税率6%扣减

(5)利润及规费。规费和利润均不包含进项税额。

(6)措施费。安全文明施工费、夜间施工增加费、二次搬运费、冬雨季施工增加费、已完工程及设备保护费等措施费,应在分析各措施费的组成内容的基础上,参照现行企业管理费费率的调整方法调整。

(7)纳税人销售活动板房、机器设备、钢结构件等自产货物的同时提供建筑、安装服务,不属于《财政部 国家税务总局关于全面推开营业税改征增值税试点的通知》(以下简称财税〔2016〕36号)附件2《营业税改征增值税试点实施办法》第四十条规定的混合销售,应分别核算货物和建筑服务的销售额,分别适用不同的税率或者征收率。

(8)增值税一般纳税人销售电梯的同时提供安装服务,其安装服务可以按照甲供工程选择适用简易计税方法计税。纳税人对安装运行后的电梯提供的维护保养服务,按照"其他现代服务"缴纳增值税。

▶ **2. 日常业务**

进项税额抵扣有认证抵扣和计算抵扣两种方式,企业一般在日常办公管理、职工福利、生产经营过程会产生大量的增值税专用发票,符合政策规定抵扣范围内的经济管理事项,需要抵扣凭证及相应票据的支持。

企业日常经营管理活动进项抵扣情形,见表7-13。

表7-13 日常项目抵扣一览表

具体项目	增值税一般纳税人		增值税小规模纳税人		备注
	抵扣税率	是否需要专用发票	税率	是否需要专用发票	
外购实物发放福利	—	否	—	否	用于集体福利和个人消费的不允许抵扣;外购用于生产经营用部分可分摊抵扣

具体项目	增值税 一般纳税人		增值税 小规模纳税人		备 注
	抵扣税率	是否需要专用发票	税率	是否需要专用发票	
员工商业保险、劳动保护用品（职业必备）	6%或13%	是	1%①	是	一般指生产过程中使用的，购买的相关物品。强调是"职业必备"的，不是"福利类"的
劳务派遣员工	全额开票6%	是	全额开票1%①	是	"人力资源外包""保安服务"可以适用"劳务派遣相关政策"
	差额开票5%	是	差额开票5%	是	
职工教育经费	存在13%、9%、6%不同情形	是	1%	是	职工教育经费不同的列支对象，税率不同
培训费	6%	是	1%	是	不与培训费同时开具一张发票的，如餐费、车票费、培训资料费等，单独适用相应税率
购买图书、资料费、印刷费	9%	是	1%	是	注意"印刷费"与"摄影扩印"的区别，后者属于居民日常服务项目，不得抵扣增值税进项税额
花卉、植物租赁、车辆租赁、设备租赁、办公设备租赁	9%	是	1%	是	属于有形动产租赁税目
财产保险	6%	是	1%	是	可以抵扣，注意相关合同交印花税
水费	3%或9%	是	1%	是	增值税一般纳税人供水单位可能会选择简易计税方法
办公楼租赁	9%或5%	是	1%	是	增值税一般纳税人老项目可能会选择简易计税方法
装饰装修、修缮	9%或3%	是	1%	是	增值税一般纳税人老项目可能会选择简易计税方法
动产修理	13%	是	1%	是	单位公车、打印机及其他机器设备的维修服务等
物业费	6%	是	1%	是	为降低税负，不建议把水电费纳入物业费里面

———————

① 自 2023 年 1 月 1 日至 2027 年 12 月 31 日，增值税小规模纳税人适用 3% 征收率的应税销售收入，减按 1% 征收率征收增值税；适用 3% 预征率的预缴增值税项目，减按 1% 预征率预缴增值税。

具体项目	增值税 一般纳税人		增值税 小规模纳税人		备 注
	抵扣税率	是否需要专用发票	税率	是否需要专用发票	
咨询服务	6%	是	1%	是	结合"三流一致",防止取得虚开增值税专用发票;注重咨询服务项目有没有合同和结论性报告等
年报审计、税务鉴证、法律鉴证、工程造价鉴证、资产评估、环境评估、图审等	6%	是	1%	是	—
银行手续费、担保费等	6%	是	1%	是	指不与企业融资直接相关的、日常银行存款及单独担保事项产生的
会议费	6%	是	1%	是	实务中,有一定的筹划空间。如果单独租赁会议室用于开会,按照不动产租赁取得9%的增值税专用发票;如果出租方提供会务服务,可以按照商务辅助服务,取得6%的增值税专用发票
高速公路通行费发票	3%	是	1%	是	不含财政票据、税务机关监制
一级公路、二级公路、桥、闸通行费	5%	是	5%	是	不含财政票据、税务机关监制
不动产和不动产在建工程	9% 或5%	是	5%	是	(1)专用于集体福利的不能抵扣(不含混用),但是考虑到未来有可能改变用途,用于生产经营管理,则建议同样要求取得增值税专用发票,账务上先做转出处理 (2)自建工程使用的购进货物、建筑服务及设计服务 (3)取得老项目可以选择简易计税方法
不动产投资(共担风险,共享利润)	9% 或5%	是	5%	是	视同不动产转让,换取股权价值
固定资产、无形资产(混用、专用于应税项目)	13% 和6%	是	1%	是	无形资产是6%
周转材料、临时设施、项目设备支出(非简易项目)	13%	是	1%	是	—

具体项目	增值税一般纳税人		增值税小规模纳税人		备 注
	抵扣税率	是否需要专用发票	税率	是否需要专用发票	
周转材料、临时设施、项目设备支出（简易项目）	—	是	—	是	（1）未来可能会用于非简易项目，此时建议取得 （2）取得之后认证，入账，转出进项税额
建筑分包	9%或3%	是	1%	是	—
建筑安装服务、精装修	9%或3%	是	1%	是	—
材料运输	9%	是	1%	是	

7.3.2 设立阶段涉及增值税的处理

建筑施工企业接受投资者实际缴纳的出资额，通过"实收资本"科目核算，核算投资者投入资本的增减变动情况。在公司注册资本认缴制下，股东已认缴但尚未到位的注册资本，不做账务处理。

▶▶ **1. 接受现金资产投资**

接受现金资产投资的账务处理，见表 7-14。

表 7-14 接受现金资产投资的账务处理

业务情形	账务处理
股份有限公司以外的企业接受现金资产投资	借：银行存款 　贷：实收资本
股份有限公司接受现金资产投资	借：银行存款 　贷：股本 　　　资本公积——股本溢价

注：建筑施工企业接受货币资金出资，不涉及增值税。

【例 7-1】某增值税一般纳税人企业注册资本为 2 000 000 元，为了扩大经营，先后接受了国家有关部门和外商的货币投资，分别进行账务处理。

（1）收到主管部门拨款 800 000 元，存入银行。编制会计分录如下。

借：银行存款   800 000

    贷：实收资本——国家投资   800 000

（2）收到某外商作为联营投资资金 100 000 美元，存入银行，联营双方合同约定的折合比例为 1∶6.7。编制会计分录如下。

借：银行存款——美元户   670 000

    贷：实收资本——外商   670 000

▶ 2. 接受非现金资产投资

企业接受固定资产、无形资产等非现金资产投资时，应按投资合同或协议约定的价值（不公允的除外）作为固定资产、无形资产的入账价值，按投资合同或协议约定的投资者在企业注册资本或股本中所占份额的部分作为实收资本或股本入账，投资合同或协议约定的价值（不公允的除外）超过投资者在企业注册资本或股本中所占份额的部分，计入资本公积，具体内容见表 7-15。

表 7-15　接受非现金资产投资账务处理

业务情形	账务处理
接受投入固定资产	借：固定资产 　　应交税费——应交增值税（进项税额） 　　贷：实收资本
接受投入存货时	借：原材料、库存商品（按投资双方确认的价值入账，有公允价值的按公允价值入账） 　　应交税费——应交增值税（进项税额） 　　贷：实收资本 　　　　资本公积——资本溢价
接受投入无形资产	借：无形资产 　　应交税费——应交增值税（进项税额） 　　贷：实收资本（股本） 　　　　资本公积——资本溢价

7.3.3　资产类增值税进项税额的处理

固定资产、无形资产和不动产三类资产均属于长期资产，须取得合法、有效的增值税凭证。

【例 7-2】洛水建筑有限公司为增值税一般纳税人。2025 年 4 月 11 日，该公司购入 5 台砂浆泵，取得增值税专用发票，注明价款 800 000 元，税额 104 000 元。发票已勾选确认，并申报抵扣。编制会计分录如下。

借：固定资产——砂浆泵　　　　　　　　　　　800 000
　　应交税费——应交增值税（进项税额）　　　104 000
　　贷：应付账款　　　　　　　　　　　　　　　　　904 000

【例 7-3】2025 年 3 月 9 日，吉城建筑工程公司接受科达商贸有限公司投资一批 A 型钢材，增值税专用发票上注明价款 60 000 元，税额 7 800 元，另支付运费 545 元。材料已验收入库，款项已通过银行支付。编制会计分录如下。原始单据如图 7-1、图 7-2 所示。

①进项税额＝7 800＋545÷（1＋9％）×9％＝7 845（元）

②原材料采购成本＝60 000＋545÷（1＋9％）＝60 500（元）

借：材料采购　　　　　　　　　　　　　　　　　60 500
　　应交税费——应交增值税（进项税额）　　　　7 845
　　贷：银行存款　　　　　　　　　　　　　　　　　68 345

动态二维码（略）		电子发票（增值税专用发票） 全国统一发票监制章 国家税务总局 深圳市税务局		发票号码：432120000000175112
				开票日期：2025 年 3 月 9 日

购买方信息	名称：吉城建筑工程公司 统一社会信用代码/纳税人识别号： 110101400354879H		销售方信息	名称：科达商贸有限公司 统一社会信用代码/纳税人识别号： 320134134971563H	
项目名称	规格型号	单位　数量　单价	金额	税率/征收率	税额
A 型钢材	×××　　吨　　200　　300		60 000	13％	7 800
合　　计			￥60 000		￥7 800
价款合计（大写）	⊗陆万柒仟捌佰元整		（小写）￥67 800.00		
备注	（略）				

图 7-1　深圳增值税专用发票

图 7-2 货物运输业增值税专用发票

（1）购进固定资产增值税会计处理。

【例 7-4】吉城建筑工程公司为增值税一般纳税人，增值税税率为 13%。2025 年 4 月，该公司从绿地制造厂购进 A 型发动机，并取得专用发票，注明价款 90 000 元，税额 11 700 元，货款已付。该设备已经安装完毕并交付使用。原始单据如图 7-3。编制会计分录如下。

借：固定资产　　　　　　　　　　　　　　　　　90 000

应交税费——应交增值税（进项税额）　　　　　11 700

贷：银行存款　　　　　　　　　　　　　　　　　　101 700

（2）接受应税劳务的增值税会计处理。

企业接受应税劳务，按照增值税专用发票上注明的税额，借记"应交税费——应交增值税（进项税额）"科目，按增值税专用发票上记载的应计入加工、修理修配等货物成本的金额，借记"其他业务成本""制造费用""委托加工物资""销售费用""管理费用"等科目，按应付或实际支付的金额，贷记"应付账款""银行存款"等科目。

固定资产（设备）验收交付使用交接单

编号：NO.00001　　　　　　　　2025 年 4 月 10 日　　　　　　　　单位：元

供货商	绿地制造厂	合同科目代码	××××		发票科目代码			××××		收货日期	××
资金来源		用　途	发动机								
序号	固定资产（设备）名称	设备类别	设备科目代码	规格型号	单位	数量	单价	金额	税费	总计	
1	A 型发动机	××	××	××	台	1	90 000	90 000	11 700	101 700	
2											
部　　门		部门负责人		经办人		部　　门		部门负责人		经办人	
采购部门		××		××		使用部门		××		××	
验收部门		××		××		财务部门		××		××	

各联：1 联：存根；2 联：付款（财务）；3 联：增加固定资产（财务）；4 联：固定资产管理。

图 7-3　交接单

【例 7-5】吉城建筑工程公司委托绿地制造厂加工一批 A 材料，发出 A 材料实际成本为 50 000 元，支付加工费 2 200 元，支付增值税 286 元。增值税专用发票如图 7-4 所示。

动态二维码（略）		电子发票（增值税专用发票）					
				发票号码：4321200000000148341			
				开票日期：2025 年 2 月 9 日			
购买方信息	名称：吉城建筑工程公司 统一社会信用代码/纳税人识别号： 110101400354879H		销售方信息	名称：绿地制造厂 统一社会信用代码/纳税人识别号： 1120134134971563			
项目名称 材料加工	规格型号	单位 吨	数量 L	单价 2 200	金额 2 200	税率/征收率 13%	税额 286
合　　计					￥2 200		￥286
价款合计（大写）	⊗贰仟肆佰捌拾陆元整			（小写）￥2 486			
备注	（略）						

图 7-4　增值税专用发票

①发出 A 材料，委托科达公司加工。委外加工单见表 7-16，编制会计分录如下。

借：委托加工物资——A 材料　　　　　　　　　　50 000

　　贷：原材料——A 材料　　　　　　　　　　　　50 000

表 7-16　委外加工单

日期：2025 年 4 月 15 日　　　　　　　　　　　　　　　　　No.0345

委托厂商	科达公司			地址	×××天中街 8 号	
				电话	6797232423	
委托科目代码	品　名	数　量	需求日期	单　价	金　额	备注
MH12	A 材料	1 000	—	50	50 000	—
—	—	—	—	—	—	—
—	—	—	—	—	—	—
合　计					50 000	
品质要求	加工成品					
提　供						

②支付加工费和税金时，编制会计分录如下。

借：委托加工物资　　　　　　　　　　　　　　　2 200

　　应交税费——应交增值税（进项税额）　　　　286

　　贷：银行存款　　　　　　　　　　　　　　　　2 486

③材料加工完成，收回后验收入库时，编制会计分录如下。

借：原材料——A 材料　　　　　　　　　　　　　52 200

　　贷：委托加工物资　　　　　　　　　　　　　　52 200

7.3.4　不得抵扣进项税额的实务操作

纳税人凭完税凭证抵扣进项税额的，应当具备书面合同、付款证明和境外单位的对账单或者商业发票。资料不全的，其进项税额不得从销项税额中抵扣。

▶ **1. 税法规定**

增值税一般纳税人购进服务、无形资产或者不动产，下列项目的进项税额不得从销项税额中抵扣：

（1）用于简易计税方法计税项目、免征增值税项目、集体福利或者个人消费。其中涉及的无形资产、不动产，仅指专用于上述项目的无形资产（不包括其他权益性无形资产）、不动产。

（2）纳税人的交际应酬消费属于个人消费。

（3）非正常损失的购进货物，以及相关的加工修理修配劳务和交通运输服务。

（4）非正常损失的在产品、产成品所耗用的购进货物（不包括固定资产）、加工修理修配劳务和交通运输服务。

（5）非正常损失的不动产，以及该不动产所耗用的购进货物、设计服务和建筑服务。

（6）非正常损失的不动产在建工程所耗用的购进货物、设计服务和建筑服务。

（7）纳税人新建、改建、扩建、修缮、装饰不动产，均属于不动产在建工程。

（8）购进的贷款服务、餐饮服务、居民日常服务和娱乐服务。

（9）财政部和国家税务总局规定的其他情形。

已抵扣进项税额的购进服务，发生上述规定情形（简易计税方法计税项目、免征增值税项目除外）的，应当将该进项税额从当期进项税额中扣减；无法确定该进项税额的，按照当期实际成本计算应扣减的进项税额。

已抵扣进项税额的无形资产或者不动产，发生上述（5）规定情形的，按照下列公式计算不得抵扣的进项税额：

不得抵扣的进项税额＝无形资产或者不动产净值×适用税率

▶▶ **2. 实务操作**

（1）属于购入货物时不能直接认定其进项税额能否抵扣的，先记入"应交税费——应交增值税（进项税额）"账户，如果这部分购入货物以后用于按规定不得抵扣进项税额项目的，应将原已记入进项税额并已支付的增值税转入有关的承担者予以承担，通过"应交税费——应交增值税（进项税额转出）"账户转入有关资产及劳务成本。

【例 7-6】 2025 年 1 月 10 日，吉城建筑工程公司在建工程领用甲材料一批，材料实际成本为 20 000 元，进项税额为 2 600 元。出库单见表7-17，编制会计分录如下。

借：在建工程　　　　　　　　　　　　　　　　　22 600
　　贷：原材料　　　　　　　　　　　　　　　　　　20 000
　　　　应交税费——应交增值税（进项税额转出）　 2 600

表 7-17　出　库　单

2025 年 1 月 10 日　　　　　　　　　　　　　　　　　　单位：元

月	日	品　名	规 格 型 号	数量	单位	单价	金额	签字
1	10	甲材料	CL100	100	公斤	226	22 600	×××
—	—	—	—	—	—	—	—	—
—	—	—	—	—	—	—	—	—
			合　　　计				22 600	

（2）接受投资、捐赠以及债务重组。

企业接受投资转入的货物，按照专用发票上注明的增值税额，借记"应交税费——应交增值税（进项税额）"科目，按照确认的投资货物价值（已扣增值税，下同），借记"原材料"等科目，按照增值税额与货物价值的合计数，贷记"实收资本"等科目。

【例 7-7】吉城建筑工程公司本月接受迪亚建筑材料公司捐赠材料一批，增值税专用发票上注明的价款 70 000 元，税额 9 100 元。增值税专用发票如图 7-5 所示。

动态二维码		全国统一发票监制章 电子发票（增值税专用发票）国家税务总局 深圳市税务局						
						发票号码：4321200000000187996		
						开票日期：2025 年 4 月 9 日		
购买方信息	名称：吉城建筑工程公司 统一社会信用代码/纳税人识别号： 110101400354879H			销售方信息	名称：迪亚建筑材料公司 统一社会信用代码/纳税人识别号： 1120134134987456			
项目名称	规格型号	单位	数量	单价	金额	税率/征收率	税额	
材料		吨	100	700	70 000	13%	9 100	
	合　计				￥70 000		￥9 100	
价款合计（大写）		⊗柒万玖仟壹佰元整			￥小写 79 100.00			
备注	（略）							

图 7-5　增值税专用发票

编制会计分录如下。

借：原材料　　　　　　　　　　　　　　　　　　　70 000

　　应交税费——应交增值税（进项税额）　　　　　9 100

　　贷：资本公积　　　　　　　　　　　　　　　　　　79 100

（3）货物非正常损失及改变用途的增值税会计处理。

企业购进的货物、在产品、产成品发生非正常损失，以及购进货物改变用途等原因，其进项税额应转入有关科目，借记"待处理财产损溢""在建工程"等科目，贷记"应交税费——应交增值税（进项税额转出）"科目。属于转作待处理财产损失的部分，应与遭受非正常损失的购进货物、在产品、产成品成本一并处理。

【例7-8】林天公司2024年8月20日购进包装物3 000个，每个不含税单价20元。10月7日，实际验收入库2 500个，该包装物的定额损耗率为10%，包装物已验收入库，取得增值税专用发票且货款已付。存货盘存单如图7-6所示。

不得抵扣进项税额＝（3 000－2 500－3 000×10%）×20×13%＝520（元）

借：待处理财产损溢——待处理非流动资产损溢　　　10 520

　　贷：应交税费——应交增值税（进项税额转出）　　　520

　　　　周转材料——包装物　　　　　　　　　　　　10 000

存货盘存单

2024 年 10 月 7 日

存货名称	计量单位	数量		单位成本	盘盈		盘亏	
		实存	账存		数量	金额	数量	金额（元）
包装物	个	2 500	3 000	20	—	—	500	10 000
原因	运输毁损							
处理意见	会计部门	××××						
	审批部门	××××						

图 7-6　存货盘存单

（4）购入货物及接受应税劳务用于非应税项目或免税项目的增值税会计处理。

企业购入货物和接受应税劳务直接用于非应税项目，或直接用于免税项目及直接用于集体福利和个人消费的，其增值税专用发票上注明的税额，计入购入货物及接受劳务的成本。借记"在建工程""应付职工薪酬"等科目，贷记"银行存款"等科目。

若购进货物部分用于免税项目，按免税项目销售额占全部销售额的比例将进项税额转出。

【例 7-9】某建筑施工公司当月进项税额为 24 000 元，销售总额为 400 000 元，其中自行车销售额为 300 000 元，供残疾人专用的轮椅销售额 100 000 元。编制会计分录如下。

进项税额转出＝24 000×(100 000÷400 000)＝6 000（元）

借：主营业务成本   6 000

    贷：应交税费——应交增值税（进项税额转出）   6 000

7.4　增值税销项税额管理与实务操作

建筑施工企业在提供建筑服务时，涉及销售额的认定、预收款的会计处理、不动产经营租赁与转让的会计处理、销售不动产会计处理，以及销售业务涉税风险控制等。

7.4.1　销售额认定

▶ 1. 销售额的一般认定

销售额为企业销售货物或提供应税劳务向购买方收取的全部价款和价外费用（包括增值税试点地区对一般纳税人销售额的规定）。

(1) 销售货物或提供应税劳务取自于购买方的全部价款。

(2) 向购买方收取的各种价外费用。

向购买方收取的各种价外费用包括：手续费、补贴、基金、集资费、返还利润、奖励费、违约金（延期付款利息）、包装费、包装物租金、储备费、优质费、运输装卸费、代收款项、代垫款项及其他各种性质的价外收费。上述价外费用无论其会计制度如何核算，都应并入销售额计税。

▶ 2. 销售额的特殊认定

在销售活动中，为了达到促销的目的，有多种销售方式，不同的销售方式下，取得的销售额会有所不同。税法对以下几种销售方式分别作出规定，见表 7-18。

表 7-18 特殊销售行为销售额的认定

销售方式	销项税额的认定
采取折扣方式	销售额和折扣额在同一张发票上分别注明的，可按折扣后的销售额征收增值税。未在同一张发票上分别注明的，以价款为销售额，不得扣减折扣额
以旧换新方式	应按新货物的同期销售价格确定销售额，不得扣减旧货物的收购价格。但对金银首饰以旧换新业务，可以按销售方实际收取的不含增值税的全部价款征收增值税
还本销售方式	其销售额就是货物的销售价格，不得从销售额中减除还本支出
以物易物方式	以物易物双方都应作购销处理，以各自发出的货物核算销售额，以各自收到的货物计算进项税额
直销方式	直销企业的销售额为其向消费者收取的全部价款和价外费用
试点纳税人中客运场站服务	以其取得的全部价款和价外费用，扣除政府性基金或行政事业性收费后的余额为销售额
试点纳税人提供国际货物运输代理服务	以其取得的全部价款和价外费用，扣除支付给国际运输企业的费用后的余额为销售额
视同销售货物的方式（包括试点地区纳税人）	（1）按纳税人最近时期同类货物的平均销售价格确定； （2）按其他纳税人最近时期同类货物的平均销售价格确定； （3）按组成计税价格确定，计算公式为 组成计税价格＝成本×（1＋成本利润率）

7.4.2 计税方法体系

根据规定，建筑施工企业增值税一般纳税人提供建筑服务，计税方法体系可分为三种：一般计税、简易计税、可以简易计税。计税方法体系如图 7-7所示。

7.4.3 一般计税方法

一般计税方法的应纳税额，是指当期销项税额抵扣当期进项税额后的余额。

一般计税方法允许扣除成本费用对应的进项税额，需要取得扣税凭证并在规定时间内认证。建筑业跨地级行政区提供建筑服务需要预缴税款时允许差额扣除分包款，但在计算应纳税额时，销项税额必须按照全部价款和价外费用确定。

增值税一般纳税人跨县（市）提供建筑服务，适用一般计税方法计税的，

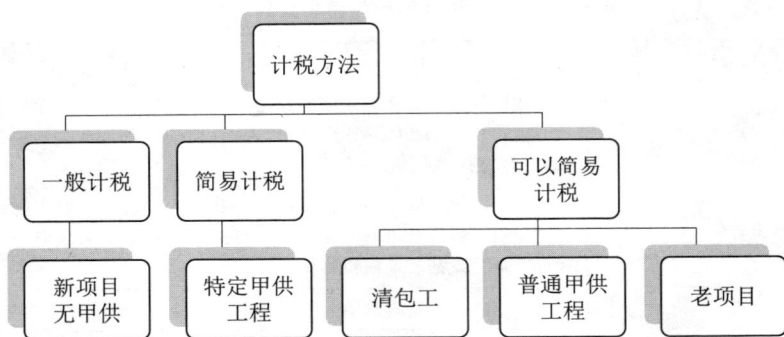

図 7-7　计税方法体系

应以取得的全部价款和价外费用为销售额计算应纳税额。纳税人应以取得的全部价款和价外费用扣除支付的分包款后的余额，按照 2% 的预征率在建筑服务发生地预缴税款后，向机构所在地主管税务机关进行纳税申报。

我国目前对增值税一般纳税人采用的是国际上通行的购进扣税法，即当期销项税额抵扣当期进项税额后的余额。应纳税额的计算公式为

当期应纳税额 ＝ 当期销项税额 － 当期进项税额 ＝ 当期销售额 × 适用税率 － 当期进项税额

当期销项税额小于当期进项税额不足抵扣时，其不足部分可以结转下期继续抵扣。

销项税额，是指纳税人发生应税行为按照不含销售额和增值税税率计算并收取的增值税额。销项税额计算公式为

销项税额 ＝ 销售额 × 税率

一般计税方法的销售额不包括销项税额，纳税人采用销售额和销项税额合并定价方法的，计算销售额公式为

不含税销售额 ＝ 含税销售额 ÷（1 ＋ 税率）

建筑服务多采用事业部及所属项目部的形式，并且涉及总包、分包的业务处理。全面"营改增"之后，建筑工程服务不仅要按照《企业会计准则第14号——收入》进行会计处理，还要按照增值税税务会计相关规定核算。

7.4.4　简易计税方法

增值税一般纳税人发生下列应税行为可以选择适用简易计税方法计税：

（1）增值税一般纳税人以"包清工"方式提供的建筑服务，可以选择适用简易计税方法计税。

以包清工方式提供建筑服务，是指施工方不采购建筑工程所需的材料或只采购辅助材料，并收取人工费、管理费或者其他费用的建筑服务。

（2）增值税一般纳税人为甲供工程提供的建筑服务，可以选择适用简易计税方法计税。

甲供工程，是指全部或部分设备、材料、动力由工程发包方自行采购的建筑工程。

（3）增值税一般纳税人为建筑工程老项目提供的建筑服务，可以选择适用简易计税方法计税。

建筑工程老项目，是指：

①建筑工程施工许可证注明的合同开工日期在 2016 年 4 月 30 日前的建筑工程项目。

②未取得建筑工程施工许可证的，建筑工程承包合同注明的开工日期在 2016 年 4 月 30 日前的建筑工程项目。

（4）增值税一般纳税人跨县（市）提供建筑服务，在建筑服务发生地预缴税款后，向机构所在地主管税务机关进行纳税申报。

提供建筑服务的增值税一般纳税人按规定适用或选择适用简易计税方法计税的，不再实行备案制。以下证明材料无须向税务机关报送，改为自行留存备查：①为建筑工程老项目提供的建筑服务，留存建筑工程施工许可证或建筑工程承包合同；②为甲供工程提供的建筑服务、以清包工方式提供的建筑服务，留存建筑工程承包合同。

简易计税项目将总包扣除分包后的差额作为销售额时，按照应抵减的增值税"销项税额抵减"处理，当然也可以直接在计提增值税税金时直接抵减。会计分录为

借：应交税费——应交增值税（销项税额抵减）

贷：主营业务成本

7.4.5　预收款预缴增值税适用税率与账务处理

根据《财政部 税务总局关于建筑服务等营改增试点政策的通知》（财税

〔2017〕58号）第三条规定："纳税人提供建筑服务取得预收款，应在收到预收款时，以取得的预收款扣除支付的分包款后的余额，按照本条第三款规定的预征率预缴增值税。按照现行规定应在建筑服务发生地预缴增值税的项目，纳税人收到预收款时在建筑服务发生地预缴增值税。按照现行规定无需在建筑服务发生地预缴增值税的项目，纳税人收到预收款时在机构所在地预缴增值税。适用一般计税方法计税的项目预征率为2%，适用简易计税方法计税的项目预征率为3%。"

建筑施工企业收取预收款时如未向发包方开具发票，则增值税纳税义务不发生，但无论项目所在地与纳税人机构所在地是否在同一地级行政区，均需要按照规定预缴增值税及其附加费。

增值税预缴税款的几种情形，见表7-19。

表7-19　增值税预缴税款的几种情形

业务情形	计算公式		政策依据	具体内容
建筑安装业取得的预收款及异地（非同一行政区划）提供建筑服务取得收入	一般计税方法	应预缴税款＝（全部价款和价外费用－支付的分包款）÷（1＋9%）×2%	《财政部 税务总局关于建筑服务等营改增试点政策的通知》（财税〔2017〕58号）	以取得的预收款扣除支付的分包款后的余额，按照规定的预征率预缴增值税
	简易计税方法	应预缴税款＝（全部价款和价外费用－支付的分包款）÷（1＋3%）×3%		
纳税人同一地级行政区域范围内跨县（市、区）提供建筑服务	一般计税方法计税	应预缴税款＝（全部价款和价外费用－支付的分包款）÷（1＋9%）×2%	《国家税务总局关于发布〈纳税人跨县（市、区）提供建筑服务增值税征收管理暂行办法〉的公告》（国家税务总局公告2016年第17号）	—
	简易计税方法	应预缴税款＝（全部价款和价外费用－支付的分包款）÷（1＋3%）×3%		
	增值税小规模纳税人	应预缴税款＝（全部价款和价外费用－支付的分包款）÷（1＋1%）×1%[①]		

① 《财政部 税务总局关于增值税小规模纳税人减免增值税政策的公告》（财政部 税务总局公告2023年第19号）第二条规定："二、增值税小规模纳税人适用3%征收率的应税销售收入，减按1%征收率征收增值税；适用3%预征率的预缴增值税项目，减按1%预征率预缴增值税。"第三条规定："本公告执行至2027年12月31日。"

业务情形		计算公式		政策依据	具体内容
增值税一般纳税人	一般计税方法计税	应预缴税款＝（全部价款和价外费用－支付的分包款）÷（1＋9％）×2％		财税〔2016〕36号	向建筑服务发生地主管税务机关预缴税款,向机构所在地主管税务机关申报纳税
	简易计税	应预缴税款＝（全部价款和价外费用－支付的分包款）÷（1＋3％）×3％			
增值税小规模纳税人		应预缴税款＝（全部价款和价外费用－支付的分包款）÷（1＋1％）×1％ （凡在预缴地实现的月销售额未超过10万元（以1个季度为1个纳税期的,季度销售额未超过30万元）的），当期无须预缴税款）			
异地不动产（土地使用权）出租业务	纳税人出租2016年5月1日取得不动产,适用一般计税方法	应预缴税款＝含税销售额÷（1＋1％）×1％		财税〔2016〕36号附件2《营业税改征增值税试点有关事项的规定》	与机构所在地不在同一县市的不动产
	出租2016年4月30日取得不动产,适用简易计税方法	应预缴税款＝含税销售额÷（1＋5％）×5％			与机构所在地不在同一县市的不动产
不动产转让业务	增值税一般纳税人销售其2016年4月30日前取得的不动产（不含自建）	适合一般计税,按照5％的预征率		财税〔2016〕36号附件2《营业税改征增值税试点有关事项的规定》	适用一般计税方法计税的,以取得的全部价款和价外费用为销售额计算应纳税额
	增值税一般纳税人销售其2016年4月30日前自建的不动产	自建:应预缴税款＝全部价款和价外费用÷（1＋5％）×5％			
		非自建:应预缴税款＝（全部价款和价外费用－不动产购置原价或者取得不动产时的作价）÷（1＋5％）×5％			

　　分包款必须是同一项目的,而且在预缴时必须取得合规凭证才允许差额扣除。

　　应预缴附加税费＝实际预缴增值税税款×（适用城市维护建税税率＋教育费附加＋地方教育附加）

　　预收款增值税账务处理,见表7-20。

表 7-20 预收款增值税账务处理

财务情形		账务处理
收款时	收到预收款时	借：银行存款/内部往来等 贷：合同负债/应收账款等
	预缴税款时	借：应交税费——预交增值税 ——简易计税——预交 ——应交城建税 ——应交教育费附加 ——应交地方教育附加 贷：银行存款
	月末内部结转增值税时	借：内部往来——税款结转 贷：应交税费——预交增值税 ——简易计税——预交
	月末结转附加费时	借：税金及附加 贷：应交税费——应交城建税 ——应交教育费附加 ——应交地方教育附加
扣还时	发包方根据计量的含税款项	借：应收账款 贷：工程结算（不含税） 应交税费——待转销项税额
	实际扣还时	借：合同负债 贷：应收账款
	扣还纳税义务发生，根据对应销项税额	借：应交税费——待转销项税额 贷：应交税费——应交增值税（销项税额） ——简易计税——预交

注：（1）扣除的分包款应当包括取得分包方开具给总包方的增值税发票（普通发票或专用发票）。

（2）纳税人取得的全部价款和价外费用扣除支付的分包款后的余额为负数的，可结转下次预缴税款时继续扣除。

（3）纳税人应按照工程项目分别计算应预缴税款，分别预缴。

（4）纳税人预缴的税款可以在当期增值税应纳税额中抵减，抵减不完的，结转下期继续抵扣。以预缴税款抵减应纳税额，应以完税凭证作为合法有效凭证。

（5）支付的预付分包款没有取得扣税凭证的，不作为预缴增值税的抵减项目。

【例 7-10】天一建筑工程公司为增值税一般纳税人，2024 年 3 月与远大房地产开发公司签订甲工程总承包合同，合同约定甲工程所需钢筋混凝土由发包方供应，项目开工证上注明合同开工日期为 3 月 1 日，该工程所在地与天一建筑工程公司为非同一行政区划。天一建筑工程公司所在地城市维护建设税率为 7%，教育费附加为 3%，地方教育附加 2%。

（1）2024 年 3 月 16 日，天一建筑工程公司收取预收款 25 750 000 元，已向其开具收据，未支付分包款。

（2）2024 年 11 月 10 日，远大房地产开发公司 10 月应结算工程量 15 450 000 元。

（3）2024 年 12 月 31 日，远大房地产开发公司自当期计量款中扣还前期预付款 11 330 000 元。

甲工程总承包合同属于《财政部 税务总局关于建筑服务等"营改增"试点政策的通知》（财税〔2017〕58 号）所规范的特定甲供工程，适用简易计税。收到预收款未开具发票，但需要预缴增值税及附加费。

应预缴增值税 = 25 750 000 ÷ (1 + 3%) × 3% = 750 000(元)

应预缴附加费 = 750 000 × (7% + 3% + 2%) = 90 000(元)

①2024 年 3 月 16 日，收到预收款时，编制会计分录如下。

借：银行存款   25 750 000
    贷：合同负债   25 750 000

②预缴税款时。

借：应交税费——简易计税——预交   750 000
      ——应交城市维护建设税（750 000 × 7%）
           52 500
      ——应交教育费附加（750 000 × 3%）   22 500
      ——应交地方教育附加（750 000 × 2%）   15 000
    贷：银行存款   840 000

③月末，内部结转预缴增值税时，编制会计分录如下。

借：内部往来——税款结转   750 000
    贷：应交税费——简易计税——预交   750 000

④月末，结转附加税费时，编制会计分录如下。

借：税金及附加   90 000
    贷：应交税费——应交城市维护建设税   52 500
          ——应交教育费附加   22 500
          ——应交地方教育附加   15 000

⑤2024 年 11 月 10 日，验工计价时，编制会计分录如下。

借：应收账款   15 450 000
    贷：合同结算   15 000 000
      应交税费——待转销项税额   450 000

⑥2024 年 12 月 31 日，实际扣还预收款时，编制会计分录如下。

借：合同负债 11 330 000

    贷：应收账款 11 330 000

借：应交税费——待转销项税额 330 000

    贷：应交税费——简易计税——计提 330 000

⑦2024 年 12 月 31 日，内部结转应纳税额时，编制会计分录如下。

借：应交税费——简易计税——计提 330 000

    贷：内部往来——结转税款 330 000

【例 7-11】房建一公司为增值税一般纳税人，承包 C 建筑工程项目，采用简易计税方法核算。2024 年 1 月，按建筑承包合同约定的日期收到预收工程款 28 840 元，接受采用简易征收方式计税的 D 公司提供的建筑服务，价值 14 000 元，款项已支付，取得普通发票。

（1）收到预付款时，编制会计分录如下。

借：银行存款 28 840

    贷：应交税费——简易计税 28 000

        合同结算 840

（2）支付分包款时，编制会计分录如下。

借：合同履约成本［14 000÷(1+3%)］ 13 592.23

    应交税费——简易计税 407.77

    贷：银行存款 14 000

（3）次月缴纳增值税额时，编制会计分录如下。

借：应交税费——简易计税 407.77

    贷：银行存款 407.77

另外，对于增值税小规模纳税人提供建筑服务，由于"应交税费——应交增值税"下不设专栏，按规定扣减销售额而减少的应交增值税应直接冲减"应交税费——应交增值税"科目，其他处理与增值税一般纳税人的简易计税项目基本相同。

7.4.6 提供不动产经营租赁服务增值税账务处理

企业提供不动产经营租赁服务，按照以下规定缴纳增值税，见表 7-21。

表 7-21　企业提供不动产经营租赁服务计税方法

企业类别	时间截点	计税方法	预缴增值税	纳税地点
一般纳税人	出租其 2016 年 5 月 1 日后取得的不动产	一般计税方法	应预缴税款＝含税销售额÷(1＋9％)×3％	不动产所在地与机构所在地不在同一县（市、区）的，纳税人向不动产所在地主管税务机关预缴税款； 不动产所在地与机构所在地在同一县（市、区）的，纳税人应向机构所在地主管税务机关申报纳税
一般纳税人	出租其 2016 年 4 月 30 日前取得的不动产	简易计税方法	应预缴税款＝含税销售额÷(1＋5％)×5％	
小规模纳税人	单位和个体工商户出租不动产（不含个体工商户出租住房）		应预缴税款＝含税销售额÷(1＋5％)×1.5％	不动产所在地与机构所在地不在同一县（市、区）的，纳税人向不动产所在地主管税务机关预缴税款； 不动产所在地与机构所在地在同一县（市、区）的，纳税人应向机构所在地主管国税机关申报纳税。

《国家税务总局关于增值税小规模纳税人减免增值税等政策有关征管事项的公告》（国家税务总局公告 2023 年第 1 号）第九条规定："按照现行规定应当预缴增值税税款的小规模纳税人，凡在预缴地实现的月销售额未超过 10 万元的，当期无需预缴税款。在预缴地实现的月销售额超过 10 万元的，适用3％预征率的预缴增值税项目，减按 1％预征率预缴增值税。"

需要注意的是，若企业未按规定预缴增值税，将面临税务处罚和滞纳金的风险。此外，若企业错误地将预收账款确认为收入并申报缴纳增值税，也会导致税款缴纳不准确。

【例 7-12】吉城建筑工程公司将一栋办公楼出租，每月租金（含税）218 000 元，款项已收到。根据上述业务编制会计分录如下。

借：银行存款　　　　　　　　　　　　　　　　　　218 000

　　贷：其他业务收入　　　　　　　　　　　　　　　200 000

　　　应交税费——待转销项税额　　　　　　　　　 18 000

7.4.7　增值税一般纳税人销售自建不动产账务处理

增值税一般纳税人销售自建不动产，适用简易计税方法计税。会计处置时，应在简易计税下设置"计提""预交""扣除"二级明细科目。具体账务处理见表 7-22。

表 7-22　简易计税账务处理

财务情景		账务处理
不存在分包业务	尚未发生纳税义务的	借：应收账款 　　贷：合同结算 　　　　应交税费——待转销项税额
	收款时发生纳税义务的	借：银行存款 　　贷：应收账款 借：应交税费——待转销项税额 　　贷：应交税费——应交增值税——计提
存在分包业务	在全部价款和价外费用中差额扣除支付分包款并缴纳税款	借：合同履约成本——工程施工——分包成本 　　应交税费——应交增值税——扣除（分包价款中包括的增值税额） 　　贷：银行存款
	转入"应交税费——简计计税——扣除"科目	借：应交税费——简易计税——计提（全部工程款包括的增值税额） 　　贷：应交税费——简易计税——扣除
	月末结转和抵减时	借：应交税费——简易计税——计提 　　贷：应交税费——简易计税——扣除 　　　　——简易计税——预交

（1）计提。贷方核算提供建筑服务发生的纳税义务后的应纳税额，借方核算减免税款、预缴税款的抵减以及申报后的缴纳。

（2）扣除。借方核算提供建筑服务支付的分包款在全部价款和价外费用中允许差额扣除对应的税额，贷方核算差额扣除的结转。

（3）预交。借方核算以预收款方式提供建筑服务，或者跨地级行政区提供建筑服务，按照规定实际预缴的税款，贷方核算以预缴税款抵减应纳税额。

【例 7-13】洛水建筑有限公司为增值税一般纳税人，该公司在机构所在地拥有一处不动产，该不动产系"营改增"试点前自建。该不动产原值 44 000 000 元。

2025 年 1 月 12 日，洛水建筑有限公司将该不动产对外出售，取得转让收入 96 600 000 元，处理时该不动产已计提折旧 12 000 000 元，未计提资产减值准备。

1 月收款时发生纳税义务，向不动产所在地主管税务机关缴纳增值税，因该不动产属于"营改增"试点前自建，选择简易计税方法，并取得完税凭证。

应预缴增值税＝96 600 000÷（1＋5%）×5%＝4 600 000（元）

应预缴城市维护建设税＝4 600 000×7%＝322 000（元）

应预缴教育费附加＝4 600 000×3%＝138 000（元）

应预缴地方教育附加＝4 600 000×2%＝92 000（元）

（1）预缴税款时，编制会计分录如下。

借：应交税费——简易计税——预交 4 600 000

           ——应交城建税 322 000

           ——应交教育费附加 138 000

           ——应交地方教育附加 92 000

    贷：银行存款 5 152 000

（2）确认转让损益及应纳税额时，编制会计分录如下。

借：银行存款 96 600 000

    贷：固定资产清理 92 000 000

        应交税费——简易计税——计提 4 600 000

借：固定资产清理 32 000 000

   累计折旧 12 000 000

    贷：固定资产 44 000 000

（3）预缴税款抵减应纳税额时，编制会计分录如下。

借：应交税费——简易计税——计提 4 600 000

    贷：应交税费——简易计税——预交 4 600 000

（4）结转预缴附加税费，编制会计分录如下。

借：税金及附加 552 000

    贷：应交税费——应交城建税 322 000

           ——应交教育费附加 138 000

           ——应交地方教育附加 92 000

7.4.8　销售使用过的固定资产和其他物品账务处理

使用过的固定资产，是指纳税人根据财务会计制度已经计提折旧的固定资产。

销售旧固定资产有以下几种情形：

（1）销售 2008 年 12 月 31 日之前购进的固定资产。

《财政部　国家税务总局关于全国实施增值税转型改革若干问题的通知》

（财税〔2008〕170号）（以下简称财税〔2008〕170号）第四条第一款第三项规定："2008年12月31日以前已纳入扩大增值税抵扣范围试点的纳税人，销售自己使用过的在本地区扩大增值税抵扣范围试点以前购进或者自制的固定资产，按照4％征收率减半征收增值税；销售自己使用过的在本地区扩大增值税抵扣范围试点以后购进或者自制的固定资产，按照适用税率征收增值税。"

（2）销售2009年1月1日以后购进的固定资产。

根据财税〔2008〕170号第四条第一款第一项规定："销售自己使用过的2009年1月1日以后购进或者自制的固定资产，按照适用税率征收增值税。"

增值税一般纳税人和增值税小规模纳税人销售使用过的物品增值税处理见表7-23。

表7-23　增值税一般纳税人和增值税小规模纳税人销售使用过的物品增值税处理

应税行为		一般纳税人	小规模纳税人
销售自己使用过的物品	固定资产	（1）按规定允许抵扣进项税额的固定资产再转让 销项税额=含税销售额÷(1+13％)×13％ （2）按规定不得抵扣且未抵扣过进项税额的固定资产再转让 应纳税额=含税销售额÷(1+3％)×2％	应纳税额=含税销售额÷(1+3％)×2％
	其他物品	销项税额=含税销售额÷(1+税率)×税率（按照适用税率征收增值税）	应纳税额=含税销售额÷(1+3％)×3％

【例7-14】恒达建设有限公司为增值税一般纳税人，2025年1月转让10台钢筋切断机，取得销售价款618 000元。该10台钢筋切断机购置于"营改增"之前，原值2 000 000元，已计提折旧900 000元，计提减值准备50 000元。

（1）固定资产转入清理时，编制会计分录如下。

借：固定资产清理　　　　　　　　　　　　1 050 000

　　累计折旧　　　　　　　　　　　　　　　900 000

　　资产减值准备　　　　　　　　　　　　　50 000

　　贷：固定资产　　　　　　　　　　　　　　　2 000 000

（2）按照简易办法征收增值税，应纳税额=618 000÷(1+3％)×3％=18 000（元）；增值税减免税额=618 000÷(1+3％)×1％=6 000（元）。编制会计分录如下。

```
借：银行存款                                        618 000
    贷：固定资产清理                                  600 000
        应交税费——简易计税——计提                    18 000
```

①将减免税款部分确认为利得，编制会计分录如下。

```
借：应交税费——简易计税——计提                       6 000
    贷：营业外收入                                    6 000
```

②确认固定资产处置亏损：1 050 000－600 000＝450 000（元），编制会计分录如下。

```
借：资产处置损益                                    450 000
    贷：固定资产清理                                  450 000
```

③缴纳增值税12 000元，编制会计分录如下。

```
借：应交税费——简易计税——计提（18 000－6 000）
                                                  12 000
    贷：银行存款                                     12 000
```

7.4.9　增值税期末留抵税额的计算

增值税一般纳税人期末核算增值税应纳税额时，本期的进项税额大于本期的销项税额，差额便是期末留抵税额，这部分差额可以留到下期继续抵扣。

自2022年7月1日，增值税留抵税额政策行业范围扩大至"批发和零售业""农、林、牧、渔业""住宿和餐饮业""居民服务、修理和其他服务业""教育""卫生和社会工作""文化、体育和娱乐业"。

制造业、批发零售业等行业企业，是指从事《国民经济行业分类》中"批发和零售业""农、林、牧、渔业""住宿和餐饮业""居民服务、修理和其他服务业""教育""卫生和社会工作""文化、体育和娱乐业""制造业""科学研究和技术服务业""电力、热力、燃气及水生产和供应业""软件和信息技术服务业""生态保护和环境治理业""交通运输、仓储和邮政业"业务相应发生的增值税销售额占全部增值税销售额的比重超过50%的纳税人。

按照以下公式计算允许退还的留抵税额：

允许退还的增量留抵税额＝增量留抵税额×进项构成比例×100%

允许退还的存量留抵税额＝存量留抵税额×进项构成比例×100%

经税务机关核准的允许退还的增值税期末留抵税额，以及缴回的已退还的留抵退税款项，应当通过"应交税费——增值税留抵税额"明细科目进行核算。

【例 7-15】川东建筑装饰公司是纳税信用等级为 A 级的增值税一般纳税人，按月申报纳税。

（1）当月进项税额 112 万元，当月销项税额 80 万元。

月底进行增值税结转时，进项税额尚有 32 万元未抵扣，即为期末留抵税额，会计分录如下。

借：应交税费——应交增值税（转出未交增值税）　320 000
　　贷：应交税费——未交增值税　　　　　　　　　　　　　320 000

（2）假设上期留抵税额为 20 万元。

留抵税额＝112（本期进项税额）＋20（上期留抵税额）－ 80（本期销项税额）＝52 元（正数）。

当留抵税额为正数时，会计分录为：

借：应交税费——应交增值税（转出未交增值税）　　　52
　　贷：应交税费——未交增值税　　　　　　　　　　　　　52

（3）若当月进项税额 80 万元，当月销项税额 120 万元，上期留抵税额为 20 万元。

应纳税额＝80＋20－120＝20（万元）

本月需要缴纳增值税 20 万元，会计分录如下。

借：应交税费——未交增值税　　　　　　　　200 000
　　贷：银行存款　　　　　　　　　　　　　　　　200 000

在涉及当期期末留抵税额与当期免抵退税额比较时，需根据具体情况进行会计处理。例如，当期期末留抵税额小于或等于当期免抵退税额时，当期应退税额等于当期期末留抵税额；当期期末留抵税额大于当期免抵退税额时，当期应退税额等于当期免抵退税额。

在申请留抵退税时，需按照相关法规进行会计处理。例如，收到退税款时，应借记"银行存款"科目，贷记"应交税费——应交增值税（进项税额转出）"或"应交税费——未交增值税"科目（根据实际情况确定）。

按照《财政部 税务总局关于增值税期末留抵退税有关城市维护建设税、教育费附加和地方教育附加政策的通知》（财税〔2018〕80 号）的规定可知，对实行增值税期末留抵退税的纳税人，允许其从城市维护建设税、教育费附加和地方教育附加的计税（征）依据中扣除退还的增值税税额。

期末留抵退税后，相应增加了后期的"应纳税额"。但是这部分"应纳税额"是退还留抵税额引起的，并不是真正意义上的应纳税额。因此，通知允许其从城市维护建设税、教育费附加和地方教育附加的计（征）税依据中扣除退还的增值税留抵税额。

7.4.10　企业纳税信用等级

在增值税期末留抵税额优惠政策中讲到企业纳税信用等级，从 2018 年 4 月 1 日起，企业纳税信用等级由原来的 A、B、C、D 四级变更为 A、B、M、C、D 五级。

▶ **1. A 级**

A 级是指年度评价指标得分 90 分以上的纳税人，税务机关对 A 级企业激励措施如下：

（1）主动向社会公告 A 级纳税人名单。

（2）增值税一般纳税人可单次领取 3 个月的增值税发票用量。

（3）普通发票按需领用。

（4）税务机关与相关部门实施的联合激励措施等。

（5）连续 3 年被评为 A 级信用级别，还可以由税务机关提供绿色通道或专门人员帮助办理涉税事项。

有下列情形之一的纳税人，本评价年度不能评为 A 级：

（1）实际生产经营期未满 3 年的。

（2）上一评价年度纳税信用评价结果为 D 级的。

（3）非正常原因一个评价年度内增值税连续 3 个月或者累计 6 个月零申报、负申报的。

（4）不能按照国家统一的会计制度规定设置账簿，并根据合法、有效凭证核算，向税务机关提供准确税务资料的。

▶ **2. B 级**

B 级是指年度评价指标得分 70 分以上不满 90 分的纳税人，对 B 级纳税人的激励措施如下：

（1）可一次领取不超过两个月的增值税发票用量。

（2）取消增值税发票认证。

（3）税务机关与相关部门实施的联合激励措施等。

▶ 3. M级

M级是指新设立企业（从首次在税务机关办理涉税事宜之日起时间不满一个评价年度的企业）、评价年度内无生产经营业务收入且年度评价指标得分70分以上的企业，对M级纳税人的激励措施如下：

（1）取消增值税专用发票认证。

（2）税务机关适时进行税收政策和管理规定的辅导。

▶ 4. C级

C级是指年度评价指标得分40分以上不满70分的纳税人，对C级纳税人的激励措施如下：

取消增值税发票认证。

▶ 5. D级

D级是指年度评价指标得分不满40分的纳税人或者直接判级确定的，对D级纳税人的惩戒措施如下：

（1）公开D级纳税人及其直接责任人员名单，对直接责任人员注册登记或者负责经营的其他纳税人纳税信用直接判为D级。

（2）增值税专用发票领用按辅导期一般纳税人政策办理，普通发票的领用实行交（验）旧供新、严格限量供应。

（3）加强出口退税审核。

（4）加强纳税评估，严格审核其报送的各种资料。

（5）列入重点监控对象，提高监督检查频次，发现税收违法违规行为的，不得适用规定处罚幅度内的最低标准。

（6）将纳税信用评价结果通报相关部门，建议在经营、投融资、取得政府供应土地、进出口、出入境、注册新公司、工程招投标、政府采购、获得荣誉、安全许可、生产许可、从业任职资格、资质审核等方面予以限制或禁止。

（7）税务机关与相关部门实施的联合惩戒措施，以及结合实际情况依法采取其他严格管理措施。

有下列情形之一的纳税人，本评价年度直接判为D级：

（1）存在逃避缴纳税款、逃避追缴欠税、骗取出口退税、虚开增值税专用发票等行为，经判决构成涉税犯罪的。

（2）存在前项所列行为，未构成犯罪，但偷税（逃避缴纳税款）金额10万元以上且占各税种应纳税总额10%以上，或者存在逃避追缴欠税、骗取出口退税、虚开增值税专用发票等税收违法行为，已缴纳税款、滞纳金、罚款的。

（3）在规定期限内未按税务机关处理结论缴纳或者足额缴纳税款、滞纳金和罚款的。

（4）以暴力、威胁方法拒不缴纳税款或者拒绝、阻挠税务机关依法实施税务稽查执法行为的。

（5）存在违反增值税发票管理规定或者违反其他发票管理规定的行为，导致其他单位或者个人未缴、少缴或者骗取税款的。

（6）提供虚假申报材料享受税收优惠政策的。

（7）骗取国家出口退税款，被停止出口退（免）税资格未到期的。

（8）有非正常户记录或者由非正常户直接责任人员注册登记或者负责经营的。

（9）由D级纳税人的直接责任人员注册登记或者负责经营的。

（10）存在税务机关依法认定的其他严重失信情形的。

值得关注的是，信用评级关系企业能否享受税收优惠政策，企业应维护自己的信用等级。不可因信用评级恶化，而失去资格。比如《财政部 税务总局关于进一步加大增值税期末留抵退税政策实施力度的公告》（财政部 税务总局公告 2022 年第 14 号），其中就有对企业信用的限制条件，只有信用为A、B级的企业才有资格享有增值税留抵税额退还的政策。

7.5 增值税一般纳税人税费申报

建筑施工企业的纳税申报比较复杂，可以分为增值税一般纳税人同一县（市）提供建筑服务的，其中有一般计税方法项目，也有简易计税方法项目；也可以分为增值税一般纳税人在不同县（市）区提供建筑服务的，同样有一般计税方法项目，也有简易计税方法项目。

【例 7-16】深圳湘江建设集团为增值税一般纳税人，企业要求各项目部将能选用简易办法征收的项目均选用简易办法征收，目前企业共有甲、乙、丙、丁四个项目部，2025 年 3 月在西安市发生业务如下。

（1）甲项目部中标一项清包工的装饰工程，共计实现销售收入 6 386 000 元，工程中将劳务进行了分包，支付给劳务公司分包款 2 472 000 元；

（2）乙项目部中标一项甲供工程建筑项目，共计实现销售收入 11 330 000 元，工程中将劳务进行了分包，支付给劳务公司分包款 6 180 000 元；

（3）丙项目部在2021年4月中标一项A企业清包工工程，2024年3月取得销售收入21 630 000元，支付给管道分包公司分包款9 270 000元；当月取得购买水泥开具的进项税发票，发票上注明税额640 000元。

（4）丁项目部于1月中标一项包工包料的项目工程。3月实现销售收入76 300 000元。支付给管道分包公司（包工包料）6 540 000元分包款，支付给建筑装修公司（包工包料）4 578 000元分包款。采购材料共计发生款项12 000 000元，取得合法的增值税专用发票，注明进项税额1 560 000元，分包项目取得自管道分包公司及建筑装修公司开来的增值税专用发票。

（5）甲、乙、丙、丁四个项目部共用租赁设备，当月租金支出9 000 000元。

以上工程全部在4月完工，款项已收到（收入为含税收入），并开具增值税专用发票，收到的增值税专用发票均已通过认证。

相关资料信息整理，见表7-24。

表7-24　相关资料信息
单位：元

项目部	采购材料进项税额	含税收入	支付分包款	计税方法
甲项目部	0	6 386 000	2 472 000	简易计税
乙项目部	0	11 330 000	6 180 000	简易计税
丙项目部	640 000	21 630 000	9 270 000	简易计税
小计	640 000	39 346 000	17 922 000	——
丁项目部	1 560 000	76 300 000	11 118 000 000	一般计税

按照《国家税务总局关于发布〈纳税人跨县（市、区）提供建筑服务增值税征收管理暂行办法〉的公告》（国家税务总局公告2016年第17号）的要求，对跨县（市、区）提供的建筑服务，纳税人应自行建立预缴税款台账，区分不同县（市、区）和项目逐笔登记全部收入、支付的分包款、已扣除的分包款、扣除分包款的发票号码、已预缴税款以及预缴税款的完税凭证号码等相关内容，留存备查。

▶▶ 1. 税款的计算

（1）甲项目采用简易计税方法，计算应预缴税款。

应预缴税款＝（全部价款和价外费用－支付的分包款）÷（1＋3%）×3%＝（6 386 000－2 472 000）÷（1＋3%）×3%＝114 000（元）

（2）乙项目采用简易计税方法，计算应预缴税款。

应预缴税款＝（全部价款和价外费用－支付的分包款）÷（1＋3％）×3％＝（11 330 000－6 180 000）÷（1＋3％）×3％＝150 000（元）

（3）丙项目采用简易计税方法，计算应预缴税款。

应预缴税款＝（全部价款和价外费用－支付的分包款）÷（1＋3％）×3％＝（21 630 000－9 270 000）÷（1＋3％）×3％＝360 000（元）

（4）丁项目采用一般计税方法，计算应预缴税款。

应预缴税款＝（全部价款和价外费用－支付的分包款）÷（1＋9％）×2％＝（76 300 000－6 540 000－4 578 000）÷（1＋9％）×2％＝1 196 000（元）

（5）计算预缴税款合计额。

预缴税额＝114 000＋150 000＋360 000＋1 196 000＝1 820 000（元）

▶▶ **2. 深圳市机构所在地纳税申报税款计算**

（1）简易办法征收方式应纳税额。

甲、乙、丙项目合计应纳税额＝（以取得的全部价款＋价外费用－分包款后的余额）÷（1＋3％）×3％＝（39 346 000－17 922 000）÷（1＋3％）×3％＝624 000（元）

（2）采用一般计税办法计算应纳税额。

①销项税额＝（以取得的全部价款＋价外费用）÷（1＋9％）×9％＝76 300 000÷（1＋9％）×9％＝6 300 000（元）

②进项税额。首先，一般计税方法下，支付的分包款获取增值税专用发票，可以抵扣相应的进项税额。丁项目分包款进项税合计＝（6 540 000＋4 578 000）÷（1＋9％）×9％＝918 000（元）

其次，丁项目部材料采购进项税额＝12 000 000×13％＝1 560 000（元）

最后，共用的租赁设备的进项额，适用有形动产租赁，税率为13％。

共用设备进项税额＝9 000 000×13％＝1 170 000（元）

所以，取得增值税专用发票认证金额＝（6 540 000＋4 578 000）÷（1＋9％）＋9 000 000＋12 000 000＝31 200 000（元）

进项税额合计＝918 000＋1 170 000＋1 560 000＝3 648 000（元）

③计算应纳税额。

应纳税额＝销项税额－进项税额＝6 300 000－3 648 000＝2 652 000（元）

（3）简易计税和一般计税应纳税额合计。

应纳税额合计＝624 000＋2 652 000＝3 276 000（元）

（4）本期应补（退）税额＝3 276 000－1 820 000＝1 456 000（元）

计算本期附加税费，该集团城市维护建设税税率为7％，教育费附加征收率为 3%，地方教育附加征收率为 2%。

应缴纳城市维护建设税＝1 456 000×7%＝101 920（元）

应缴纳教育费附加＝1 456 000×3%＝43 680（元）

应缴纳地方教育附加＝1 456 000×2%＝29 120（元）

▶▶ 3. 填写增值税预缴税款表

具体申报见表 7-25。

表 7-25　增值税预缴税款表

税款所属时间：2025 年 4 月 1 日至 2025 年 4 月 30 日

统一社会信用代码：86456525657676874H　　　　　　是否适用一般计税方法　是□　否□

金额单位：元（列至角分）

纳税人名称：深圳湘江建设集团（公章）					
项目编号		8647536453423	项目名称	恒雅丽江小镇	
项目地址					
预征项目和栏次		销售额	扣除金额	预征率	预征税额
		1	2	3	4
建筑服务	1	6 386 000	2 472 000	0.03	114 000
建筑服务	2	11 330 000	6 180 000	0.03	150 000
建筑服务	3	21 630 000	9 270 000	0.03	360 000
建筑服务	4	76 300 000	11 118 000	0.02	1 196 000
合　　计	5	115 646 000	29 040 000		1 820 000
授权声明	如果你已委托代理人填报，请填写下列资料： 　　为代理一切税务事宜，现授权　　　　（地址）为本次纳税人的代理填报人，任何与本表有关的往来文件，都可寄予此人。 授权人签字：徐芳		填表人申明	以上内容是真实的、可靠的、完整的。 纳税人签字：徐芳	

▶▶ 4. 增值税及附加税费申报表的填写

深圳湘江建设集团在深圳机构所在地，需要填报的纳税申报表至少包括：增值税及附加税费申报表主表、附表（一）（本期销售情况明细）、附表（二）（本期进项税额明细）、附表（三）（服务、不动产和无形资产扣除项目明细）、附表（四）（税额抵减情况表）、附表（五）（附加税费情况表）等。增值税及附加税费申报表附表（一）（本期销售情况明细）见表 7-26。

表 7-26　增值税及附加税费申报表附列资料（一）（本期销售情况明细）

税款所属时间:2025 年 4 月 1 日至 2025 年 4 月 30 日

纳税人名称:深圳湘江建设集团（公章）（略）　　　　　　　　　　　金额单位:元至角分

项目及栏次		开具增值税专用发票		开具其他发票		未开具发票		纳税检查调整		合计			服务、不动产和无形资产扣除项目本期实际扣除金额	扣除后	
		销售额	销项（应纳）税额	销售额	销项（应纳）税额	销售额	销项（应纳）税额	销售额	销项（应纳）税额	销售额	销项（应纳）税额	价税合计		含税（免税）销售额	销项（应纳）税额
		1	2	3	4	5	6	7	8	9=1+3+5+7	10=2+4+6+8	11=9+10	12	13=11-12	14=13÷(100%+税率或征收率)×税率或征收率
一、一般计税方法计税　全部征税项目	13%税率的货物及加工修理修配劳务	1	—	—	—	—	—	—	—	—	—	—	—	—	—	—
	13%税率服务、不动产和无形资产	2	—	—	—	—	—	—	—	—	—	—	—	—	—	—
	9%税率的货物及加工修理修配劳务	3	70 000 000	6 300 000	—	—	—	—	—	—	70 000 000	6 300 000	76 300 000	—	76 300 000	6 300 000
	9%税率服务、不动产和无形资产	4	—	—	—	—	—	—	—	—	—	—	—	—	—	—
	6%税率	5	—	—	—	—	—	—	—	—	—	—	—	—	—	—
其中:即征即退项目	即征即退货物及加工修理修配劳务	6	—	—	—	—	—	—	—	—	—	—	—	—	—	—
	即征即退服务、不动产和无形资产	7	—	—	—	—	—	—	—	—	—	—	—	—	—	—

项目及栏次		开具增值税专用发票 销售额 1	开具增值税专用发票 销项(应纳)税额 2	开具其他发票 销售额 3	开具其他发票 销项(应纳)税额 4	未开具发票 销售额 5	未开具发票 销项(应纳)税额 6	纳税检查调整 销售额 7	纳税检查调整 销项(应纳)税额 8	合计 销售额 9=1+3+5+7	合计 销项(应纳)税额 10=2+4+6+8	价税合计 11=9+10	服务、不动产和无形资产扣除项目本期实际扣除金额 12	扣除后 含税(免税)销售额 13=11-12	扣除后 销项(应纳)税额 14=13÷(100%+税率或征收率)×税率或征收率
二、简易计税方法计税 全部征税项目	6%征收率 8	—	—	—	—	—	—	—	—	—	—	—	—	—	—
	5%征收率的货物及加工修理修配劳务 9a	—	—	—	—	—	—	—	—	—	—	—	—	—	—
	5%征收率的服务、不动产和无形资产 9b	—	—	—	—	—	—	—	—	—	—	—	—	—	—
	4%征收率 10	—	—	—	—	—	—	—	—	—	—	—	—	—	—
	3%征收率的货物及加工修理修配劳务 11	—	—	—	—	—	—	—	—	—	—	—	—	—	—
	3%征收率服务、无形资产及不动产 12	38 200 000	1 146 000	—	—	—	—	—	—	38 200 000	1 146 000	39 346 000	17 922 000	21 424 000	624 000
其中：即征即退项目	预收率(%) 13a	—	—	—	—	—	—	—	—	—	—	—	—	—	—
	预收率(%) 13b	—	—	—	—	—	—	—	—	—	—	—	—	—	—
	预收率(%) 13c	—	—	—	—	—	—	—	—	—	—	—	—	—	—

续上表

项目及栏次		开具增值税专用发票		开具其他发票		未开具发票		纳税检查调整		合计			服务、不动产和无形资产扣除项目本期实际扣除金额	扣除后	
		销售额	销项(应纳)税额	销售额	销项(应纳)税额	销售额	销项(应纳)税额	销售额	销项(应纳)税额	销售额	销项(应纳)税额	价税合计		含税(免税)销售额	销项(应纳)税额
		1	2	3	4	5	6	7	8	9=1+3+5+7	10=2+4+6+8	11=9+10	12	13=11-12	14=13÷(100%+税率或征收率)×税率或征收率
二、简易计税方法计税	其中：即征即退项目	即征即退货物及加工修理修配劳务 14	—	—	—	—	—	—	—	—	—	—	—	—	—	—
		即征即退服务、不动产和无形资产 15	—	—	—	—	—	—	—	—	—	—	—	—	—	—
三、免抵退税		货物及加工修理修配劳务 16	—	—	—	—	—	—	—	—	—	—	—	—	—	—
		服务、不动产和无形资产 17	—	—	—	—	—	—	—	—	—	—	—	—	—	—
四、免税		货物及加工修理修配劳务 18	—	—	—	—	—	—	—	—	—	—	—	—	—	—
		服务、不动产和无形资产 19	—	—	—	—	—	—	—	—	—	—	—	—	—	—

根据前面的计算，填报增值税纳税申报表，见表 7-27。

表 7-27 增值税及附加税费税申报表（一般纳税人适用）

税款所属时间：自 2025 年 4 月 1 日至 2025 年 4 月 30 日

填表日期：2025 年 5 月 10 日

金额单位：元（列至角分）

纳税人识别号（统一社会信用代码）：☐☐☐☐☐☐☐☐☐☐☐☐☐☐☐☐☐☐

所属行业：建筑业

纳税人名称：深圳湘江建设集团	法定代表人姓名	张某江	注册地址	深圳	生产经营地址	××
开户银行及账号	385625024723	登记注册类型	有限责任公司		电话号码	××

	项　　目	栏　　次	一般项目		即征即退项目	
			本月数（元）	本年累计（略）	本月数（元）	本年累计
销售额	（一）按适用税率计税销售额	1	70 000 000	—	—	—
	其中：应税货物销售额	2	—	—	—	—
	应税劳务销售额	3	—	—	—	—
	纳税检查调整的销售额	4	—	—	—	—
	（二）按简易办法计税销售额	5	20 800 000	—	—	—
	其中：纳税检查调整的销售额	6	—	—	—	—
	（三）免、抵、退办法出口销售额	7	—	—	—	—
	（四）免税销售额	8	—	—	—	—
	其中：免税货物销售额	9	—	—	—	—
	免税劳务销售额	10	—	—	—	—
税款计算	销项税额	11	6 300 000	—	—	—
	进项税额	12	3 648 000	—	—	—
	上期留抵税额	13		—	—	—
	进项税额转出	14		—	—	—
	免、抵、退应退税额	15		—	—	—
	按适用税率计算的纳税检查应补缴税额	16		—	—	—
	应抵扣税额合计	17＝12＋13－14－15＋16	3 648 000	—	—	—
	实际抵扣税额	18（如 17＜11，则为 17，否则为 11）	3 648 000	—	—	—

项 目		栏 次	一般项目		即征即退项目	
			本月数（元）	本年累计（略）	本月数（元）	本年累计
税款计算	应纳税额	19＝11－18	2 652 000	—	—	—
	期末留抵税额	20＝17－18				
	简易计税办法计算的应纳税额	21	624 000			
	按简易计税办法计算的纳税检查应补缴税额	22				
	应纳税额减征额	23				
	应纳税额合计	24＝19＋21－23	3 276 000			
税款缴纳	期初未缴税额（多缴为负数）	25				
	实收出口开具专用缴款书退税额	26				
	本期已缴税额	27＝28＋29＋30＋31	1 820 000			
	①分次预缴税额	28				
	②出口开具专用缴款书预缴税额	29				
	③本期缴纳上期应纳税额	30				
	④本期缴纳欠缴税额	31				
	期末未缴税额（多缴为负数）	32＝24＋25＋26－27				
	其中：欠缴税额（≥0）	33＝25＋26－27	—			
	本期应补（退）税额	34＝24－28－29	1 456 000			
	即征即退实际退税额	35				
	期初未缴查补税额	36				
	本期入库查补税额	37				
	期末未缴查补税额	38＝16＋22＋36－37	—			
附加税费	城市维护建设税本期应补（退）税额	39	101 920	—	—	—
	教育费附加本期应补（退）费额	40	43 680	—	—	—
	地方教育附加本期应补（退）费额	41	29 120	—	—	—

声明：此表是根据国家税收法律法规及相关规定填写的，本人（单位）对填报内容（及附带资料）的真实性、可靠性、完整性负责。

纳税人（签章）：深圳湘江建设集团　　　　2024 年 5 月 10 日

经办人：××	受理人：××
经办人身份证号：××	
代理机构签章：××	受理税务机关（章）：
代理机构统一社会信用代码：××	受理日期：2024 年 5 月 10 日

7.6　增值税小规模纳税人应纳税额的计算

▶ 1. 应纳税额的计算公式

根据规定，增值税小规模纳税人销售货物或提供应税劳务，按简易计税方法计算，即按销售额和规定征收率计算应纳税额。不得抵扣进项税额。同时，销售货物也不得自行开具增值税专用发票。

应纳税额＝销售额×征收率

▶ 2. 含税销售额的换算

不含税销售额＝含税销售额÷（1＋征收率）

增值税小规模纳税人应设置"应交增值税"科目。

【例 7-17】 大厂建设公司为增值税小规模纳税人，2025 年 1 月 2 日，业主对其承包的甲工程验工计价 3 090 000 元。6 月 12 日，大厂建设公司收到工程款 50％，由税务局向其开具增值税专用发票，金额 1 500 000 元，税额 45 000 元。

①1 月 2 日，编制会计分录如下。

借：应收账款　　　　　　　　　　　　　　　　1 500 000

　　贷：合同结算　　　　　　　　　　　　　　　　　1 500 000

②6 月 12 日，发生纳税业务，编制会计分录如下。

借：银行存款　　　　　　　　　　　　　　　　1 545 000

　　贷：应收账款　　　　　　　　　　　　　　　　　1 500 000

　　　　应交税费——应交增值税　　　　　　　　　　　45 000

《关于增值税小规模纳税人减免增值税政策的公告》（财政部　税务总局公告 2023 年第 19 号）

为进一步支持小微企业和个体工商户发展，现将延续小规模纳税人增值税减免政策公告如下：

一、对月销售额 10 万元以下（含本数）的增值税小规模纳税人，免征增值税。

二、增值税小规模纳税人适用 3％征收率的应税销售收入，减按 1％征收率征收增值税；适用 3％预征率的预缴增值税项目，减按 1％预征率预缴增值税。

三、本公告执行至 2027 年 12 月 31 日。

《国家税务总局关于增值税小规模纳税人减免增值税等政策有关征管事项的公告》（国家税务总局公告 2023 年第 1 号）

……

一、增值税小规模纳税人（以下简称小规模纳税人）发生增值税应税销售行为，合计月销售额未超过 10 万元（以 1 个季度为 1 个纳税期的，季度销售额未超过 30 万元，下同）的，免征增值税。

……

九、按照现行规定应当预缴增值税税款的小规模纳税人，凡在预缴地实现的月销售额未超过 10 万元的，当期无需预缴税款。在预缴地实现的月销售额超过 10 万元的，适用 3％预征率的预缴增值税项目，减按 1％预征率预缴增值税。

7.7 增值税涉税风险

增值税涉税风险主要集中在发票、增值税零申报、进项税额抵扣、增值税预缴款等方面。

7.7.1 发票涉税风险

来自发票的税务风险主要包括发票信息开具不规范、发票取得不合规、发票重复报销、发票与账务处理不符、发票未及时认证或抵扣值税专用发票等。

▶▶ **1. 发票信息开具不规范**

发票信息开具不规范，指的是企业在开具发票时，《中华人民共和国发票管理办法实施细则》第二十八条规定："单位和个人在开具发票时，应当填写项目齐全，内容真实。开具纸质发票应当按照发票号码顺序填开，字迹清楚，全部联次一次打印，内容完全一致，并在发票联和抵扣联加盖发票专用章。"《国家税务总局关于推广应用全面数字化电子发票的公告》（国家税务总局公告 2024 年第 11 号）第十一条规定："单位和个人可以登录自有的税务数字账户、个人所得税 APP，免费查询、下载、打印、导出已开具或接受的数电发票；可以通过税务数字账户，对数电发票入账与否打上标识；可以通过电子发票服务平台或全国增值税发票查验平台，免费查验数电发票信息。"

未按照规定，准确、完整地填写发票内容。开具不规范的发票可能会承担以下后果：

对于不符合规定的发票，不得作为财务报销凭证，任何单位和个人有权拒收。如果违反规定虚开发票，税务机关将没收违法所得。对于虚开金额在1万元以下的，可以并处5万元以下的罚款；虚开金额超过1万元的，并处5万元以上50万元以下的罚款。如果开具不规范发票的行为严重到构成犯罪，那么将依法追究刑事责任。

▶▶ **2. 发票取得不合规**

发票取得不合规，通常是指违反《中华人民共和国发票管理办法》的有关规定印制、领购、开具、取得的发票。发票取得不合规通常又分两种：一种是由税务机关印制、发售的，发票本身是合法的，只是企业在开具、取得、使用过程中违反规定；另一种是发票本身不具合法性。如非税务机关印制、发售的假发票。根据规定，在日常检查中发现纳税人使用不符合规定发票特别是没有填开付款方全称的发票，不允许纳税人用于税前扣除、抵扣税款、出口退税和财务报销。企业和个人取得网络发票时，应及时查询验证网络发票信息的真实性、完整性，对不符合规定的发票，不得作为财务报销凭证，任何企业和个人有权拒收。

针对这种情形，首先要查清不合规发票是否为业务内容真实的发票，如果内容真实，只是填开的内容不完整、不规范、不清楚，用章不正确等，依据《中华人民共和国发票管理办法实施细则》第二十六条第一款规定："开具纸质发票后，如发生销售退回、开票有误、应税服务中止等情形，需要作废发票的，应当收回原发票全部联次并注明'作废'字样后作废发票。"因此，应退回有关经办人员作废重开。其次，查清不合规发票是否为伪造、变造的会计凭证，如果发票反映的为虚假的业务内容，则为伪造、变造的原始凭证。依据《中华人民共和国税收征收管理法实施细则》第九十一条规定："非法印制、转借、倒卖、变造或者伪造完税凭证的，由税务机关责令改正，处2 000元以上1万元以下的罚款；情节严重的，处1万元以上5万元以下的罚款；构成犯罪的，依法追究刑事责任。"

▶▶ **3. 发票重复报销**

电子发票报销时使用复印件，这为重复报销提供了便利，企业应指派专人建立电子发票台账，建立查重报销制度，落实财务人员责任。

审查发票重复报销要点：一是要审查入账的纸质票据是正联还是副联，副联不能作为记账凭据的；二是要审查票据的发生时间，是否为当年当月发生，发现跨年度票据，尤其是原因不明的要重点进行追查；三是账据核对，查验是否重复报销。

发票重复报销会导致成本与费用的增加，引发企业所得税纳税风险。

以下摘自内蒙古自治区赤峰市敖汉旗人民政府网站关于审计发票的内容。

......

一、审计发现的问题

电子发票报销时使用复印件，这为重复报销提供了便利，2024年在预算执行审计过程中，电子发票的二次打印重复报销成为新的审计问题。发现各单位不同程度的存在发票重复报销的问题。

二、产生问题的原因

（一）业务经办人自己未登记发票号码等信息，对发票的关注度不够，一次性报销多张发票时重复打印；

（二）财务人员审核不严，导致部分业务经办人存在投机行为；

（三）业务经办人在报销原始凭证过程中存在主观故意上的重复报销发票的行为。

三、审计建议

（一）各单位应指派专人建立电子发票台账，建立查重报销制度，落实财务人员责任；

（二）对存在发票重复报销的资金进行收回；

（三）加大财经法规宣传及处罚，对直接责任人员根据《中华人民共和国会计法》和《中华人民共和国发票管理办法》加大个人处罚力度。

......

（资料来源：内蒙古自治区赤峰市敖汉旗人民政府网站）

▶▶ **4. 发票与账务处理不符**

《中华人民共和国发票管理办法实施细则》第二十四条规定："填开发票的单位和个人必须在发生经营业务确认营业收入时开具发票。未发生经营业务一律不准开具发票。"所以，当企业发生经营业务开具发票时，不论该业务是否"超经营范围"，都应按实际业务情况开具发票。

发票与账务处理不符时，应确认是否存在虚开发票的行为。虚开发票是违法行为，包括为他人、为自己开具与实际经营业务情况不符的发票，让他人为自己开具与实际经营业务情况不符的发票，以及介绍他人开具与实际经营业务情况不符的发票。《中华人民共和国刑法》第二百零五条规定："虚开增值税专用发票或者虚开用于骗取出口退税、抵扣税款的其他发票的，处三年以下有期徒刑或者拘役，并处二万元以上二十万元以下罚金；虚开的税款数额较大或者有其他严重情节的，处三年以上十年以下有期徒刑，并处五万元以上五十万元以下罚金；虚开的税款数额巨大或者有其他特别严重情节的，处十年以上有期徒刑或者无期徒刑，并处五万元以上五十万元以下罚金或者没收财产。

"单位犯本条规定之罪的，对单位判处罚金，并对其直接负责的主管人员和其他直接责任人员，处三年以下有期徒刑或者拘役；虚开的税款数额较大或者有其他严重情节的，处三年以上十年以下有期徒刑；虚开的税款数额巨大或者有其他特别严重情节的，处十年以上有期徒刑或者无期徒刑。"

"虚开增值税专用发票或者虚开用于骗取出口退税、抵扣税款的其他发票，是指有为他人虚开、为自己虚开、让他人为自己虚开、介绍他人虚开行为之一的。"

▶▶ **5. 发票未及时认证或抵扣**

发票未及时认证或抵扣客观原因包括：

(1)因自然灾害、社会突发事件等不可抗力因素造成增值税扣税凭证逾期。

(2)增值税扣税凭证被盗、抢，或者因邮寄丢失、误递导致逾期。

(3)有关司法、行政机关在办理业务或者检查中，扣押增值税扣税凭证，纳税人不能正常履行申报义务，或者税务机关信息系统、网络故障，未能及时处理纳税人网上认证数据等导致增值税扣税凭证逾期。

(4)买卖双方因经济纠纷，未能及时传递增值税扣税凭证，或者纳税人变更纳税地点，注销旧户和重新办理税务登记的时间过长，导致增值税扣税凭证逾期。

(5)由于企业办税人员伤亡、突发危重疾病或者擅自离职，未能办理交接手续，造成增值税扣税凭证逾期。

(6)国家税务总局规定的其他情形。

《国家税务总局关于取消增值税扣税凭证认证确认期限等增值税征管问题的公告》(国家税务总局公告 2019 年第 45 号)第一条规定："增值税一般纳税人取得 2017 年 1 月 1 日及以后开具的增值税专用发票、海关进口增值税专用缴款书、机动车销售统一发票、收费公路通行费增值税电子普通发票，取消认证确认、稽核比对、申报抵扣的期限。纳税人在进行增值税纳税申报时，应当通过本省(自治区、直辖市和计划单列市)增值税发票综合服务平台对上述扣税凭证信息进行用途确认。"

"增值税一般纳税人取得 2016 年 12 月 31 日及以前开具的增值税专用发票、海关进口增值税专用缴款书、机动车销售统一发票，超过认证确认、稽核比对、申报抵扣期限，但符合规定条件的，仍可按照《国家税务总局关于逾期增值税扣税凭证抵扣问题的公告》(2011 年第 50 号，国家税务总局公告 2017 年第 36 号、2018 年第 31 号修改)、《国家税务总局关于未按期申报抵扣增值税扣税凭证有关问题的公告》(2011 年第 78 号，国家税务总局公告 2018 年第 31 号修改)规定，继续抵扣进项税额。"

除上述发票未及时认证或抵扣客观原因外，企业未在规定期限内对取得的增值税专用发票进行认证或抵扣，将导致税务风险。

(1)如果企业故意形成滞留票以逃税，将会面临税务重罚，包括补缴增值税税款、所得税税款、滞纳金，并支付查补罚款。情形严重的会面临刑事责任。

(2)税务机关可能定期或者不定期对已抵扣逾期增值税扣税凭证进项税额的企业进行复查，发现企业提供虚假信息，存在弄虚作假行为的，将责令企业将已抵扣进项税额转出，并按《中华人民共和国税收征收管理法》的有关规定进行处罚。

7.7.2　增值税零申报

▶▶ 1. 零申报，不等于不申报

《中华人民共和国税收征收管理法实施细则》第三十二条规定："纳税人在纳税期内没有应纳税款的，也应当按照规定办理纳税申报。纳税人享受减税、

免税待遇的，在减税、免税期间应当按照规定办理纳税申报。"

以下为国家税务总局 12366 纳税服务平台对于企业"零申报"的回复。

标题：无经营行为的企业要月月零申报吗？

问题内容：我注册了一个有限公司，还没有开始任何经营行为，被强制月月零申报，请问这个是哪个税项税法规定的？（2023 年 6 月 17 日）

国家税务总局 12366 纳税服务平台回复：《中华人民共和国税收征收管理法》第二十五条规定：纳税人必须依照法律、行政法规规定或者税务机关依照法律、行政法规的规定确定的申报期限、申报内容如实办理纳税申报，报送纳税申报表、财务会计报表及税务机关根据实际需要要求纳税人报送的其他纳税资料。

扣缴义务人必须依照法律、行政法规规定或者税务机关依照法律、行政法规的规定确定的申报期限、申报内容如实报送代扣代缴、代收代缴税款报告表及税务机关根据实际需要要求扣缴义务人报送的其他有关资料。

需要注意的是，一般来说连续 3 个月零申报有可能会被列为异常申报，如果超过 6 个月很有可能会被税务机关列入重点关注对象，甚至直接引起稽查。长期零申报可能引起以下涉税风险：

（1）可能被纳入"重点关注企业"和"非正常户"行列。

（2）影响信用评级：纳税人为走逃户的，按规定纳入重大失信名单并对外公告，同时利用系统核查"受票方"，核查其是否存在善意取得虚开增值税发票、恶意串通等情况，并按照规定进行查处，同时将走逃户纳税人直接评定为 D 级纳税人，承担 D 级纳税人后果。

（3）企业发票减量：对长期零申报且持有发票的纳税人，发票降版降量。同时可以按规定要求纳税人定期前往税务机关对发票的使用进行核查。

▶▶ **2. 初创企业：不用缴税不等于不用申报**

初创企业不用缴税不等于不用申报，初创企业即使未产生应纳税款，也应该按照规定办理纳税申报。初创企业未产生应纳税款，可能是企业处于筹建期未投产或者经营，未发生应纳税行为，也可能是由于企业享受了税收优惠政策或者其他原因，未产生应纳税款。例如，增值税小规模纳税人发生增值税应税销售行为，合计月销售额未超过 10 万元的（以一个季度为一个纳税期的，季度销售额未超过 30 万元），免征增值税。初创企业不论是因为前期未发生纳税行为，还是因为享受税收优惠未产生应纳税款，都应按照税法规定进行纳税申报。

企业自成立起应当准确填写申报表，尤其是企业享受税收优惠政策的。例如，增值税小规模纳税人发生增值税应税销售行为，合计月销售额未超过10万元的，免征增值税的销售额等项目应当填写在《增值税及附加税费申报表（小规模纳税人适用）》"小微企业免税销售额"或者"未达起征点销售额"相关栏次，如果没有其他免税项目，则无须填报《增值税减免税申报明细表》；减按1％征收率征收增值税的销售额应当填写在《增值税及附加税费申报表（小规模纳税人适用）》"应征增值税不含税销售额（3％征收率）"相应栏次，对应减征的增值税应纳税额按销售额的2％计算填写在《增值税及附加税费申报表（小规模纳税人适用）》"本期应纳税额减征额"及《增值税减免税申报明细表》"减税项目"相应栏次。

7.7.3　进项税额抵扣

进项税额抵扣的税务风险主要包括以下内容：

▶▶ **1. 将不符合规定的进项税额进行抵扣**

（1）取得的增值税扣税凭证不符合法律、行政法规或者国务院税务主管部门有关规定的，其进项税额不得从销项税额中抵扣。

（2）纳税人凭完税凭证抵扣进项税额的，应当具备书面合同、付款证明和境外单位的对账单或者发票。资料不全的，其进项税额不得从销项税额中抵扣。

（3）适用简易计税方法计税的增值税一般纳税人，其取得的用于简易计税方法计税项目的进项税额不得抵扣。

（4）用于免征增值税项目的进项税额不得抵扣。

（5）用于集体福利项目的进项税额。

（6）用于个人消费项目的进项税额。

（7）非正常损失对应的进项税额。

（8）纳税人取得的贷款服务的进项税额不得抵扣。

（9）增值税一般纳税人购进餐饮服务的增值税进项税额不得从销项税额中抵扣。

（10）列入异常凭证范围的增值税专用发票的进项税额不得抵扣。

（11）未在规定期限内办理认证或申请稽核比对增值税专用发票。增值税一般纳税人取得的增值税专用发票、机动车销售统一发票及海关缴款书，未在规定期限内到税务机关办理认证、申报抵扣或者申请稽核比对的，不得作为合法的增值税扣税凭证，不得计算进项税额抵扣。

（12）未按期申报抵扣增值税进项税额。

（13）纳税人取得的异常凭证暂不允许抵扣。

▶▶ **2. 税收优惠政策的取消或调整风险**

企业可能享受某些税收优惠政策，从而降低进项税额的抵扣要求。然而，一旦这些优惠政策被取消或调整，企业将面临进项税额抵扣减少的风险。

7.7.4　增值税预缴

建筑施工企业在施工中通常会收取部分预收工程款，部分建筑施工企业可能直接作为往来款项处理，存在未按规定纳税申报的风险。企业提供建筑服务取得预收款，应在收到预收款时，以取得的预收款扣除支付的分包款后的余额，按照预征率预缴增值税。适用一般计税方法计税的项目预征率为2%，适用简易计税方法计税的项目预征率为3%。符合优惠条件的小规模纳税人预征率为1%，时间为2023年8月1日至2027年12月31日。

需要注意的是，企业跨县（市、区）提供建筑服务，应向建筑服务发生地主管税务机关预缴税款而自应当预缴之月起超过6个月没有预缴税款的，由机构所在地主管税务机关按照《中华人民共和国税收征收管理法》及相关规定进行处理。

7.8　城市维护建设税

城市维护建设税，是国家对缴纳增值税、消费税（以下简称"两税"）的单位和个人就其实际缴纳的税额为计税依据而征收的一种。

7.8.1　城市维护建设税相关规定

在中华人民共和国境内缴纳"两税"的单位和个人，为城市维护建设税的纳税人，应当依照本法规定缴纳城市维护建设税。具体规定见表7-28。

表 7-28　城市维护建设税征收情形

纳税人所在地	税率
市区	7%
县城、建制镇	5%
不在市区、县城或镇的	1%

▶▶ 1. 计税依据

纳税人实际缴纳的"两税"税额，以及出口货物、劳务或者跨境销售服务、无形资产增值税免抵税额。

（1）对实行增值税期末留抵退税的纳税人，允许其从城市维护建设税的计税依据中扣除退还的增值税税额。

（2）对出口货物、劳务和跨境销售服务、无形资产及因优惠政策退还增值税、消费税的纳税人，不退还已缴纳的城市维护建设税。

城市维护建设税计算公式为

应纳税额＝（实际缴纳的增值税税额＋实际缴纳消费税税额）×适用税率

按规定计算应缴纳的城市维护建设税，借记"税金及附加"科目，贷记"应交税费——应交城市维护建设税"科目。

▶▶ 2. 纳税时间

城市维护建设税的纳税义务发生时间与"两税"的纳税义务发生时间一致，分别与"两税"同时缴纳。城市维护建设税的扣缴义务人为负有"两税"扣缴义务的单位和个人，在扣缴"两税"的同时扣缴城市维护建设税。

《关于进一步支持小微企业和个体工商户发展有关税费政策的公告》（财政部 税务总局公告 2023 年第 12 号）第二条规定："二、自 2023 年 1 月 1 日至 2027 年 12 月 31 日，对增值税小规模纳税人、小型微利企业和个体工商户减半征收资源税（不含水资源税）、城市维护建设税、房产税、城镇土地使用税、印花税（不含证券交易印花税）、耕地占用税和教育费附加、地方教育附加。"

7.8.2　城市维护建设税涉税风险

城市维护建设税的税务风险主要来自适用税率错误、计税依据错误、申报不及时、纳税时点错误等。

（1）适用税率错误。城市维护建设税税率根据纳税人所在区域不同，税率分为 7%、5%、1%。纳税人应根据住所地或者生产经营活动地确定税率。

（2）计税依据错误个别企业计税依据遗漏消费税。城市维护建设税以纳税人依法实际缴纳的增值税、消费税税额为计税依据。

依法实际缴纳的增值税税额，是指纳税人依照增值税相关法律法规和税收政策规定计算应当缴纳的增值税税额，加上增值税免抵税额，扣除直接减免的增值税税额和期末留抵税额。

纳税人自收到留抵退税额之日起，应当在下一个纳税申报期从城市维护建设税计税依据中扣除。

留抵退税额仅允许在按照增值税一般计税方法确定的城市维护建设税计税依据中扣除。当期未扣除完的余额，在以后纳税申报期按规定继续扣除。

依法实际缴纳的消费税税额，是指纳税人依照消费税相关法律法规和税收政策规定计算应当缴纳的消费税税额，扣除直接减免的消费税税额后的金额。

（3）申报不及时。纳税义务发生时间与"两税"的纳税义务发生时间不一致。

城市维护建设税的纳税义务发生时间与"两税"的纳税义务发生时间一致，分别与"两税"同时缴纳。

城市维护建设税的扣缴义务人为负有"两税"扣缴义务的单位和个人，在扣缴"两税"的同时扣缴城市维护建设税。

需要注意的是，同时缴纳是指在缴纳"两税"时，应当在"两税"同一缴纳地点，同一缴纳期限内，一并缴纳对应的城市维护建设税。

（4）纳税申报时点错误。对增值税免抵税额征收的城市维护建设税，纳税人应在税务机关核准免抵税额的下一个纳税申报期内向主管税务机关申报缴纳。

需要注意的是，"两税"实行先征后返、先征后退、即征即退的，除另有规定外，不予退还随"两税"附征的城市维护建设税。

7.9　教育费附加

教育费附加是对缴纳增值税、消费税的单位和个人，就其实际缴纳的税额为计税依据征收的一种附加费，具体内容见表 7-29。

表 7-29　教育费附加

征收范围	征收率	计税依据	计算公式
缴纳"两税"的单位和个人	3%（地方教育附加 2%）	实际缴纳的增值税、消费税额为计税依据，与"两税"同时缴纳	应纳教育费附加＝实际缴纳的"两税"税额×税率

需要注意的是：（1）教育费附加出口不退，进口不征。

（2）对由于减免"两税"而发生的退税，可同时退还已征收的教育费附加。

企业按规定计算应缴的教育费附加时，借记"税金及附加"科目，贷记"应交税费——应交教育费附加"科目。

【例 7-18】吉城建筑工程公司 2024 年 11 月实际缴纳增值税 500 000 元，缴纳消费税 400 000 元。计算该企业应缴纳的城市维护建设税及附加费用。城市维护建设税税率为 7%，教育费附加为 3%，地方教育附加为 2%。

应交城市维护建设税税额＝（500 000＋400 000）×7%＝900 000×7%＝63 000（元）

应交教育费附加＝900 000×3%＝27 000（元）

应交地方教育附加＝900 000×2%＝18 000（元）

（1）计提城市维护建设税、教育费附加等费用，编制会计分录如下。

借：税金及附加　　　　　　　　　　　　　　　　　108 000

　　贷：应交税费——应交城市维护建设税　　　　　　63 000

　　　　　　——应交教育费附加　　　　　　　　　　27 000

　　　　　　——应交地方教育附加　　　　　　　　　18 000

（2）缴纳税费。

借：应交税费——应交城市维护建设税　　　　　　　63 000

　　　　——应交教育费附加　　　　　　　　　　　27 000

　　　　——应交地方教育附加　　　　　　　　　　18 000

　　　　——应交增值税　　　　　　　　　　　　500 000

　　　　——应交消费税　　　　　　　　　　　　400 000

　　贷：银行存款　　　　　　　　　　　　　　1 008 000

教育费附加与"两税"同时缴纳。教育费附加税收风险点同城市维护建设税，在此不一一赘述。

7.10　房产税

房产税是以房屋为征税对象，以房屋的计税余值或租金收入为计税依据，向房屋产权所有人征收的一种财产税。

7.10.1　房产税的相关规定

▶▶ 1. 征税范围

《中华人民共和国房产税暂行条例》第一条规定："房产税在城市、县城、建制镇和工矿区征收。"

▶▶ 2. 房产税的纳税人

房产税以在征税范围内的房屋产权所有人为纳税人，具体内容如下。

（1）产权属国家所有的，由经营管理单位纳税；产权属集体和个人所有的，由集体单位和个人纳税。

（2）产权出典的，由承典人纳税。

（3）产权所有人、承典人不在房屋所在地的由房产代管人或者使用人纳税。

（4）产权未确定及租典纠纷未解决的，亦由房产代管人或者使用人纳税。

（5）无租使用其他房产的问题。纳税单位和个人无租使用房产管理部门、免税单位及纳税单位的房产，应由使用人代为缴纳房产税。

▶▶ 3. 适用税率

依据房产计税余值计税的，税率为 1.2%；依据房产租金收入计税的，税率为 12%。

▶▶ 4. 应纳税额的计算

（1）对经营自用的房屋，以房产的计税余值作为计税依据。

所谓计税余值，是指依照税法规定按房产原值一次减除 10% 至 30% 的损耗价值以后的余额。

应纳税额＝应税房产原值×（1－原值减除比例）×1.2%

（2）对于出租的房屋，以租金收入为计税依据。

应纳税额＝租金收入×12％（或 4％）

（3）无租使用其他单位房产的应税单位和个人，依照房产余值代缴房产税。

（4）产权出典的房产，由承典人依照房产余值缴纳房产税。

（5）融资租赁的房产，由承租人自融资租赁合同约定开始日的次月起依照房产余值缴纳房产税。合同未约定开始日的，由承租人自合同签订的次月起依照房产余值缴纳房产税。

▶ 5. 纳税时间

房产税按年征收、分期缴纳。纳税期限由省、自治区、直辖市人民政府规定。

【例 7-19】某企业的经营用房原值为 48 000 000 元，按照当地规定允许减除 30％后余值计税，适用税率为 1.2％。请计算其应纳房产税税额。

应纳税额＝48 000 000×（1－30％）×1.2％＝403 200 （元）

借：税金及附加　　　　　　　　　　　　　　　　403 200

　　贷：应交税费——应交房产税　　　　　　　　　　403 200

7.10.2 房产税涉税风险

房产税涉税风险主要集中在房产原值计税错误、免租期未申报缴纳税款、私房公用等。

▶ 1. 房产原值计算错误

对依照房产原值计税的房产，不论是否记载在会计账簿固定资产科目中，均应按照房屋原值计算缴纳房产税。房屋原值应根据国家有关会计制度规定进行核算。对纳税人未按国家会计制度规定核算并记载的，应按规定予以调整或重新评估。

《财政部 国家税务总局关于安置残疾人就业单位城镇土地使用税等政策的通知》（财税〔2010〕121 号）第三条规定："……对按照房产原值计税的房产，无论会计上如何核算，房产原值均应包含地价，包括为取得土地使用权支付的价款、开发土地发生的成本费用等。宗地容积率低于 0.5 的，按房产建筑面积的 2 倍计算土地面积并据此确定计入房产原值的地价。"

▶ 2. 免租期未申报缴纳税款

《财政部 国家税务总局关于安置残疾人就业单位城镇土地使用税等政策

的通知》（财税〔2010〕121 号）文件第二条规定："……对出租房产，租赁双方签订的租赁合同约定有免收租金期限的，免收租金期间由产权所有人按照房产原值缴纳房产税。"

▶▶ **3. 私房公用，长期不缴房产税**

《中华人民共和国房产税暂行条例》第二条规定："房产税由产权所有人缴纳。产权属于全民所有的，由经营管理的单位缴纳。产权出典的，由承典人缴纳。产权所有人、承典人不在房产所在地的，或者产权未确定及租典纠纷未解决的，由房产代管人或者使用人缴纳……"实务中，一些企业股东将个人财产与公司资产混为一谈，把自己的住房用于生产经营，既不收取房租，也不计提折旧，最终导致少缴税款。

7.11　城镇土地使用税

城镇土地使用税是以开征范围的土地为征税对象，以实际占用的土地面积为计税标准，按规定税额对拥有土地使用权的单位和个人征收的一种税。

7.11.1　城镇土地使用税涉税风险

▶▶ **1. 征税范围**

城镇土地使用税的征税范围为城市、县城、建制镇和工矿区。不论是属于国家所有的土地，还是集体所有的土地，都属于城镇土地使用税的征税范围。

（1）征税范围不包括农村的土地。

（2）建立在城市、县城、建制镇和工矿区以外的工矿企业则不需要缴纳城镇土地使用税。

（3）自 2009 年 1 月 1 日起，公园、名胜古迹内的索道公司经营用地，应按规定缴纳城镇土地使用税。

▶▶ **2. 城镇土地使用税纳税人**

凡在城市、县城、建制镇、工矿区范围内使用土地的单位和个人，为城镇土地使用税的纳税义务人。城镇土地使用税的纳税人通常包括以下几类。

（1）拥有土地使用权的单位或个人为纳税人。

（2）拥有土地使用权的单位和个人不在土地所在地的，其土地的实际使用人和代管人为纳税人。

（3）土地使用权未确定或权属纠纷未解决的，其实际使用人为纳税人。

（4）土地使用权共有的，共有各方都是纳税人，由共有各方分别纳税。

土地使用权共有的，以共有各方实际使用土地的面积占总面积的比例，分别计算缴纳城镇土地使用税。

▶▶ 3. 适用税额

城镇土地使用税采用定额税率，即采用有幅度的差别税额。

城镇土地使用税实行分级幅度税额。每平方米土地年税额规定如下。

（1）大城市 1.5 元至 30 元。

（2）中等城市 1.2 元至 24 元。

（3）小城市 0.9 元至 18 元。

（4）县城、建制镇、工矿区 0.6 元至 12 元。

（注：城区常住人口在 100 万以上 500 万以下的为大城市；城区常住人口在 50 万以上 100 万以下为中等城市；城区常住人口在 50 万以下为小城市）

▶▶ 4. 计税依据

城镇土地使用税以纳税人实际占用的土地面积（平方米）为计税依据。

纳税人实际占用的土地面积，以房地产管理部门核发的土地使用证书与确认的土地面积为准；尚未核发土地使用证书的，应由纳税人据实申报土地面积，据以纳税，待核发土地使用证以后再作调整。

▶▶ 5. 应纳税额的计算

城镇土地使用税的应纳税额依据纳税人实际占用的土地面积和适用单位税额计算。

年应纳税额＝计税土地面积（平方米）×适用税额

【例 7-20】设在某城市的一家企业使用土地面积为 10 000 平方米，经税务机关核定，该土地为应税土地，每平方米年税额为 4 元。计算其全年应纳城镇土地使用税税额。

年应纳城镇土地使用税税额＝10 000 ×4＝40 000 （元）

编制会计分录如下。

借：税金及附加　　　　　　　　　　　　　　　　　40 000

　　贷：应交税费——应交城镇土地使用税　　　　　　　40 000

▶▶ 6. 纳税时间

城镇土地使用税按年计算、分期缴纳。缴纳期限由省、自治区、直辖市人民政府确定。新征收的土地，依照下列规定缴纳城镇土地使用税：

(1) 征收的耕地，自批准征收之日起满 1 年时开始缴纳城镇土地使用税；

(2) 征收的非耕地，自批准征收次月起缴纳城镇土地使用税。

7.11.2 城镇土地使用税涉税风险

➡ 1. 企业取得土地未如实登记土地面积风险

根据规定，土地面积以纳税人实际占用的土地面积为计税依据。实际占用的土地面积，是指由省、自治区、直辖市人民政府确定的单位组织测定的土地面积。尚未组织测量，但纳税人持有政府部门核发的土地使用证书的，以土地使用证书确认的土地面积为准；尚未核发土地使用证书的，应由纳税人据实申报土地面积。

➡ 2. 受让土地延迟登记取得时间风险

税务机关通过国有土地出让合同或补充合同约定交付土地时间、合同签订时间、实际交付时间等，核查纳税人有无延迟登记土地取得时间，少缴纳城镇土地使用税的情况。

➡ 3. 土地用途或等级调整未申报

土地用途变更（如工业用地转为商业用地）或土地等级调整（如从郊区划入市区）后未调整税额。城镇土地适用税额根据土地等级和用途确定，调整时需重新核定。

➡ 4. 免税土地处理不当

将应税土地错误申报为免税，或免税土地改变用途后未缴税。《中华人民共和国城镇土地使用税暂行条例》第六条规定："下列土地免缴土地使用税：（一）国家机关、人民团体、军队自用的土地；（二）由国家财政部门拨付事业经费的单位自用的土地；（三）宗教寺庙、公园、名胜古迹自用的土地；（四）市政街道、广场、绿化地带等公共用地；（五）直接用于农、林、牧、渔业的生产用地；（六）经批准开山填海整治的土地和改造的废弃土地，从使用的月份起免缴土地使用税 5 年至 10 年；（七）由财政部另行规定免税的能源、交通、水利设施用地和其他用地。"

需要注意的是，免税单位出租土地需缴纳土地使用税。

➡ 5. 未按规定期限申报纳税

土地使用税按年计算、分期缴纳。缴纳期限由省、自治区、直辖市人民政府确定。

▶▶ 6. 土地权属或使用权变更未更新

《财政部 国家税务总局关于集体土地城镇土地使用税有关政策的通知》（财税〔2006〕56号）规定："……在城镇土地使用税征税范围内实际使用应税集体所有建设用地、但未办理土地使用权流转手续的，由实际使用集体土地的单位和个人按规定缴纳城镇土地使用税……"

《国家税务局关于检发〈关于土地使用税若干具体问题的解释和暂行规定〉的通知》（国税地字〔1988〕15号）第四条规定："……土地使用税由拥有土地使用权的单位或个人缴纳。拥有土地使用权的纳税人不在土地所在地的，由代管人或实际使用人纳税；土地使用权未确定或权属纠纷未解决的，由实际使用人纳税；土地使用权共有的，由共有各方分别纳税。"

7.12　耕地占用税

耕地占用税以纳税人实际占用的属于耕地占用税征税范围的土地（以下简称"应税土地"）面积为计税依据，按当地适用税额计税，实行一次性征收。

在中华人民共和国境内占用耕地、园地、林地、草地、农田水利用地、养殖水面、渔业水域滩涂，以及其他农用地建设建筑物、构筑物或者从事非农业建设的单位和个人，应当缴纳耕地占用税。（占用耕地建设农田水利设施的，及占用园地、林地、草地、农田水利用地、养殖水面、渔业水域滩涂以及其他农用地建设直接为农业生产服务的生产设施的除外。）

7.12.1　耕地占用税的相关规定

▶▶ 1. 纳税义务人

耕地占用税的纳税义务人，是占用耕地建设建筑物或从事非农业建设的单位和个人。

▶▶ 2. 征税范围

属于耕地占用税征税范围的土地（以下简称应税土地）包括园地、林地、草地、农田水利用地、养殖水面、渔业水域滩涂，以及直接为农业生产服务的生产设施等。

（1）园地，包括果园、茶园、橡胶园、其他园地。

其他园地包括种植桑树、可可、咖啡、油棕、胡椒、药材等其他多年生作物的园地。

（2）林地，包括乔木林地、竹林地、红树林地、森林沼泽、灌木林地、灌丛沼泽、其他林地，不包括城镇村庄范围内的绿化林木用地，铁路、公路征地范围内的林木用地，以及河流、沟渠的护堤林用地。

（3）草地，包括天然牧草地、沼泽草地、人工牧草地，以及用于农业生产并已由相关行政主管部门发放使用权证的草地。

（4）农田水利用地，包括农田排灌沟渠及相应附属设施用地。

（5）养殖水面，包括人工开挖或者天然形成的用于水产养殖的河流水面、湖泊水面、水库水面、坑塘水面及相应附属设施用地。

（6）渔业水域滩涂，包括专门用于种植或者养殖水生动植物的海水潮浸地带和滩地，以及用于种植芦苇并定期进行人工养护管理的苇田。

（7）直接为农业生产服务的生产设施，是指直接为农业生产服务而建设的建筑物和构筑物。

▶▶ 3. 适用税率

耕地占用税实行定额税率。

（1）人均耕地不超过 1 亩的地区（以县级行政区域为单位，下同），每平方米为 10 至 50 元。

（2）人均耕地超过 1 亩但不超过 2 亩的地区，每平方米为 8 至 40 元。

（3）人均耕地超过 2 亩但不超过 3 亩的地区，每平方米 6 至 30 元。

（4）人均耕地超过 3 亩的地区，每平方米 5 至 25 元。

经济特区、经济技术开发区和经济发达、人均耕地特别少的地区，适用税额可以适当提高，但最多不得超过上述规定税额的 50%。

部分省（自治区、直辖市）耕地占用税平均税额规定见表 7-30。

表 7-30　部分省（自治区、直辖市）耕地占用税平均税额表

省、自治区、直辖市	平均税额（元/平方米）
上海	45
北京	40
天津	35

省、自治区、直辖市	平均税额（元/平方米）
江苏、浙江、福建、广东	30
辽宁、湖北、湖南	25
河北、安徽、江西、山东、河南、重庆、四川	22.5
广西、海南、贵州、云南、陕西	20
山西、吉林、黑龙江	17.5
内蒙古、西藏、甘肃、青海、宁夏、新疆	12.5

4. 应纳税额计算

耕地占用税以纳税人实际占用的耕地面积为计税依据，以每平方米土地为计税单位，按适用的定额税率计税。

应纳税额＝实际占用耕地面积(平方米)×适用定额税率

【例 7-21】假设某市一家企业新占用 19 800 平方米耕地用于工业建设，所占耕地适用的定额税率为 20 元/平方米。计算该企业应缴纳的耕地占用税。

应纳税额＝19 800×20＝396 000 （元）

借：税金及附加	396 000	
贷：应交税费——应交耕地占用税		396 000
借：应交税费——应交耕地占用税	396 000	
贷：银行存款		396 000

纳税人占用耕地，应当在耕地所在地申报纳税。

5. 纳税时间

耕地占用税的纳税义务发生时间为纳税人收到自然资源主管部门办理占用耕地手续的书面通知的当日。纳税人应当自纳税义务发生之日起 30 日内申报缴纳耕地占用税。

自然资源主管部门凭耕地占用税完税凭证或者免税凭证和其他有关文件发放建设用地批准书。

7.12.2 耕地占用税涉税风险

耕地占用税税务风险来自纳税人界定不清、不同占用方式下纳税义务发生时间、纳税申报数据资料异常或者未按规定期限申报纳税等。

➡ **1. 纳税人界定不清**

《中华人民共和国耕地占用税法实施办法》（以下简称《实施办法》）第二条规定："经批准占用耕地的，纳税人为农用地转用审批文件中标明的建设用地人；农用地转用审批文件中未标明建设用地人的，纳税人为用地申请人，其中用地申请人为各级人民政府的，由同级土地储备中心、自然资源主管部门或政府委托的其他部门、单位履行耕地占用税申报纳税义务。未经批准占用耕地的，纳税人为实际用地人。"

➡ **2. 不同占用方式下纳税义务发生时间也不同**

根据占用耕地的方式不同，耕地占用税纳税义务发生时间的确定分为三种情形：一是经批准占用耕地的，耕地占用税纳税义务发生时间，为收到自然资源主管部门办理占用耕地手续的书面通知的当日；二是未经批准占用耕地的，《实施办法》第二十七条第一款"未经批准占用耕地的，耕地占用税纳税义务发生时间为自然资源主管部门认定的纳税人实际占用耕地的当日"；三是因挖损、采矿塌陷、压占、污染等损毁耕地的，根据《实施办法》第二十七条第二款的规定："……耕地占用税纳税义务发生时间为自然资源、农业农村等相关部门认定损毁耕地的当日。"

➡ **3. 纳税申报数据资料异常或者纳税人未按照规定期限申报纳税**

纳税申报数据资料异常或者纳税人未按照规定期限申报纳税的，包括下列情形：

（1）纳税人改变原占地用途，不再属于免征或者减征耕地占用税情形，未按照规定进行申报的。

（2）纳税人已申请用地但尚未获得批准先行占地开工，未按照规定进行申报的。

（3）纳税人实际占用耕地面积大于批准占用耕地面积，未按照规定进行申报的。

（4）纳税人未履行报批程序擅自占用耕地，未按照规定进行申报的。

7.13　车辆购置税

车辆购置税是对中华人民共和国境内购置应税车辆的单位和个人征收的一种税。车辆购置税为中央税，专用于国道、省道干线公路建设和支持地方道路建设。

在中华人民共和国境内购置汽车、有轨电车、汽车挂车、排气量超过150毫升的摩托车（以下统称应税车辆）的单位和个人，为车辆购置税的纳税人。

7.13.1　车辆购置税的相关规定

▶ **1. 税率**

车辆购置税实行一次性征收，税率为10%。购置已征车辆购置税的车辆，不再征收车辆购置税。

▶ **2. 计税价格**

应税车辆的计税价格，按照下列规定确定：

（1）纳税人购买自用应税车辆的计税价格，为纳税人实际支付给销售者的全部价款，不包括增值税税款。

（2）纳税人进口自用应税车辆的计税价格，为关税完税价格加上关税和消费税。

（3）纳税人自产自用应税车辆的计税价格，按照纳税人生产的同类应税车辆的销售价格确定，不包括增值税税款。

（4）纳税人以受赠、获奖或者其他方式取得自用应税车辆的计税价格，按照购置应税车辆时相关凭证载明的价格确定，不包括增值税税款。

计税依据仅包括全部价款，不再包括价外费用。价外费用是指销售方价外向购买方收取的基金、集资费、违约金（延期付款利息）和手续费、包装费、储存费、优质费、运输装卸费、保管费，以及其他各种性质的价外收费，但不包括销售方代办保险等而向购买方收取的保险费，以及向购买方收取的代购买方缴纳的车辆购置税、车辆牌照费。

▶ **3. 应纳税额计算**

车辆购置税的应纳税额按照应税车辆的计税价格乘以税率计算。

▶ **4. 税收优惠**

下列车辆免征车辆购置税：

（1）依照法律规定应当予以免税的外国驻华使馆、领事馆和国际组织驻华机构及其有关人员自用的车辆。

（2）中国人民解放军和中国人民武装警察部队列入装备订货计划的车辆。

（3）悬挂应急救援专用号牌的国家综合性消防救援车辆。

（4）设有固定装置的非运输专用作业车辆。

（5）城市公交企业购置的公共汽电车辆。

已缴纳车辆购置税的车辆，发生下列情形之一的，准予纳税人申请退税：

（1）车辆退回生产企业或者经销商的；

（2）符合免税条件的设有固定装置的非运输车辆但已征税的；

（3）其他依据法律法规规定应予退税的情形。

▶▶ **5. 纳税地点**

车辆购置税由税务机关征收。纳税人购置应税车辆，应当向车辆登记地的主管税务机关申报缴纳车辆购置税；购置不需要办理车辆登记的应税车辆的，应当向纳税人所在地的主管税务机关申报缴纳车辆购置税。

▶▶ **6. 纳税时间**

（1）车辆购置税的纳税义务发生时间为纳税人购置应税车辆的当日。纳税人应当自纳税义务发生之日起 60 日内申报缴纳车辆购置税。

（2）纳税人应当在向公安机关交通管理部门办理车辆注册登记前，缴纳车辆购置税。

（3）免税、减税车辆因转让、改变用途等原因不再属于免税、减税范围的，纳税人应当在办理车辆转移登记或者变更登记前缴纳车辆购置税。计税价格以免税、减税车辆初次办理纳税申报时确定的计税价格为基准，每满一年扣减 10%。

（4）纳税人将已征车辆购置税的车辆退回车辆生产企业或者销售企业的，可以向主管税务机关申请退还车辆购置税。退税额以已缴税款为基准，自缴纳税款之日至申请退税之日，每满一年扣减 10%。

【例 7-22】某外贸进出口公司 2025 年 5 月从国外进口 10 辆宝马公司生产的某型号小轿车。该公司报关进口这批小轿车时，经报关地海关对有关报关资料的审查，确定关税完税价格为每辆 295 000 元，海关按关税政策规定每辆征收了关税 253 500 元，并按消费税、增值税有关规定代征了每辆小轿车的进口消费税 24 500 元和增值税 93 245 元。由于联系业务需要，该公司将一辆小轿车留在本单位使用。根据以上资料，计算自用小轿车应纳车辆购置税。

（1）计税依据＝295 000＋253 500＋24 500＝573 000（元）。

（2）应纳税额＝573 000×10%＝57 300（元）。

7.13.2　车辆购置税涉税风险

车辆购置税涉税风险主要有低开发票、一车多票、逾期未申报等。

▶▶ 1. 低开发票

《中华人民共和国车辆购置税法》取消车辆购置税最低计税价格，不再以最低计税价格与有效价格凭证价格比对二者孰高来核定应纳税额，并不意味着可以低开发票，进行不实申报。对于被判断为车辆购置税申报价格明显偏低，又无正当理由的，税务机关依照《中华人民共和国税收征收管理法》的规定核定征收；同时，税务机关可以对车辆经销企业进行增值税、消费税、车辆购置税多税种联动评估检查，通过车辆生产、出厂、流通、终端销售等各环节增值税、消费税、企业所得税、车购税的协同管理，对查实低开发票的车辆销售企业，纳入税收信用范围，列入黑名单，并按相关规定进行处罚。

▶▶ 2. 一车多票

一车多票，即同一辆车存在多张税票信息，通常被视为逃税行为。根据《中华人民共和国刑法》第二百零一条第一款规定："纳税人采取欺骗、隐瞒手段进行虚假纳税申报或者不申报，逃避缴纳税款数额较大并且占应纳税额百分之十以上的，处三年以下有期徒刑或者拘役，并处罚金；数额巨大且占应纳税额百分之三十以上的，处三年以上七年以下有期徒刑，并处罚金。"

▶▶ 3. 逾期未申报

车辆购置税实行一次性征收。车辆购置税的纳税义务发生时间为纳税人购置应税车辆的当日。纳税人应当自纳税义务发生之日起 60 日内申报缴纳车辆购置税。纳税人应当在向公安机关交通管理部门办理车辆注册登记前，缴纳车辆购置税。个别企业因其他原因逾期未申报，根据《中华人民共和国税收征收管理法》第六十二条规定："纳税人未按照规定的期限办理纳税申报和报送纳税资料的，或者扣缴义务人未按照规定的期限向税务机关报送代扣代缴、代收代缴税款报告表和有关资料的，由税务机关责令限期改正，可以处二千元以下的罚款；情节严重的，可以处二千元以上一万元以下的罚款。"

7.14 印花税

印花税是对在经济活动和经济交往中书立、领受具有法律效力的凭证的行为征收的一种税。其因采用在应税凭证上粘贴印花税票作为完税的标志而得名。

7.14.1 印花税的相关规定

▶ 1. 纳税人

在中华人民共和国境内书立应税凭证、进行证券交易的单位和个人为印花税纳税人。

▶ 2. 应税凭证

应税凭证，是指印花税税目税率表列明的合同、产权转移书据和营业账簿。

合同（指书面合同），包括借款合同、融资租赁合同、买卖合同、承揽合同、建设工程合同、运输合同、技术合同、租赁合同、保管合同、仓储合同、财产保险合同；产权转移书据，包括土地使用权出让书据，土地使用权、房屋等建筑物和构筑物所有权转让书据（不包括土地承包经营权和土地经营权转移），股权转让书据（不包括应缴纳证券交易印花税的），商标专用权、著作权、专利权、专有技术使用权转让书据；营业账簿；证券交易。

▶ 3. 计税依据

（1）应税合同的计税依据，为合同所列的金额，不包括列明的增值税税款。

（2）应税产权转移书据的计税依据，为产权转移书据所列的金额，不包括列明的增值税税款。

（3）应税营业账簿的计税依据，为账簿记载的实收资本（股本）、资本公积合计金额。

（4）证券交易的计税依据，为成交金额。

▶ 4. 税率

印花税税率见表 7-31。

表 7-31 印花税的征收方法

税 目		税 率	备 注
合同（指书面合同）	买卖合同	支付价款的万分之三	指动产买卖合同（不包括个人书立的动产买卖合同）
	借款合同	借款金额的万分之零点五	指银行业金融机构和借款人（不包括银行同业拆借）订立的借款合同
	融资租赁合同	租金的万分之零点五	—
	租赁合同	租金的千分之一	—
	承揽合同	支付报酬的万分之三	—
	建设工程合同	支付价款的万分之三	—
	运输合同	运输费用的万分之三	指货运合同和多式联运合同（不包括管道运输合同）
	技术合同	支付价款、报酬或者使用费的万分之三	不包括专利权、专有技术使用权转让书据
	保管合同	保管费的千分之一	—
	仓储合同	仓储费的千分之一	—
	财产保险合同	保险费的千分之一	不包括再保险合同
产权转移书据	土地使用权出让书据	价款的万分之五	转让包括买卖（出售）、继承、赠与、互换、分割
	土地使用权、房屋等建筑物和构筑物所有权转让书据（不包括土地承包经营权和土地经营权转移）	价款的万分之五	
	股权转让书据（不包括应缴纳的证券交易印花税的）	价款的万分之五	
	商标专用权、著作权、专利权、专有技术使用权转让书据	价款的万分之五	
营业账簿		实收资本（股本）、资本公积合计金额的万分之二点五	—
证券交易		成交金额的千分之一	对证券交易的出让方征收，不对证券交易的受让方征收

7.14.2 印花税应纳税额的计算与征收

▶▶ 1. 印花税应纳税额的计算

印花税应纳税额计算分为两种：一种是按比例税率计算，应纳税额＝计税金额×适用税率；另一种是按定额税率计算，应纳税额＝凭证税率×单位税额。

印花税账务处理如下

（1）计提本月缴纳时（如果有减免的，直接按减免后实际金额计提），编制会计分录如下。

借：税金及附加

　　贷：应交税费——应交印花税

（2）实际缴纳时，编制会计分录如下。

借：应交税费——应交印花税

　　贷：银行存款

注：有些企业缴税金额小，也可以在直接缴纳时记账。

借：税金及附加

　　贷：银行存款

▶ **2. 纳税时间与地点**

印花税按季、按年或者按次计征。应税合同、产权转移书据印花税可以按季或者按次申报缴纳，应税营业账簿印花税可以按年或者按次申报缴纳，具体纳税期限由各省、自治区、直辖市、计划单列市税务局结合征管实际确定。境外单位或者个人的应税凭证印花税可以按季、按年或者按次申报缴纳，具体纳税期限由各省、自治区、直辖市、计划单列市税务局结合征管实际确定。

另外，建筑施工企业异地项目缴纳印花税征收规定如下。

（1）异地项目的合同（项目部签订的合同，项目部是印花税的纳税人），项目部在项目所在地办理了税务登记的，应在项目所在地（项目部主管税务机关）申报缴纳印花税。项目部在项目所在地未办理税务登记的，应回总公司机构所在地的主管税务机关申报缴纳印花税。

（2）异地项目的合同（总公司签订的合同，比如总承包合同），应回总公司机构所在地的主管税务机关申报缴纳印花税。

7.14.3　印花税涉税风险

印花税涉税风险来自财务人员对《中华人民共和国印花税法》条款理解不到位，如对征税范围、计税依据、税款计算的误解，导致税务机关的预警。

现行印花税只对列举的凭证征税，不缴或少缴税款可能面临行政处罚。若纳税人采取欺骗、隐瞒手段进行虚假纳税申报或者不申报，逃避缴纳税款数额较高的，会被追究刑事责任。

▶▶ 1. 对征税范围理解有误

某些企业财务人员可能误认为所有借款合同都需要缴纳印花税。但实际上，根据《中华人民共和国印花税法》及其相关规定，只有银行业金融机构、经国务院银行业监督管理机构批准设立的其他金融机构与借款人（不包括同业拆借）的借款合同才属于应税凭证。非金融机构和借款人签订的借款合同，不属于印花税的征税范畴。例如，某商贸公司由于扩大生产经营，亟需资金支持，于是从非金融机构甲公司（实际为某自然人投资者）借款 1000 万元，并签订了借款合同。某商贸公司财务人员认为所有借款合同都需要缴纳印花税，因此按照合同金额缴纳印花税 500 元。让企业产生不必要的税务成本。个别企业可能将购水、购电、购气、购热合同误认为是买卖合同而缴纳印花税。但实际上，这些合同属于供用合同，并不在印花税的征税范围内。

《关于印花税若干事项政策执行口径的公告》（财政部 税务总局公告 2022 年第 22 号）第二条进一步明确了印花税的征税范围和执行口径。

二、关于应税凭证的具体情形

（一）在中华人民共和国境外书立在境内使用的应税凭证，应当按规定缴纳印花税。包括以下几种情形：

1. 应税凭证的标的为不动产的，该不动产在境内；

2. 应税凭证的标的为股权的，该股权为中国居民企业的股权；

3. 应税凭证的标的为动产或者商标专用权、著作权、专利权、专有技术使用权的，其销售方或者购买方在境内，但不包括境外单位或者个人向境内单位或者个人销售完全在境外使用的动产或者商标专用权、著作权、专利权、专有技术使用权；

4. 应税凭证的标的为服务的，其提供方或者接受方在境内，但不包括境外单位或者个人向境内单位或者个人提供完全在境外发生的服务。

▶▶ 2. 对计税依据理解有误

印花税计税依据涉税风险是企业在缴纳印花税过程中需要重点关注的问

题。印花税计税依据涉税风险包括未及时申报印花税、印花税缴纳金额计算、印花税计税依据错误等。

（1）未及时申报印花税将面临税务机关的追缴、罚款等风险。根据相关法律法规，纳税人不进行纳税申报，不缴或者少缴应纳税款的，由税务机关追缴其不缴或者少缴的税款、滞纳金，并处不缴或者少缴的税款50%以上5倍以下的罚款。

例如，S贸易公司因未及时申报商品房买卖合同的印花税，被税务机关追缴印花税3 743.5元，并处以所缴税款0.6倍的罚款。T建筑工程公司因未及时申报股权转让协议的印花税，被税务机关要求补缴印花税18 500元。

这些案例表明，未及时申报印花税将受到税务机关的处罚，并需要补缴税款和滞纳金。

《中华人民共和国印花税法》第十六条规定："印花税按季、按年或者按次计征。实行按季、按年计征的，纳税人应当自季度、年度终了之日起十五日内申报缴纳税款；实行按次计征的，纳税人应当自纳税义务发生之日起十五日内申报缴纳税款。证券交易印花税按周解缴。证券交易印花税扣缴义务人应当自每周终了之日起五日内申报解缴税款以及银行结算的利息。"

企业财务人员发现未缴纳税款应尽快前往税务大厅或通过电子税务局进行补报，提交相关纳税申报表并缴纳应缴税款及滞纳金。

在补报过程中，纳税人需确保所填报数据的真实性和准确性，避免因填报错误而引发更严重的法律后果。补报完成后，纳税人应妥善保存相关凭证和资料，以备税务机关后续核查。

（2）印花税金额计算不准确。印花税金额计算不准确可能导致税务申报出现错误，影响企业的税务合规性。税务机关可能会对印花税申报情况进行稽查，发现计算不准确将依法处理。

某公司签订了一份货物买卖合同，合同金额为100万元。财务人员在计算印花税额时，未将合同中的附加条款（如违约金、赔偿金等）金额纳入计税范围，导致印花税缴纳金额计算不准确。后来，税务机关在稽查过程中发现了这一问题，要求该公司补缴印花税并缴纳滞纳金。

（3）印花税计税依据错误。印花税计税依据是应税凭证载明的金额。如果应税凭证上明确区分了含税金额和不含税金额，且分别记载，则应以不含税金额作为计税依据。如果应税凭证上未分别记载含税金额和不含税金额，而是包含了增值税金额，则应以合同所载金额（即含税金额）作为计税依据。

印花税计税依据涉税风险主要由于企业财务人员错误确定计税依据、未及时更新计税依据、使用不合规的计税依据、股权转让计税依据不明确造成的。例如，财务人员未正确区分含税金额与不含税金额，或未将合同中的附加条款金额纳入计税范围，导致印花税缴纳不足；企业实收资本和资本公积发生变化时，未及时按新的合计金额计算印花税，导致漏缴税款；使用伪造、变造的合同或凭证作为计税依据，导致印花税缴纳无效；在股权转让中，如果未明确区分实缴部分和未实缴部分的转让价格，可能导致印花税计税依据不明确，进而产生税务风险。

印花税计税依据涉税风险可能带来的法律后果包括：①补缴税款和滞纳金；②对于故意逃避缴纳税款或提供虚假计税依据的企业，税务机关可以依法进行行政处罚，如罚款等；③如果企业采取欺骗、隐瞒手段进行虚假纳税申报，逃避缴纳税款数额较大并且占应纳税额 10％ 以上的，还可能构成犯罪，需要承担刑事责任。

《关于印花税若干事项政策执行口径的公告》（财政部 税务总局公告 2022 年第 22 号）第三条规定：

三、关于计税依据、补税和退税的具体情形

（一）同一应税合同、应税产权转移书据中涉及两方以上纳税人，且未列明纳税人各自涉及金额的，以纳税人平均分摊的应税凭证所列金额（不包括列明的增值税税款）确定计税依据。

（二）应税合同、应税产权转移书据所列的金额与实际结算金额不一致，不变更应税凭证所列金额的，以所列金额为计税依据；变更应税凭证所列金额的，以变更后的所列金额为计税依据。已缴纳印花税的应税凭证，变更后所列金额增加的，纳税人应当就增加部分的金额补缴印花税；变更后所列金额减少的，纳税人可以就减少部分的金额向税务机关申请退还或者抵缴印花税。

（三）纳税人因应税凭证列明的增值税税款计算错误导致应税凭证的计税依据减少或者增加的，纳税人应当按规定调整应税凭证列明的增值税税款，重新确定应税凭证计税依据。已缴纳印花税的应税凭证，调整后计税依据增加的，纳税人应当就增加部分的金额补缴印花税；调整后计税依据减少的，纳税人可以就减少部分的金额向税务机关申请退还或者抵缴印花税。

（四）纳税人转让股权的印花税计税依据，按照产权转移书据所列的金额（不包括列明的认缴后尚未实际出资权益部分）确定。

（五）应税凭证金额为人民币以外的货币的，应当按照凭证书立当日的人民币汇率中间价折合人民币确定计税依据。

……

7.15　企业所得税

企业所得税，又称公司所得税或法人所得税，是国家对企业生产经营所得和其他所得征收的一种所得税。

7.15.1　企业所得税要素

在中华人民共和国境内，企业和其他取得收入的组织为企业所得税的纳税人，依照企业所得税法的规定缴纳企业所得税。但个人独资企业、合伙企业不交企业所得税。

企业所得税的纳税人分为居民企业和非居民企业，各自承担不同的纳税义务。

▶ **1. 企业所得税的税率**

企业所得税的税率分为以下几种，见表 7-32。

表 7-32　企业所得税税率具体规定

序号	税　　目	税　率
1	一般企业所得税税率	25%
2	符合条件的小型微利企业（应纳税所得额减按 50%）	20%
3	国家需要重点扶持的高新技术企业	15%
4	技术先进型服务企业（中国服务外包示范城市）	15%
5	线宽小于 0.25 微米的集成电路生产企业	15%
6	投资额超过 80 亿元的集成电路生产企业	15%
7	设在西部地区的鼓励类产业企业	15%

序号	税　目	税　率
8	广东横琴、福建平潭、深圳前海等地区的鼓励类产业企业	15%
9	国家规划布局内的重点软件企业和集成电路设计企业	10%
10	非居民企业在中国境内未设立机构、场所的，或者虽设立机构、场所但取得的所得与其所设机构、场所没有实际联系的，应当就其来源于中国境内的所得缴纳企业所得税	10%

▶▶ **2. 企业所得税的应纳税所得额**

企业所得税的计税依据是应纳税所得额，即指企业每一纳税年度的收入总额，减除不征税收入、免税收入、各项扣除，以及允许弥补的以前年度亏损后的余额。如果计算出的数额小于零，为亏损。

7.15.2　企业所得税前收入的确定

建筑施工企业主要收入包括：施工承包合同收入、其他业务收入。其他业务收入具体包括材料销售收入，机械作业收入，无形资产出租收入，固定资产出租收入，股息、红利等权益性投资收益，利息收入，租金收入，特许权使用费收入，接受捐赠收入，其他收入等。

收入总额中的下列收入为不征税收入：①财政拨款；②依法收取并纳入财政管理的行政事业性收费、政府性基金；③国务院规定的其他不征税收入。

7.15.3　税前准予扣除的项目

企业实际发生的与取得收入有关的、合理的支出，包括成本、费用、税金、损失和其他支出，准予在计算应纳税所得额时扣除。

▶▶ **1. 一般扣除项目**

企业实际发生的与取得收入有关的、合理的支出，包括成本、费用、税金、损失和其他支出，准予在计算应纳税所得额时扣除。

税前扣除的确认原则：权责发生制原则、配比原则、相关性原则、确定性原则、合理性原则、资本性支出与收益性支出原则。准予扣除项目见表 7-33。

表 7-33　准予扣除项目

合理支出	内　容
成本	是指建筑施工企业在生产经营活动中发生的工程成本、业务支出及其他耗费
费用	是指企业在生产经营活动中发生的销售费用、管理费用和财务费用，已经计入成本的有关费用除外
税金	是指企业发生的除企业所得税和允许抵扣的增值税以外的各项税金及其附加
损失	①企业发生的损失，减除责任人赔偿和保险赔款后的余额，依照国务院财政、税务主管部门的规定扣除； ②企业已经作为损失处理的资产，在以后纳税年度又全部收回或者部分收回时，应当计入当期收入
捐赠	①只有公益性捐赠才能在企业所得税前扣除； ②非公益性捐赠不能在企业所得税前扣除； ③企业当期实际发生的公益性捐赠支出在年度利润总额 12% 以内（含）的，准予扣除；超过部分，准予三年内结转扣除。
工资	①企业实际发生的合理的职工工资薪金，准予在税前扣除。包括基本工资、奖金、津贴、补贴、年终加薪、加班工资，以及与任职或者受雇有关的其他支出； ②企业按照国务院有关主管部门或省级人民政府规定的范围和标准为职工缴纳的基本医疗保险费、基本养老保险费、失业保险费、工伤保险费、生育保险费等基本社会保险费和住房公积金，准予税前扣除； ③企业提取的年金，在国务院财政、税务主管部门规定的标准范围内，准予扣除； ④企业为其投资者或雇员个人向商业保险机构投保的人寿保险、财产保险等商业保险，不得扣除； ⑤企业按国家规定为特殊工种职工支付的法定人身安全保险费，准予扣除
职工福利费	企业发生的满足职工共同需要的集体生活、文化、体育等方面的职工福利费支出，不超过工资薪金总额 14% 的部分，准予扣除
工会经费	企业拨缴的工会经费，不超过工资薪金总额 2% 的部分，准予扣除
职工教育费经费	除国务院财政、税务主管部门另有规定外，企业实际发生的职工教育经费支出，在职工工资总额 8%（含）以内的，准予据实扣除。超过部分，准予在以后纳税年度结转扣除。自 2023 年起，高新技术企业职工教育经费扣除比例提高至 10%
业务招待费	企业实际发生的与经营活动有关的业务招待费，按实际发生额的 60% 扣除，但最高不得超过当年销售（营业）收入额的 0.5%
广告费和业务宣传费	企业每一纳税年度实际发生的符合条件的广告支出，不超过当年销售（营业）收入 15%（含）的部分准予扣除，超过部分准予在以后年度结转扣除
利息支出	企业为购置、建造固定资产、无形资产和经过 12 个月以上的建造才能达到预定可销售状态的存货而发生的借款，在有关资产购建期间发生的借款费用，应作为资本性支出计入有关资产的成本；有关资产竣工结算并交付使用后或达到预定可销售状态后发生的借款费用，可在发生当期扣除。 企业发生的不需要资本化的借款费用，符合税法和本条例对利息水平限定条件的，准予扣除
环境保护等专项基金	①环境保护专项资金支出 ②生态恢复专项资金

《关于企业职工教育经费税前扣除政策的通知》（财税〔2018〕51号）第一条规定："企业发生的职工教育经费支出，不超过工资薪金总额8%的部分，准予在计算企业所得税应纳税所得额时扣除；超过部分，准予在以后纳税年度结转扣除。"

▶▶ **2. 税前不得扣除的项目**

（1）向投资者支付的股息、红利等权益性投资收益款项。

（2）企业所得税税款。

（3）税收滞纳金。

（4）罚金、罚款和被没收财物的损失。

（5）不符合规定的捐赠支出。

（6）赞助支出。

（7）未经核定的准备金支出。

（8）与取得收入无关的其他支出。

7.15.4　税前扣除凭证

税前扣除凭证，是指企业在计算企业所得税应纳税所得额时，证明与取得收入有关的、合理的支出实际发生，并据以税前扣除的各类凭证。企业发生支出，应取得税前扣除凭证，作为计算企业所得税应纳税所得额时扣除相关支出的依据。税前扣除凭证按照来源分为内部凭证和外部凭证：①内部凭证是指企业自制用于成本、费用、损失和其他支出核算的会计原始凭证。内部凭证的填制和使用应当符合国家会计法律、法规等相关规定。②外部凭证是指企业发生经营活动和其他事项时，从其他单位、个人取得的用于证明其支出发生的凭证。包括但不限于发票（包括纸质发票和电子发票）、财政票据、完税凭证、收款凭证、分割单等。

（1）与税前凭证相关的资料。企业在经营活动、经济往来中常常伴有合同协议、付款凭证等相关资料，在某些情形下，则为支出依据，如法院判决企业支付违约金而出具的裁判文书。以上资料不属于税前扣除凭证，但属于与企业经营活动直接相关且能够证明税前扣除凭证真实性的资料，企业也应按照法律、法规等相关规定，履行保管责任，以备包括税务机关在内的有关部门、机构或者人员核实。

（2）税前扣除凭证取得时间。企业应在当年度规定的汇算清缴期结束前取得税前扣除凭证。

（3）税前扣除凭证与税前扣除的关系。税前扣除凭证是计算企业所得税应纳税所得额时，扣除相关支出的依据。企业支出的税前扣除范围和标准应当按照企业所得税法及其实施条例等相关规定执行。

（4）补救措施。①汇算清缴结束前企业应补开、换开合规发票、其他外部凭证。因对方原因无法补开、换开发票，可凭相关资料证明支出的真实性。②汇算清缴结束后，企业自被税务机关告知之日起 60 日内补开、换开符合规定的发票。在规定的期限内未能取得符合规定的发票、其他外部凭证，待以后年度取得符合规定的发票、其他外部凭证后，相应支出可以追补至该支出发生年度扣除，追补扣除年限不得超过 5 年。

税务机关发现企业应当取得而未取得发票、其他外部凭证或者取得不合规发票、不合规其他外部凭证，企业按照《企业所得税税前扣除凭证管理办法》第十四条的规定凭借相关资料证实支出真实性后，相应支出可以在发生年度税前扣除。否则，该支出不得在发生年度税前扣除，也不得在以后年度追补扣除。

7.15.5　企业所得税应纳税额的计算

我国计算企业所得税时，一般采用资产负债债务法。利润表中的所得税费用由两部分组成：当期所得税和递延所得税费用（或收益）。

▶ **1. 当期所得税**

当期所得税应当以适用的税收法规为基础计算确定。

应交所得税＝应纳税所得额×所得税税率

应纳税所得额＝会计利润＋纳税调整增加额－纳税调整减少额＋境外应税所得弥补境内亏损－弥补以前年度亏损

当期所得税＝当期应交所得税＝应纳税所得额×适用税率－减免税额－抵免税额

▶ **2. 居民企业应纳税额的计算**

（1）直接计算法。

应纳税所得额＝收入总额－不征税收入－免税收入－各项扣除金额－弥补亏损

（2）间接计算法 。

应纳税所得额＝会计利润总额±纳税调整项目金额

【例7-23】鑫盛有限公司为居民企业，非高新技术企业。2024年发生经营业务如下：

（1）取得产品销售收入 48 000 000 元；

（2）发生产品销售成本 36 000 000 元；

（3）发生销售费用 8 000 000 元（其中广告费 7 500 000 元）；管理费用 2 000 000 元（其中业务招待费 800 000 元）；财务费用 700 000 元；

（4）销售税金 1 800 000 元（含增值税 1 000 000 元）；

（5）营业外收入 750 000 元，营业外支出 450 000 元（含通过公益性社会团体向贫困山区捐款 250 000 元，支付税收滞纳金 80 000 元）；

（6）固定资产 A 账面价值 200 000 元，计税基础为 260 000 元，产生可抵扣暂时性差异 60 000 元；

（7）计入成本、费用中的实发工资总额 2 500 000 元、拨缴职工工会经费 70 000 元、发生职工福利费 400 000 元、发生职工教育经费 80 000 元。

根据以上业务，首先计算企业会计利润总额，其次按照税法的要求，调增或调减各项费用，最后根据企业适用所得税税率，计算2024年度实际应纳的企业所得税。

①会计利润总额＝48 000 000＋750 000－36 000 000－8 000 000－2 000 000－700 000－（1 800 000－1 000 000）－450 000＝800 000（元）。

②广告费和业务宣传费调增所得额＝7 500 000－48 000 000×15％＝7 500 000－7 200 000＝300 000（元）。

③企业发生的与生产经营活动有关的业务招待费支出，按照发生额的60％扣除，但最高不得超过当年销售（营业）收入的 0.5％。即 48 000 000×0.5％＝240 000（元）。

业务招待费发生额为 800 000 元，即 800 000×60％＝480 000（元）。

业务招待费调增所得额＝800 000－240 000＝560 000（元）。

④捐赠支出应调增所得额＝250 000－800 000×12％＝154 000（元）。

⑤工会经费应调增所得额＝70 000－2 500 000×2％＝20 000（元）。

⑥职工福利费应调增所得额＝400 000－2 500 000×14％＝50 000（元）。

⑦职工教育经费扣除额度＝2 500 000×8％＝200 000（元）。

当年发生职工教育经费 80 000 元小于扣除额度 200 000 元，故不需要调整。

⑧支付税收滞纳金 80 000 元不得扣除。

⑨应纳税所得额＝800 000＋300 000＋560 000＋154 000＋20 000＋50 000＋80 000＝1 964 000（元）

⑩2024 年应缴企业所得税＝1 964 000×25％＝491 000（元）

固定资产 A 递延所得税收益＝60 000×25％＝15 000（元）。

确认所得税费用＝491 000－15 000＝476 000（元）。

编制会计分录如下。

借：所得税费用   476 000

     递延所得税资产   15 000

    贷：应交税费——应交所得税   491 000

7.15.6 企业所得税涉税风险

企业所得税涉税风险涵盖了企业在所得税处理方面的问题，包括未能准确计算应纳税额、未能及时申报纳税、未能充分利用税收优惠政策、逃避纳税责任等。

▶ 1. 未能准确计算应纳税额

企业未能准确计算应纳税额是指在进行税务申报时，未能根据税法规定和相关税收政策，正确计算应纳税额，主要原因如下。

（1）税收政策理解与执行不当。企业对税收政策理解不透彻，可能导致误用或滥用税收优惠政策。

（2）计算错误或失误。企业在计算应纳税所得额时可能出现错误，如误算收入、成本、费用等。

（3）纳税筹划不当。企业在进行纳税筹划时，能忽视相关政策的时效性和变动性，导致筹划方案与最新税收政策不符。

（4）外部经营环境变化。行业竞争态势的变化也可能对企业涉税风险产生影响，若企业所处行业竞争加剧，可能采取更加激进的税收策略，进而增加涉税风险。

因此，企业应建立健全税务风险管理制度，定期进行税务风险评估和自查。积极配合税务机关的调查和检查，及时纠正存在的问题。

▶ 2. 未能及时申报纳税

未能及时申报纳税，是指纳税人在规定的期限内未进行纳税申报或未完全履行纳税义务的行为，主要原因如下。

（1）忘记截止日期。财务人员由于疏忽大意，忘记具体的报税截止日期，从而未能及时完成报税。

（2）资料准备不足。需要提交的报税资料未能在截止日期前准备完整，导致无法按时报税。

（3）财务系统问题。财务软件或系统出现故障，影响了报税的进度。

（4）突发状况。如自然灾害、突发疾病等不可抗力事件，导致企业无法按时完成报税工作。

（5）主观逃避申报。部分企业可能出于逃税等不法目的，故意不进行税务申报。

未能及时申报纳税的法律后果包括以下内容。

（1）产生罚款和滞纳金。根据相关法律法规，纳税人未按时申报纳税的，税务机关将责令其限期改正，并可处以罚款。同时，从滞纳税款之日起，按日加收滞纳税款万分之五的滞纳金。

（2）影响纳税信用等级。未按时递交纳税申报表会使企业纳税信用等级被扣分，而纳税信用等级对企业贷款申请、招投标、享受税收优惠政策等方面影响重大。

（3）限制申报方式。正常情况下，企业可以在网上轻松完成抄报税、申报、清卡等业务。然而，一旦过了申报期，企业就只能携带相应资料至主管税务机关办税服务厅进行纳税申报办理。

（4）面临强制执行措施。如逾期仍未缴纳税款，税务机关有权采取一系列强制执行措施，书面通知开户银行扣缴税款、扣押查封财产等。在极端情况下，未能及时申报纳税可能会被视为逃税行为，纳税人可能会面临法律责任，包括但不限于罚款、拘留甚至刑事处罚。

▶▶ **3. 未能充分利用税收优惠政策**

未能充分利用税收优惠政策是指纳税人在符合税收优惠政策的条件下，而未能充分享受或利用这些政策的现象，可能导致企业承担不必要的税收负担，进而影响其经济效益和竞争力。主要原因如下。

（1）税收优惠政策往往涉及多个税种、多个环节，这使得企业财务人员在短时间内难以全面、准确地掌握。

（2）部分企业财务人员缺乏税收、财务等方面的专业知识，导致他们在理解和应用税收优惠政策时存在困难。

另外，一些财务人员可能过于关注日常账务处理，而忽视了税收优惠政策的学习和应用。

（3）税务机关在发布税收优惠政策时，可能由于宣传渠道有限或宣传力度不够，造成企业财务人员无法及时获取相关信息。

个别企业如果未能充分利用税收优惠政策，本身并不直接构成违法行为。但是，如果故意利用税收优惠政策的漏洞进行偷税、骗税等违法行为，将会面临严重的法律后果。根据相关法律法规，偷税、骗税行为将受到刑事处罚和行政处罚，包括有期徒刑、拘役、罚金等。

7.16 个人所得税

个人所得税涉及员工的工资、薪金所得，个体工商户的生产、经营所得，对企业、事业单位的承包经营、承租经营所得，劳务报酬所得，稿酬所得，特许权使用费所得，利息、股息、红利所得，财产租赁所得，财产转让所得，偶然所得，国务院财政部门确定征税的其他所得等。

7.16.1 个人所得税相关规定

➼ 1. 个人所得税征收范围

（1）工资、薪金、奖金、年终加薪、劳动分红、津贴等个人所得。

（2）个体工商户的生产、经营所得（含个人独资企业和合伙企业）。

（3）对企事业单位的承包经营、承租经营的所得。

（4）劳务报酬所得。

（5）稿酬所得。

（6）特许权使用费所得。

（7）利息、股息、红利所得。

（8）财产租赁所得。

（9）财产转让所得。

（10）偶然所得——中奖、中彩等。

居民个人的综合所得，以每一纳税年度的收入额减除费用 60 000 元，以及基本扣除项目、专项附加扣除和依法确定的其他扣除后的余额，为应纳税

所得额。计算公式为

应纳税所得额＝月收入－5 000 元(起征点)－基本扣除项目－专项附加扣除项目－依法确定的其他扣除

▶ **2. 基本扣除项目**

（1）按照规定，企业为个人缴付和个人缴付的基本养老保险费、基本医疗保险费、失业保险费、住房公积金，从纳税义务人的应纳税所得额中扣除。

未超过国家或省（自治区、直辖市）人民政府规定的缴费比例或办法的，免征个人所得税。

（2）企事业单位和个人超过规定的比例和标准缴付的基本养老保险费、基本医疗保险费和失业保险费，应将超过部分并入个人当期的工资、薪金收入，计征个人所得税。

（3）企业为员工缴纳的社会保险没有超过国家或省（自治区、直辖市）人民政府规定的缴费比例或办法的，免征个人所得税；超过的部分应并入个人当期的工资、薪金收入，计征个人所得税。

因此，企业为员工缴纳的社会保险费超过了按其本人上一年度月平均工资的 300％计算的社会保险费部分，应并入个人当期的工资、薪金收入，计征个人所得税。

（4）企业为员工缴纳的符合规定的商业健康保险，在限额内（2 400 元）可税前扣除，其他商业保险需按"工资、薪金所得"项目计征个人所得税。

《财政部 人力资源社会保障部 国家税务总局关于企业年金 职业年金个人所得税有关问题的通知》（财税〔2013〕103 号）第一条规定："……1. 企业和事业单位（以下统称单位）根据国家有关政策规定的办法和标准，为在本单位任职或者受雇的全体职工缴付的企业年金或职业年金（以下统称年金）单位缴费部分，在计入个人账户时，个人暂不缴纳个人所得税。2. 个人根据国家有关政策规定缴付的年金个人缴费部分，在不超过本人缴费工资计税基数的 4％标准内的部分，暂从个人当期的应纳税所得额中扣除……"但是该通知第三条规定"……1. 个人达到国家规定的退休年龄，在本通知实施之后按月领取的年金，全额按照"工资、薪金所得"项目适用的税率，计征个人所得税；在本通知实施之后按年或按季领取的年金，平均分摊计入各月，每月领取额全额按照"工资、薪金所得"项目适用的税率，计征个人所得税……"

3. 专项附加扣除项目

专项附加扣除项目见表 7-34。

表 7-34 专项附加扣除项目

项　目	条　件	扣除标准	限定范围
子女教育	纳税人的子女接受全日制学历教育的相关支出	每个子女 2 000 元（定额扣除）	每月
婴幼儿	3 岁以下	2 000	每月
继续教育	纳税人在中国境内接受学历（学位）继续教育的支出	每月 400 元	不能超过 48 个月
	纳税人参加技能人员职业资格继续教育、专业技术人员职业资格继续教育	3 600 元	在取得相关证书的当年
大病医疗	纳税人发生的与基本医保相关的医药费用支出，扣除医保报销后个人负担（指医保目录范围内的自付部分）累计超过 15 000 元的部分	在 80 000 元限额内据实扣除	在一个纳税年度内
住房贷款利息	商业贷款或公积金贷款	按照每月 1 000 元的标准定额扣除，扣除期限最长不超过 240 个月	首套住房贷款利息支出
住房租金	直辖市、省会（首府）城市、计划单列市以及国务院确定的其他城市	1 500 元	每月
	市辖区户籍人口超过 100 万的城市	1 100 元	每月
	市辖区户籍人口不超过 100 万的城市	800 元	每月
赡养老人	纳税人为独生子女的	3 000 元	每月
	纳税人为非独生子女的	每人分摊的额度不能超过每月 1 500 元	每月（分摊 3 000 元）

4. 征收方式

个人所得税的征收方式实行源泉扣缴与自行申报并用法，注重源泉扣缴。

个人所得税的征收方式可分为按月计征和按年计征。个体工商户的生产、经营所得，对企业事业单位的承包经营、承租经营所得，特定行业的工资、薪金所得，从中国境外取得的所得，实行按年计征应纳税额，其他所得应纳税额实行按月计征。

工资、薪金所得个人所得税税率表，见表 7-35。

表 7-35　工资、薪金所得个人所得税税率表

级　数	全年应纳税所得额（元）	税率（%）	速算扣除数（元）
1	不超过 36 000 元部分	3	0
2	超过 36 000 至 144 000	10	2 520
3	超过 144 000 至 300 000	20	16 920
4	超过 300 000 至 420 000	25	31 920
5	超过 420 000 至 660 000	30	52 920
6	超过 660 000 至 96 000	35	85 920
7	超过 96 000 元部分	45	181 920

【例 7-24】张先生 9 月收入 10 400 元，扣除"五险一金"后，每月取得工资收入 9 000 元。张先生子女教育扣除标准 2 000 元，住房贷款利息 1 000 元。那么张先生应缴纳个人所得税是多少呢？

每月应纳税额＝（9 000－5 000－2 000－1 000）×3%－0＝30（元）

▶ 5. 年度汇算

年度汇算之所以称为"年度"，是指仅限于计算并结清纳税年度的应退或者应补税款，不涉及以前年度，也不涉及以后年度。

（1）年度汇算适用范围。年度汇算的范围仅指此纳入综合所得范围的工资薪金、劳务报酬、稿酬、特许权使用费所得；经营所得、利息股息红利所得、财产租赁所得、财产转让所得和偶然所得，依法均不纳入综合所得计税。

（2）年度汇算适用人群。符合下列情形之一的，纳税人需要办理年度汇算：①年度已预缴税额大于年度应纳税额且申请退税的；②年度综合所得收入超过 12 万元且需要补税金额超过 400 元的，包括取得两处及以上综合所得，合并后适用税率提高导致已预缴税额小于年度应纳税额等情形。

（3）纳税时间。纳税人办理年度汇算的时间为第二年 3 月 1 日至 6 月 30 日。其中，在中国境内无住所的纳税人如果在第二年 3 月 1 日前离境的，可以在离境前办理年度汇算。

（4）无须办理年度汇算的纳税人。纳税人已依法预缴个人所得税且符

合下列情形之一的，无须办理年度汇算：①纳税人年度汇算需补税但年度综合所得收入不超过 12 万元的；②纳税人年度汇算需补税金额不超过 400 元的；③纳税人已预缴税额与年度应纳税额一致，或者不申请年度汇算退税的。

7.16.2　个人所得税涉税风险

企业申报个人所得税涉税风险是指企业在为员工申报个人所得税时，若未能遵守税收法律法规，从而可能面临的一系列不良后果。这些后果包括但不限于补税、罚款、加收滞纳金、刑事处罚及声誉损害等。

企业申报个人所得税涉税风险的原因如下。

（1）对税收法律法规了解不足。企业财务人员或相关管理人员对个人所得税的法律法规了解不够深入，导致在申报过程中存在疏漏或错误。

（2）故意违反税收法律法规。部分企业为了降低成本或逃避监管，故意违反税收法律法规，如虚报员工收入、隐瞒员工福利等。

（3）会计核算不准确。企业在会计核算过程中存在误差，导致个人所得税申报数据不准确。

（4）税务筹划不合理。企业在税务筹划过程中未能充分考虑个人所得税的相关规定，导致筹划方案不合理，增加了涉税风险。

（5）税收政策变化未能及时调整。随着国家税收政策的不断调整，企业未能及时了解和适应这些变化，导致在申报个人所得税时存在风险。

（6）申报错误。由于对税收法律法规了解不足，企业在申报个人所得税时可能出现错误，如漏报、错报或重复申报等。

为了避免因对税收法律法规了解不足而带来的风险，企业应加强对税务人员的培训和教育，提高他们的专业素养和法规意识；同时，企业应积极关注税收法律法规的更新和变化，及时获取最新的法规信息；此外，企业还可以寻求专业的税务咨询或顾问服务，以获取专业的税务指导和建议。

同时，企业还应加强与税务机关的沟通联系，及时了解税收政策的最新动态和解读，确保在申报个人所得税时符合法律法规的要求。

7.17 契税

契税是指在中华人民共和国境内转移土地、房屋权属，承受的单位和个人所要承担的一种税。

7.17.1 契税的相关规定

▶▶ **1. 征收范围**

（1）土地使用权出让。

（2）土地使用权转让，包括出售、赠与、互换。

（3）房屋买卖、赠与、互换。

土地使用权转让，不包括土地承包经营权和土地经营权的转移。但以作价投资（入股）、偿还债务、划转、奖励等方式转移土地、房屋权属的，应当依照《中华人民共和国契税法》征收契税。

▶▶ **2. 计税依据**

（1）土地使用权出让、出售，房屋买卖，为土地、房屋权属转移合同确定的成交价格，包括应交付的货币以及实物、其他经济利益对应的价款。

（2）土地使用权互换、房屋互换，为所互换的土地使用权、房屋价格的差额。

（3）土地使用权赠与、房屋赠与及其他没有价格的转移土地、房屋权属行为，为税务机关参照土地使用权出售、房屋买卖的市场价格依法核定的价格。

纳税人申报的成交价格、互换价格差额明显偏低且无正当理由的，由税务机关依照《中华人民共和国税收征收管理法》的规定核定。

契税计税依据不包括增值税，具体情形为：

（1）土地使用权出售、房屋买卖，承受方计征契税的成交价格不含增值税；实际取得增值税发票的，成交价格以发票上注明的不含税价格确定。

（2）土地使用权互换、房屋互换，契税计税依据为不含增值税价格的差额。

（3）税务机关核定的契税计税价格为不含增值税价格。

▶▶ **3. 税率**

全国各省、自治区、直辖市在3％至5％的范围内确定具体适用税率，可以对不同主体、不同地区、不同类型的住房的权属转移确定差别税率。省、自治区、直辖市可以对因土地、房屋被县级以上人民政府征收、征用，因不可抗力灭失住房等情形进行减免优惠。地方授权由省、自治区、直辖市人民政府提出，报同级人民代表大会常务委员会决定，并报全国人民代表大会常务委员会和国务院备案。

4. 契税的应纳税额

按照计税依据乘以具体适用税率计算。

5. 有下列情形之一的，免征契税

（1）国家机关、事业单位、社会团体、军事单位承受土地、房屋权属用于办公、教学、医疗、科研、军事设施。

（2）非营利性的学校、医疗机构、社会福利机构承受土地、房屋权属用于办公、教学、医疗、科研、养老、救助。

（3）承受荒山、荒地、荒滩土地使用权用于农、林、牧、渔业生产。

（4）婚姻关系存续期间夫妻之间变更土地、房屋权属。

（5）法定继承人通过继承承受土地、房屋权属。

（6）依照法律规定应当予以免税的外国驻华使馆、领事馆和国际组织驻华代表机构承受土地、房屋权属。

根据国民经济和社会发展的需要，国务院对居民住房需求保障、企业改制重组、灾后重建等情形可以规定免征或者减征契税，报全国人民代表大会常务委员会备案。

6. 填报资料

纳税人应填报财产和行为税税源明细表（契税税源明细表部分），并根据具体情形提交下列资料：

（1）纳税人身份证件。

（2）土地、房屋权属转移合同或其他具有土地、房屋权属转移合同性质的凭证。

（3）交付经济利益方式转移土地、房屋权属的，提交土地、房屋权属转移相关价款支付凭证，其中，土地使用权出让为财政票据，土地使用权出售、互换和房屋买卖、互换为增值税发票。

（4）因人民法院、仲裁委员会的生效法律文书或者监察机关出具的监察文书等因素发生土地、房屋权属转移的，提交生效法律文书或监察文书等。

根据人民法院、仲裁委员会的生效法律文书发生土地、房屋权属转移，纳税人不能取得销售不动产发票的，可持人民法院执行裁定书原件及相关材料办理契税纳税申报，税务机关应予受理。购买新建商品房的纳税人在办理契税纳税申报时，由于销售新建商品房的房地产开发企业已办理注销税务登记或者被税务机关列为非正常户等原因，致使纳税人不能取得销售不动产发票的，税务机关在核实有关情况后应予受理。

7.17.2　契税涉税风险

企业契税涉税风险如下。

▶▶ **1. 国有土地使用权出让、转让风险**

国有土地使用权出让、土地使用权转让（包括出售、赠与和交换，但不包括农村集体土地承包经营权的转移）均属于契税征税范围。若未按规定申报缴纳，将面临税务风险。

以作价投资（入股）、偿还债务、划转、奖励等方式转移土地、房屋权属的，应当征收契税。

以作价投资（入股）、偿还债务等应交付经济利益的方式转移土地、房屋权属的，参照土地使用权出让、出售或房屋买卖确定契税适用税率、计税依据等。以划转、奖励等没有价格的方式转移土地、房屋权属的，参照土地使用权或房屋赠与确定契税适用税率、计税依据等。

▶▶ **2. 房屋买卖、赠与、交换风险**

房屋买卖、赠与、交换以视同发生土地房屋权属转移的行为（如以土地或房屋权属作价投资入股、以土地或房屋权属抵债等）需要缴纳契税。

▶▶ **3. 成交价格风险**

若纳税人申报的成交价格明显偏低且无正当理由，税务机关将依照《中华人民共和国税收征收管理法》的规定核定，可能导致纳税人面临补税及滞纳金等风险。

▶▶ **4. 价格差额风险**

对于土地使用权互换、房屋互换，契税的计税依据为所互换的土地使用权、房屋价格的差额。若未准确计算差额并缴纳契税，同样存在税务风险。

▶▶ **5. 税率风险**

《中华人民共和国契税法》第三条规定："契税税率为百分之三至百分之

五。契税的具体适用税率，由省、自治区、直辖市人民政府在前款规定的税率幅度内提出，报同级人民代表大会常务委员会决定，并报全国人民代表大会常务委员会和国务院备案。省、自治区、直辖市可以依照前款规定的程序对不同主体、不同地区、不同类型的住房的权属转移确定差别税率。"

若纳税人未按照适用税率申报缴纳契税，将面临税务违规风险。

▶ 6. 减免税政策风险

《中华人民共和国契税法》第七条第一款规定："省、自治区、直辖市可以决定对下列情形免征或者减征契税：（一）因土地、房屋被县级以上人民政府征收、征用，重新承受土地、房屋权属；（二）因不可抗力灭失住房，重新承受住房权属。"

若纳税人错误理解或滥用减免税政策，也可能导致税务风险。

▶ 7. 纳税义务发生时间风险

根据《中华人民共和国契税法》第九条规定："契税的纳税义务发生时间，为纳税人签订土地、房屋权属转移合同的当日，或者纳税人取得其他具有土地、房屋权属转移合同性质凭证的当日。"该法第十条规定："纳税人应当在依法办理土地、房屋权属登记手续前申报缴纳契税。"

纳税人若不能充分理解法条，可能会造成延迟缴纳税款。

第 8 章　期间费用与利润结转

　　建筑施工企业的期间费用主要包括管理费用和财务费用。利润结转涉及"本年利润""利润分配"科目。

8.1 管理费用科目的设置与运用

企业应通过"管理费用"科目，核算管理费用的发生和结转情况。该科目借方登记企业发生的各项管理费用，贷方登记期末转入"本年利润"科目的管理费用，结转后该科目应无余额。

管理费用会计科目编码的设置见表 8-1。

表 8-1　管理费用会计科目编码的设置

科目代码	总分类科目（一级科目）	明细分类科目		是否辅助核算	辅助核算类别
		二级明细科目	三级明细科目		
6602	管理费用	—	—	—	—
660201	管理费用	职工薪酬	—	—	—
66020101	管理费用	职工薪酬	基本工资	—	部门
66020102	管理费用	职工薪酬	劳务费	—	部门
66020103	管理费用	职工薪酬	工会经费	—	部门
66020104	管理费用	职工薪酬	职工教育经费	—	部门
66020105	管理费用	职工薪酬	社会保险费	—	部门
66020106	管理费用	职工薪酬	养老保险	—	部门
66020107	管理费用	职工薪酬	工伤保险	—	部门
66020108	管理费用	职工薪酬	失业保险	—	部门
66020109	管理费用	职工薪酬	医疗保险	—	部门
66020110	管理费用	职工薪酬	住房公积金	—	部门
66020111	管理费用	职工薪酬	职工福利	—	部门
66020112	管理费用	职工薪酬	辞退费用	—	部门

科目代码	总分类科目（一级科目）	明细分类科目		是否辅助核算	辅助核算类别
		二级明细科目	三级明细科目		
660202	管理费用	折旧费	—	—	部门
660203	管理费用	长期待摊费用	—	—	部门
660204	管理费用	无形资产摊销	—	—	部门
660205	管理费用	费用摊销	—	—	部门
660206	管理费用	办公费用	—	—	部门
66020601	管理费用	办公费用	电费	—	部门
66020602	管理费用	办公费用	燃料费用	—	部门
66020603	管理费用	办公费用	其他	—	部门
66020701	管理费用	车辆费用	修理费	—	部门
66020702	管理费用	车辆费用	燃油费	—	部门
66020703	管理费用	车辆费用	保险费	—	部门
66020704	管理费用	车辆费用	其他	—	部门
660208	管理费用	印刷费	—	—	部门
660209	管理费用	邮政费	—	—	部门
660210	管理费用	业务招待费	—	—	部门
660211	管理费用	会议费	—	—	部门
660212	管理费用	接待费	—	—	部门
660213	管理费用	劳动保护费	—	—	部门
660214	管理费用	广告宣传费	—	—	部门
660215	管理费用	业务推广费	—	—	部门
660216	管理费用	包装费	—	—	部门
660217	管理费用	差旅费	—	—	部门
660218	管理费用	培训费	—	—	部门
660219	管理费用	快递费	—	—	部门
660220	管理费用	财产保险费	—	—	部门
660221	管理费用	租赁费	—	—	部门
660222	管理费用	盘亏损失	—	—	部门
660223	管理费用	技术开发费	—	—	部门
660224	管理费用	董事会费	—	—	部门
660225	管理费用	退休人员补贴	—	—	部门

管理费用科目按费用项目进行明细核算，账务处理见表 8-2。

表 8-2　管理费用账务处理

业务情形	账务处理
企业在筹建期间发生的开办费	借：管理费用 　　贷：银行存款
企业行政管理部门人员的职工薪酬	借：管理费用 　　贷：应付职工薪酬
企业按规定计算计提固定资产折旧	借：管理费用 　　贷：累计折旧
期末，转入“本年利润”科目	借：本年利润 贷：管理费用

【例 8-1】2025 年 1 月 5 日，吉城建筑工程公司从绿洲超市购买办公用品，开出一张转账支票，金额为 2 712 元，如图 8-1 所示。

借：管理费用　　2 400

　　应交税费——应交增值税（进项税额）　　312

　　贷：银行存款　　2 712

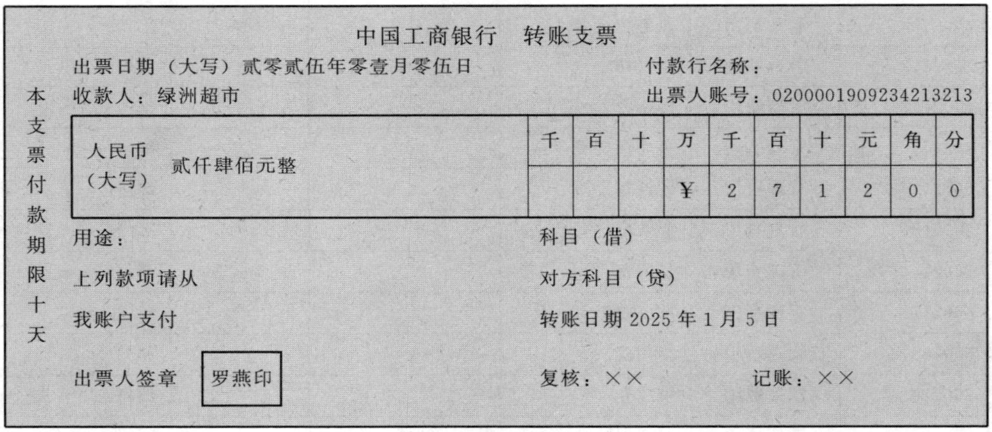
中国工商银行　转账支票

出票日期（大写）贰零贰伍年零壹月零伍日　　付款行名称：

收款人：绿洲超市　　出票人账号：0200001909234213213

本支票付款期限十天

人民币（大写）	千	百	十	万	千	百	十	元	角	分
贰仟肆佰元整				¥	2	7	1	2	0	0

用途：　　科目（借）

上列款项请从　　对方科目（贷）

我账户支付　　转账日期 2025 年 1 月 5 日

出票人签章　罗燕印　　复核：××　　记账：××

图 8-1　转账支票

8.2　财务费用科目的设置与运用

财务费用是企业为筹集生产经营所需资金等而发生的筹资费用，包括利息支出（减利息收入）、汇兑损益及相关的手续费、企业发生或收到的现金折扣等。利息资本化的支出除外（利息资本化的支出计入在建工程）。

企业发生财务费用时，借记"财务费用"账户，贷记"预提费用"等账户；发生冲减财务费用的利息收入、汇兑损益等，借记"银行存款"等账户，贷记"财务费用"账户；期末将账户余额转入"本年利润"账户，结转后账户无余额。财务费用会计科目编码的设置见表 8-3。

表 8-3　财务费用会计科目编码的设置

科目代码	总分类科目（一级科目）	明细分类科目		是否辅助核算	辅助核算类别
		二级明细科目	三级明细科目		
6603	—	—	—	—	—
660301	财务费用	利息收入	项目	是	部门
660302	财务费用	汇兑损失	项目	是	部门
660303	财务费用	汇兑收益	项目	是	部门
660304	财务费用	手续费	项目	是	部门
660305	财务费用	利息支出	项目	是	部门
660306	财务费用	往来折现	项目	是	部门
660307	财务费用	其他	项目	是	部门

企业应通过"财务费用"科目，核算财务费用的发生和结转情况，财务处理见表 8-4。

表 8-4　财务费用账务处理

业务情形	账务处理
企业发生的各项财务费用	借：财务费用 　　贷：应收账款/银行存款等
企业发生的利息收入、汇兑差额、现金折扣	借：银行存款/应付账款等 　　贷：财务费用
期末，转入"本年利润"科目	借：本年利润 　　贷：财务费用

【例 8-2】2025 年 1 月 27 日，吉城建筑工程公司用现汇 150 000 美元对外付汇，支付当日银行市场汇价为 1 美元＝7.24 元人民币，原应付外汇账款入账时的记账汇率为 1 美元＝7.20 元人民币。原始单据如图 8-2 所示。

借：应付账款——应付外汇账款（150 000×7.20）　　1 080 000

　　财务费用——汇兑损益　　　　　　　　　　　　　　6 000

　　贷：银行存款——美元户　　　　　　　　　　　　1 086 000

外汇会计账簿（结售汇、套汇）

机构号码：091076535　　　　　　　日期：2025 年 1 月 27 日

业务编号			业务类型		套汇		起息日	
借方或付款单位	名　称	吉城建筑工程公司		贷方或收款单位	名　称	汇出汇款		
	账　号	07422568789			账　号			
	币种与金额	USD150000			币种与金额	USD150000		
	汇率/利率	7.24	开户行		汇率/利率	7.24		
收汇金额			发票号		挂销单号			
交易摘要	从其美元账户支取 USD150 000，支付货款。				深圳工商银行龙华支行 2025.1.27 业务清讫			

交易代码　　　　　授权　　　　　复核　李燕　　　　　经办　李英

图 8-2　原始单据

8.3　期末本年利润结转

利润是企业在一定会计期间的经营成果。利润包括收入减去费用后的净额、直接计入当期利润的利得和损失等。

期末本年利润的结转相关财务处理见表 8-5。

表 8-5　期末本年利润结转的财务处理

业务情形	账务处理
结转收入、利得类科目	借：主营业务收入 　　其他业务收入 　　公允价值变动损益 　　投资收益 　　营业外收入 　　贷：本年利润
结转成本、费用和税金	借：本年利润 　　贷：主营业务成本 　　　　税金及附加 　　　　其他业务成本 　　　　销售费用 　　　　管理费用 　　　　财务费用

业务情形	账务处理
计提所得税费用，并结转所得税费用	借：所得税费用 　　递延所得税资产 　贷：应交税费——应交所得税 　　　递延所得税负债
	借：本年利润 　贷：所得税费用
年度结转利润分配（盈利）	借：本年利润 　贷：利润分配——未分配利润
年度结转利润分配（亏损）	借：利润分配——未分配利润 　贷：本年利润

【例 8-3】某增值税一般纳税人企业 2025 年 1 月 31 日，各损益类账户余额见表 8-6。

表 8-6　损益类账户余额表　　　　　　　　　　　单位：元

科目名称	余额方向	期末余额
主营业务收入	贷	1 760 000
主营业务成本	借	924 500
税金及附加	借	23 450
销售费用	借	28 620
管理费用	借	37 890
财务费用	借	12 730

（1）结转收入时，编制会计分录如下。

借：主营业务收入	1 760 000
贷：本年利润	1 760 000

（2）结转成本费用时，编制会计分录如下。

借：本年利润	1 027 190
贷：主营业务成本	924 500
税金及附加	23 450
销售费用	28 620
管理费用	37 890
财务费用	12 730

（3）预缴所得税费用时，编制会计分录如下。

借：所得税费用   183 202.50

　　贷：应交税费——应交企业所得税   183 202.50

借：本年利润   183 202.50

　　贷：所得税费用   183 202.50

（4）转入利润分配时，编制会计分录如下。

借：本年利润   549 607.50

　　贷：利润分配——未分配利润   549 607.50

8.4　期末利润分配与结转

利润分配是企业根据国家有关规定和企业章程、投资者协议等，对企业当年可供分配的利润所进行的分配。

▶ 1. 可供分配的利润

可供分配的利润＝企业当年实现的净利润（或净亏损）＋年初未分配利润－年初未弥补亏损＋其他转入

可供投资者分配的利润＝可供分配利润－提取的盈余公积

可供分配的利润，按下列顺序分配：①提取法定盈余公积；②提取任意盈余公积；③向投资者分配利润。利润分配的账务处理见表8-7。

表 8-7　利润分配的账务处理

业务情形	账务处理
结转实现净利润时	借：本年利润 　　贷：利润分配——未分配利润（亏损做相反的会计分录）
结转至"未分配利润"科目	借：利润分配——未分配利润 　　贷：利润分配——提取法定盈余公积 　　　　　　——应付现金股利

▶ 2. 盈余公积

盈余公积科目的设置，见表8-8。

企业应通过"盈余公积"科目，核算盈余公积金提取、使用等情况，并分别按"法定盈余公积金""任意盈余公积金"进行明细核算。盈余公积的账务处理见表8-9。

表 8-8　盈余公积会计科目编码的设置

科目代码	总分类科目 （一级科目）	明细分类科目	
		二级明细科目	三级明细科目
4101	盈余公积	—	—
410101	盈余公积	法定盈余公积金	弥补亏损
410102	盈余公积	法定盈余公积金	转增资本
410103	盈余公积	法定盈余公积金	分配利润
410102	盈余公积	任意盈余公积金	转增资本
410103	盈余公积	任意盈余公积金	归还利润
410104	盈余公积	任意盈余公积金	分配股利

表 8-9　盈余公积的账务处理

财务情形	账务处理
企业按规定提取盈余公积金	借：利润分配——提取法定盈余公积金 　　贷：盈余公积——法定盈余公积金
盈余公积补亏	借：盈余公积 　　贷：利润分配——盈余公积补亏
盈余公积转增资本	借：盈余公积 　　贷：股本

年度终了，企业应将全年实现的净利润或发生的净亏损，自"本年利润"科目转入"利润分配——未分配利润"科目，并将"利润分配"科目所属其他明细科目的余额，转入"利润分配——未分配利润"明细科目。结转后，"利润分配——未分配利润"科目如为贷方余额，表示累积未分配的利润数额；如为借方余额，则表示累积未弥补的亏损数额。

【例 8-4】接【例 8-3】，按 10％提取法定盈余公积金。

借：利润分配——提取法定盈余公积金　　54 960.75

　　贷：盈余公积——法定盈余公积金　　　　54 960.75

（1）向投资者分配现金股利 35 000 元。

借：利润分配——应付股利　　　　　　35 000

　　贷：应付股利　　　　　　　　　　　　35 000

（2）结转"未分配利润"账户。

借：利润分配——未分配利润 89 960.75

贷：利润分配——提取法定盈余公积金 54 960.75

——应付现金股利 35 000

参 考 文 献

［1］ 企业会计准则编审委员会．企业会计准则及应用指南实务详解（2024 年版）［M］．北京：人民邮电出版社，2024.

［2］ 中华人民共和国财政部．企业会计准则应用指南（2024 年版）［M］．上海：立信会计出版社，2024.

［3］ 中国注册会计师协会．会计 CPA［M］．北京：中国财政经济出版社，2024.

［4］ 王宁．建筑施工企业全税种税务处理与会计核算［M］．2 版．北京：中国市场出版社，2023.

［5］ 财政部会计司．企业会计准则第 14 号：收入应用指南 2018［M］．北京：中国财政经济出版社，2018.

［6］ 林佳良．土地增值税清算指南［M］．5 版．北京：中国市场出版社，2018.

［7］ 计敏，王庆，王立新．全行业增值税操作实务与案例分析［M］．北京：中国市场出版社，2018.

［8］ 马泽方．企业所得税实务与风险防控［M］．2 版．北京：中国市场出版社，2018.

［9］ 吴健．新个人所得税实务与案例［M］．北京：中国市场出版社，2018.

［10］ 中华人民共和国税收法典编委会．中华人民共和国现行税收法规及优惠政策解读［M］．上海：立信会计出版社，2018.